创新性网络与新媒体专业“十四五”精品教材

新媒体美工

主　编　陈　曦　匡栩葭　窦　文
副主编　陈晓辉　宋　倩　吴　琼　郝　[illegible]

哈爾濱工程大学出版社
Harbin Engineering University Press

内容简介

本书是一本Photoshop新媒体美工设计教程，从平面美工、视频美工、音频美工以及运营美工等方面帮助读者更好地设计、经营自己的新媒体平台。本书共10章，主要包括新媒体美工基本知识、新媒体元素广告设计、选择成为亮点的素材图片、打造新媒体美工视觉效果、设计企业品牌的专属标志、微信平台的页面设计、视频平台的推广设计、音频平台的用户体验、制作电商平台广告封面、设计线下平面宣传广告。

本书结构清晰，既可作为新媒体运营、美工、广告相关专业的院校教材，也可作为从事新媒体运营和设计的人员参考用书。

图书在版编目（CIP）数据

新媒体美工/ 陈曦，匡栩葭，窦文主编. -- 哈尔滨:
哈尔滨工程大学出版社，2021.8（2023.8 重印）

ISBN 978-7-5661-3230-7

Ⅰ. ①新… Ⅱ. ①陈… ②匡… ③窦… Ⅲ. ①网络广告—广告设计—教材 Ⅳ. ①F713.852

中国版本图书馆 CIP 数据核字（2021）第 164728 号

新媒体美工

XINMEITI MEIGONG

责任编辑 张林峰

封面设计 赵俊红

出版发行 哈尔滨工程大学出版社
社　　址 哈尔滨市南岗区南通大街 145 号
邮政编码 150001
发行电话 0451-82519328
传　　真 0451-82519699
经　　销 新华书店
印　　刷 唐山唐文印刷有限公司
开　　本 787 mm×1 092 mm　1/16
印　　张 15
字　　数 384 千字
版　　次 2021 年 8 月第 1 版
印　　次 2023 年 8 月第 2 次印刷
定　　价 68.00 元
http：//www.hrbeupress.com
E-mail：heupress@hrbeu.edu.cn

前　言

新媒体是相对于电视、广播、报纸等传统媒体而言的新的媒体形态，同时也是一个比较宽泛的概念，是基于移动互联网面向客户提供信息和娱乐的一种传播形态。对于新媒体而言，最大的特点便是创新和新颖。新媒体美工就是在此基础上对新媒体内容进行设计与装修，让新媒体对传播载体不断进行美化，从而带给人们更加舒适的视觉体验。

本书以新媒体美工为根本出发点，以通俗易懂的方式系统地向读者讲解如何有效地进行新媒体平台、图文、视觉、视频等设计的方法，从简单上手到轻松玩转各大新媒体平台，详细讲解了多种行业与多个模块的制作方法，帮助大家手把手制作爆款新媒体美工作品，赢得更大的市场与机会。

本书系统地讲解了如何科学合理、正确、有效地进行新媒体内容的设计与装修，从“学以致用”的角度出发，通过大量的案例解析，讲解新媒体设计知识、新媒体平台制作、新媒体广告设计等实战操作。

本书从文案、图片、短视频等方面入手，着重介绍新媒体美工的设计方法，以及新媒体媒介的设计技巧与方法。本书具有以下三大特点：

（1）内容知识面广。本书从平面美工、视频美工、音频美工以及运营美工 4 个大方向详细地描述了新媒体美工需要掌握的设计方向和技能，以新媒体为核心，以运营营销为根本出发点进行了 10 章专题案例的详解，帮助读者彻底掌握新媒体美工的设计技巧。

（2）案例详细精美。以精选小程序、公众号、朋友圈、微商、直播等多个热门平台为例，详细讲解了各个平台、各个模块的设计制作方法，更好地传达所要表达的信息；同时，详细介绍节日、促销、新品推广、海报、宣传册等常见效果设计，一本书解决用户学习新媒体美工设计的需求。

（3）实际且更实用。本书案例贴近生活，设计内容实用，案例经典且具有说服力，并侧重于从实践中提炼、总结相关经验，实现理论＋经验＋技巧的结合，通俗易懂，实用性强。

本书共 10 章，主要包括新媒体美工基本知识、新媒体元素广告设计、选择成为亮点的素材图片、打造新媒体美工视觉效果、设计企业品牌的专属标志、微信平台的页面设计、视频平台的推广设计、音频平台的用户体验、制作电商平台广告封面、设计线下平面宣传广告。

本书由陈曦（山东传媒职业学院）、匡栩葭（益阳职业技术学院）和窦文（湖南工贸技师学院）担任主编，由陈晓辉（四川省服装艺术学校）、宋倩（咸阳职业技术学院）、吴琼（河南轻工职业学院）和郝阔（河北旅游职业学院）担任副主编。本书的相关资料和售后服务可扫封底微信二维码或通过登录 www.bjzzwh.com 下载获得。

特别提示，书中的截图仅代表当时的操作界面，但书籍从编写到出版需要一段时间，相关网站、公众号和 APP 界面随版本迭代而发生改变，这并无大碍，读者只要参考书中介绍的相关方法，并结合平台的提示信息，找到对应的菜单和选项，逐步操作即可。

由于编者水平有限，书中难免有疏漏之处，恳请广大读者批评指正。

编 者

目　录

第 1 章　新媒体美工基本知识

第 2 章　新媒体元素广告设计

第 3 章　选择成为亮点的素材图片

第 4 章　打造新媒体美工视觉效果

第 5 章　设计企业品牌的专属标志

第 6 章 微信平台的页面设计

第 7 章 视频平台的推广设计

第 8 章 音频平台的用户体验

第 9 章 制作电商平台广告封面

第 10 章 设计线下平面宣传广告

第 1 章　新媒体美工基本知识

本章导读

新媒体是新技术的支持下产生的一种新的媒体形态，它可以同时向所有人提供同样的内容，被形象地称为“第五媒体”。新媒体将成为新时代的主要传播方式，所以美化新媒体界面的新媒体美工也必将成为热门的职业。

本章重点

- 新媒体美工基础
- 新媒体美工的色彩搭配
- 新媒体美工的版式布局
- 新媒体界面的实用性

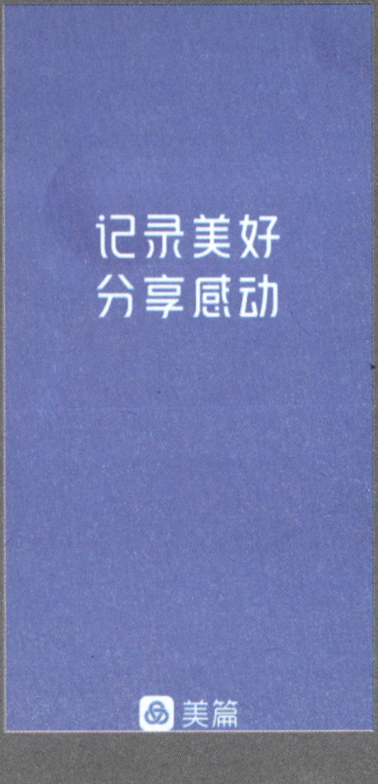

1.1 新媒体美工基础

新媒体将成为新时代的主要传播方式，重塑了信息传播流程，最大限度地激发了各行各业的生产潜力；而且由于互联网的普及降低了信息发布门槛，使得大众不再是单纯的信息接收者，他们也可以参与到信息生产中，并慢慢地成为一个新的信息传播者。作为美化新媒体界面的新媒体美工，其重要程度也不言而喻。本节主要介绍新媒体美工设计的基础知识。

1.1.1 学会运用新媒体

新媒体相对于传统媒体来说，是一种利用数字技术、网络技术、移动技术，并通过互联网、无线通信网、有线网络等渠道，以及电脑、手机、数字电视机等终端，向用户提供信息和娱乐的传播形态。

在整个互联网时代，电商、广告以及增值服务的需求非常大，借助新媒体可以自然地连接起新媒体和广告主，让前者有收益，后者有流量，各取所需。

由于新媒体逐渐由热门转向火爆的趋势，新媒体美工也应运而生。新媒体美工主要是对传播的新型媒体如朋友圈、公众号、小程序、头条号、微博以及微店等界面进行图片美化与布局排版设计，使其给大众更加舒适的视觉体验，也让信息可以更快捷地传递给大众。图 1-1 所示是运用新媒体美工技术设计的界面。

图 1-1 运用新媒体美工技术设计的界面

1.1.2 成为好美工的条件

从网络上的点击量来看，新媒体一直是一个热门话题。用户打开新媒体时第一眼看到的是界面，其美观性是很重要的。美观度直接关系到用户是否会留下来继续看界面内的信息，所以新媒体美工的作用是很大的。不过新媒体界面是否美观、信息是否准确，它们的核心都是为了促进信息的交流、产品的交易。

新媒体美工设计的主要原则就是符合企业的需求。新媒体美工设计通常要与商业活动相关，要在商业目的上做合适的设计，在设计过程中，要掌握色彩构成、平面构成以及立体构成，同时也要了解文案创意、市场营销和用户体验，如图 1-2 所示。

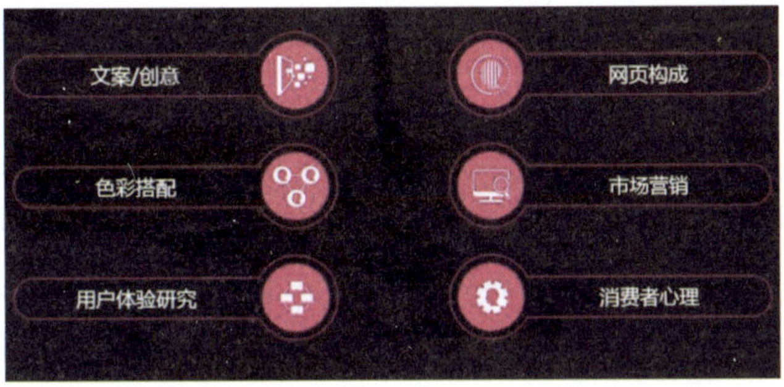

图 1-2　符合企业需求的新媒体美工设计

新媒体美工设计的核心是视觉创意设计，通过视觉表现让各种新媒体内容更具冲击力和吸引力，并引起用户的注意和兴趣，从而将内容和信息传达给他们，最终获得用户的点击、关注、转发以及参与等。

新媒体与美工设计具有极强的互动关系。新媒体可以更好地传达设计者的美工创意，同时为他们带来了更加广阔的发展空间。但是，新媒体也在制约着美工设计，所有的设计作品必须以新媒体为渠道来传播，这也是新媒体美工获得快速发展的源动力。

1.1.3　新媒体美工的岗位要求

新媒体美工设计师是互联网＋时代的“黄金职业”，前景广、就业好、薪资高，已成为人才市场上十分紧俏的职业，就业前景非常广阔。同时，新媒体美工的发展方向非常广，更容易转型为网站设计师、UI 设计师、产品经理以及平面设计等，甚至有可能成长为全能设计师。当然，很多企业对于新媒体美工这个岗位有一定的要求，图 1-3 所示为列举的一些常见的岗位要求。

岗位职责：

1. 负责公司网站的设计、改版、更新；
2. 负责公司产品的界面设计、编辑、美化等工作；
3. 对公司的宣传产品进行美工设计；
4. 负责客户及系统内的广告和专题的设计；
5. 负责与开发人员配合完成所辖网站等前台页面设计和编辑；
6. 其他与美术设计相关的工作。

任职资格：

1. 美术、平面设计相关专业，专科及以上学历；
2. 两年以上网页设计及平面设计工作经验；
3. 有扎实的美术功底、良好的创意思维和理解能力，能及时把握客户需求；
4. 精通Photoshop\Dreamweaver\Illustrator等设计软件，对图片渲染和视觉效果有较好认识；
5. 善于与人沟通，良好的团队合作精神和高度的责任感，能够承受压力，有创新精神，保证工作质量；
6. 应聘时请务必提供个人作品。

图 1-3　新媒体美工的岗位要求

新媒体美工设计人员还需要学习一些工具的使用方法，如图 1-4 所示。本书将在商业案例的讲解中贯穿设计软件的使用，让读者不只是单纯学软件操作，更懂得设计软件的使用技巧与设计原理的完美融合。

图 1-4　新媒体美工常用的工具

下面根据 58 同城、前程无忧以及智联招聘等招聘平台，总结了一些新媒体美工岗位的具体要求。

（1）会 Photoshop、Illustrator、CorelDRAW 等设计软件。

（2）完成微信平台页面美化设计、活动方案设计、VI 设计、产品 LOGO 和宣传彩页等。

（3）微信朋友圈及公众号图片的处理和美化设计等，微信公众号进行更新及维护。

（4）负责微博、微信各种创意广告图片、海报、宣传册、画册、促销专题页面的设计。

（5）活动海报、推广页面、企业宣传册、产品图册、单页，以及招商手册等的设计。

（6）进行新媒体互动页面的整体美工创意、设计、制作以及美化。

（7）为网站设计广告图片、横幅及动画广告。

（8）协助各业务部门制作 PPT 和产品演示版本等。

（9）图片制作：如一年中不同节日主题的祝福图片，适用于微信表情的早晚问安及其他主题图片，简单海报制作；易企秀等软件制作宣传小视频及邀请函等。

（10）负责在微信小程序产品的发布与设计。

（11）根据微信策划的主题及内容，设计特色的图画、漫画以及 GIF 制作。

（12）负责微博、微信大型活动方案的策划、创意、执行、运营以及汇报和总结。

（13）负责公司平面宣传资料的设计。

（14）精通拍摄后期修片流程工作，熟练掌握 Photoshop 和 Lightroom 等相关修图软件，有相关作品。

（15）擅长微信公众号平台的文案编辑，提升粉丝数量和增长量。

1.2　新媒体美工的色彩搭配

对于看到新媒体作品的用户来说，他们首先会被界面中的色彩所吸引，然后根据色彩的走向对画面的主次进行逐一了解。本节主要对新媒体的色彩设计知识进行讲解，这些基础知识也是后期新媒体设计配色中的关键所在。

1.2.1　定义新媒体美工主色调

在大自然中，经常见到这样一种现象：不同颜色的物体或被笼罩在一片金色的阳光之中，或被笼罩在一片轻纱薄雾、淡蓝色的月色之中；或被秋天迷人的金黄色所笼罩；或被统一在冬季银白色的世界之中。这种在不同颜色的物体上，笼罩着某一种色彩，使不同颜色的物体都带有同一色彩倾向的色彩现象就是色调。

色调指的是新媒体界面中画面色彩的总体倾向，是大方向的色彩效果。在新媒体美工设计的过程中，往往会使用多种颜色来表现形式多样的画面效果，但总体都会持有一种倾向，偏黄或偏绿，偏冷或偏暖等，这种颜色上的倾向就是画面给人的总体印象，被称为色调，如图 1-5 所示。

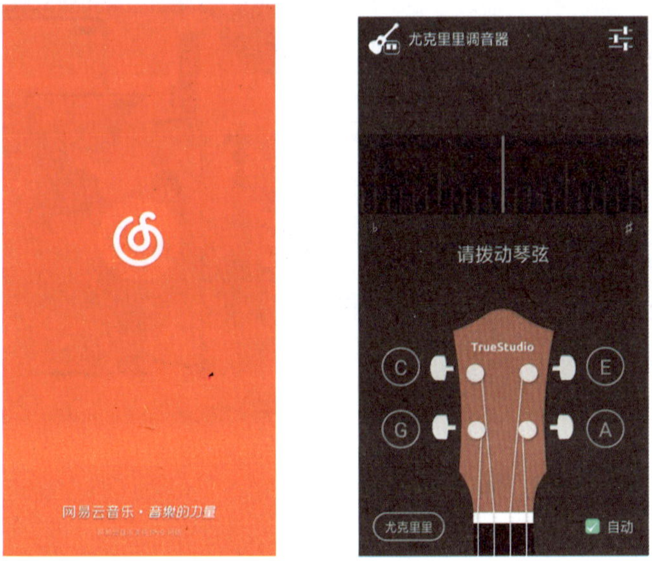

图 1-5　不同色调的新媒体美工设计

色调是色彩运用中的主旋律，是构成新媒体界面的整体色彩倾向，也可以称之为“色彩的基调”。画面中的色调不仅仅是指单一的色彩效果，还是色彩与色彩直接相互关系中所体现的总体特征，是色彩组合的多样、统一呈现出的色彩倾向。

1.2.2　调和配色的基本技巧

“调”是调整、调配、安排、搭配和组合等意思；“和”可理解为和谐、融洽、恰当、适宜、有秩序、有条理，没有尖锐的冲突，相得益彰等。配色的目的就是为了制造美的色彩组合，而和谐是色彩美的首要前提，它使色调让人感觉到愉悦，同时调配后的颜色还能满足人们视觉上的需求以及心理上的平衡。

和谐来自对比，和谐就是美。没有对比就没有刺激神经兴奋的因素，但只有兴奋而没有舒适的休息会造成过分的疲劳，会造成精神的紧张，这样调和也就成了一句空话。在设计新媒体作品时，既要有对比来产生和谐的刺激美，又要有适当的调和来抑制过分的对比刺激，从而产生一种恰到好处的对比。总的来说，色彩的对比是绝对的，而调和是相对的，调和是实现色彩美的重要手段。

1．与色相一致的调和配色

在保证色相大致不变的前提下，通过改变色彩的明度和纯度来达到配色的效果，这类配色方式保持了色相上的一致性，所以色彩在整体效果上很容易达到调和。

例如，“同一色相配色”指相同的颜色在一起的搭配，比如紫色的上衣配上红色的裤子或者裙子，这样的配色方法就是同一色相配色法。图 1-6 所示画面中海报的文字、背景等都使用红色系进行搭配，通过明度的变化使其产生强烈的差异，也使得画面配色丰富起来，表现出柔和的特性。

图 1-6　同一色相配色

2．与明度一致的调和配色

明度是人类分辨物体色最敏锐的色彩反应，它的变化可以表现事物的立体感和远近感。如希腊的雕刻艺术就是通过光影的作用产生了许多黑白灰的相互关系，形成了成就感；中国的国画也经常使用无彩色的明度搭配。有彩色的物体也会收到光影的影响产生明暗效果，如紫色和黄色就有着明显的明度差。

在新媒体设计中，一般使用明度相同、色相和纯度变化的配色方式。图 1-7 所示为画面中公众号的配色均为高明度调和配色，带给人清爽、亮丽以及舒适的印象，表现出大气磅礴的氛围，是一组清丽且明朗的色彩组合方式，非常符合画面中雪景和公园风景的特点。新媒体运营者利用相同色相的不同明度完成配色，得到一种较为舒适的视觉体验。

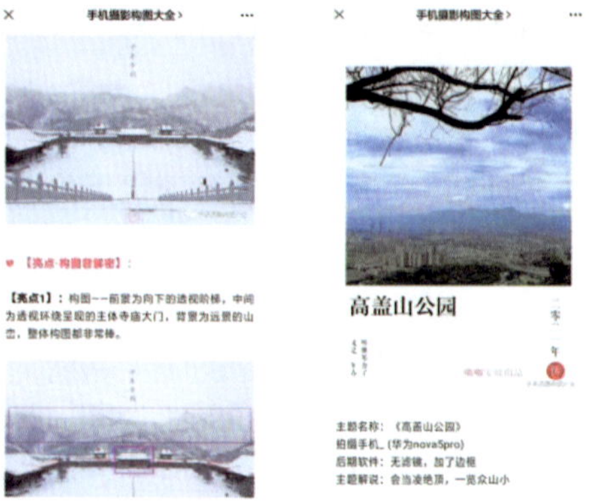

图 1-7　以明度为基础的调和配色

3．与纯度一致的调和配色

纯度的强弱代表着色彩的鲜灰程度，在一组色彩中当纯度的水平相对一致时，色彩的搭配也就很容易地达到调和的效果。随着纯度高低的不同，色彩的搭配也会有不一样的视觉感受。

4．无彩色系列的调和配色

无彩色的色彩个性并不明显，将无彩色与任何色彩搭配都可以取得调和的色彩效果。通过无彩色与无彩色搭配，可以传达出一种经典的永恒美感；通过无彩色与有彩色搭配，可以用其作为主要的色彩来调和色彩间的关系。

1.2.3　新媒体美工设计的色彩风格

对于新媒体设计来说，色彩是最重要的视觉因素，不同颜色代表不同的情绪，因此对色彩的使用应该和设计的主题相契合。图 1-8 所示为支付宝的底部导航栏通过运用不同颜色的按钮来代表其激活状态，使用户快速知道自己所处的位置。

图 1-8　支付宝界面

在新媒体美工设计中，有时为了达到某种特殊的效果，或者凸显某个特殊的对象，可以通过无彩色调和配色来对设计的画面进行创作。

在新媒体界面的制作过程中，根据色彩的特性通过调整其色相、明度以及纯度之间的对比关系，或通过各色彩间面积调和，可以搭配出变化无穷的新媒体界面效果。

1.3 新媒体美工的版式布局

在新媒体的运营过程中，可以通过制作美观、适合的页面，达到吸引用户、宣传品牌的效果，而关键之处就在于装修设计的版式布局。

1.3.1 版式设计的基本布局

在设置一个新媒体界面时，通常包涵了太多的元素。这些元素的布局没有固定的章法可循，主要靠设计师的灵活运用与搭配。只有在大量的设计实践中熟练运用，才能真正理解版式布局设计的形式原则，并加以运用，从而创作出优秀的新媒体广告作品。

1. 对称与均衡

对称又称均齐，是在统一中求变化；均衡则侧重在变化中求统一。

对称的图形具有单纯、简洁的美感，以及静态的安定感。对称给人以稳定、沉静、端庄、大方的感觉，产生秩序、理性、高贵、静穆之美。对称的形态在视觉上有安定、自然、均匀、协调、整齐、典雅、庄重、完美的朴素美感，符合人们通常的视觉习惯。

均衡的形态设计让人产生视觉与心理上的完美、宁静、和谐之感。静态平衡的格局大致是由对称与均衡的形式构成。均衡结构是一种自由稳定的结构形式，一个画面的均衡是指画面的上与下、左与右实现面积、色彩、重量等的大体平衡。

在画面上，对称与均衡产生的视觉效果是不同的，前者端庄静穆，有统一感、格律感，但如过分均等就易显呆板；后者生动活泼，有运动感，但有时因变化过强而易失衡。因此，在设计中要注意把对称、均衡两种形式有机地结合起来灵活运用，如图 1-9 所示。

该公众号的内容在排版中使用上下对称的形式进行设计，但不是绝对的对称，画面中的布局在基本元素的安排上赋予固定的变化，对称均衡，更灵活、更生动，是设计中较为常用的表现手段，具有现代感的特征，也让画面中的商品细节与文字搭配更显得自然和谐。

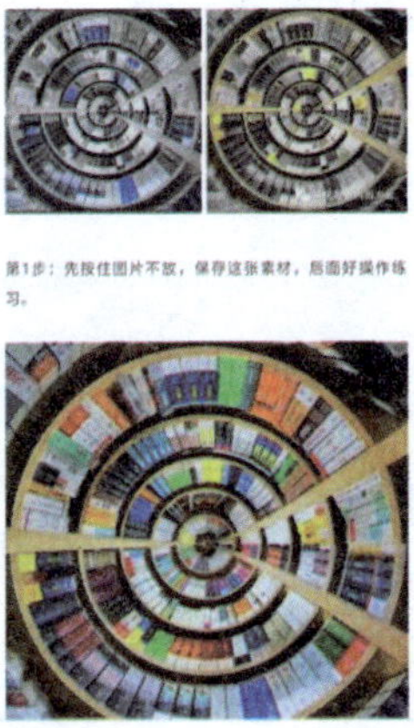

图 1-9 对称与均衡的布局表现形式

2．节奏与韵律

节奏与韵律是物质运动的一种周期性表现形式，是有规律的重复、有组织的变化现象，是艺术造型中求得整体统一和变化，从而形成艺术感染力的一种表现形式。韵律是通过节奏的变化来产生的，对于版面来说，只有在组织上符合某种规律并具有一定的节奏感，才能形成某种韵律。

在新媒体美工设计中，合理运用节奏与韵律，才能将复杂的信息以轻松、优雅的形式表现出来。图 1-10 所示为在“手机构图摄影大全”公众号中的一张构图方法图片，花朵的色彩和布局统一，相同形式的构图体现出画面的韵律感，而每个画面中的文字形态和内容又各不相同，这样又表现出节奏上的变化，让读者在阅读时更加轻松。

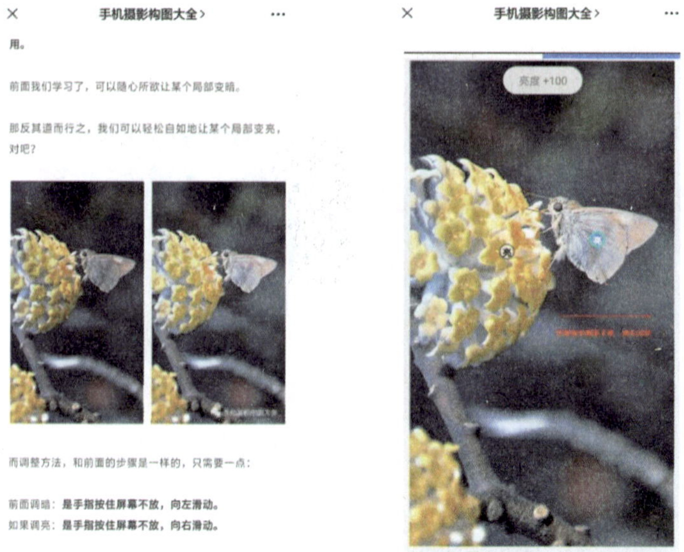

图 1-10　节奏与韵律的版面布局表现形式

3．对比与调和

从文字含义上分析，对比与调和是一对充满矛盾的综合体，但它们实质上却又是相辅相成的统一体。在新媒体美工设计中，画面中的各种设计元素都存在着相互对比的关系，但为了找到视觉和心理上的平衡，设计师往往会在不断的对比中寻求能够相互协调的因素，让画面同时具备变数和和谐的审美情趣。

对比：对比是指差异性的强调。对比的因素存在于相同或相异的性质之间，也就是把相对的两要素互相比较，产生大小、明暗、黑白、强弱、粗细、疏密、高低、远近、动静、轻重等对比关系。对比的基本要素是显示主从关系和统一变化的效果，如图 1-11 所示。

调和：调和是指适合、舒适、安定、统一，是近似性的强调，是两者或两者以上的要素之间具有的共性，如图 1-12 所示。

对比与调和是相辅相成的。在新媒体海报的版面构成中，一般整体版面宜采用调和，局部版面宜采用对比。

图 1-11　对比布局的表现形式

图 1-12　调和布局的表现形式

4．重复与交错

在新媒体的版面布局中，不断重复使用相同的基本形象，它们的形状、大小、方向都是相同的。重复使设计产生安定、整齐、规律的统一。

重复构成后的视觉感受有时容易显得呆板、平淡、缺乏趣味性。因此，在版面中可安排一些交错与重叠，打破版面呆板、平淡的格局。

5．虚实与留白

虚实与留白是新媒体版面设计中重要的视觉传达手段，主要用于为版面增添灵气和制造空间感。两者都是采用对比与衬托的方式将版面中的主体部分烘托出来，使版面结构主次更加清晰，同时也能使版面更具层次感。

留白即指版面中未配置任何图文的空间，在版面中巧妙地留出空白区域，使留白空间更好地将主体衬托，将读者视线集中在画面主题之上。留白的手法在版式设计中运用广泛，可使版面更富空间感，给人丰富的想象空间，是“虚”的特殊表现手法。其形式、大小、比例决定着版面的质量。留白给人的感觉是轻松的，最大的作用是引人注意。在排版设计中，巧妙地留白，讲究空白之美，是为了更好地衬托主题，集中视线和造成版面的空间层次。例如，魅可产品的美妆海报设计留白，如图 1-13 所示。

图 1-13　魅可产品的美妆海报设计留白

任何形体都具有一定的实体空间，而在形体之外或形体背后呈现的细弱或朦胧的文字、图形和色彩就是虚的空间。实体空间与虚的空间之间没有绝对的分界，画面中每一个形体在占据一定的实体空间后，常常会需要利用一定的虚的空间来获得视觉上的动态与扩张感。版面虚实相生，主体得以强调，画面更具连贯性。

1.3.2　图片布局的技巧

在新媒体界面设计的过程中，图片是除文字外的另一个重要的传递信息途径，也是最需要重点设计的一个设计元素。图片比文字的表现力更直接、更快捷、更形象、更有效，可以让信息传递更简洁。

1．裁剪抠图，提炼精华

在设计新媒体界面时，大部分图片都是由摄影师拍摄的照片，它们在表现形式上大都是固定不变的，或者是内容上只有一部分符合装修需要，此时就需要裁剪图片或者对图片进行抠图处理，使它们符合版面设计的需求。例如，某 APP 的界面设计如图 1-14 所示。

图 1-14　某 APP 的界面设计

2．缩放图片，组合布局

对于同一种新媒体的布局设计来说，如果进行不同比例的缩放，也会获得不同的视觉效果，从而突显出不同的重点。

图 1-15 所示为微信小程序“兴盛优选”的苹果详情页，在处理图片的过程中，通过实拍照片展示商品的整体效果，突显出商品的外形特点，让顾客对商品的注意更加集中。同时，将图片进行缩放，展示出商品的细节，让顾客对商品的材质了解得更清楚，真实地还原商品质感，更容易获得顾客的认可，给人逼真的触感。

图 1-15　微信小程序“兴盛优选”的苹果详情页

图 1-16 所示是将画面中的花束抠取出来，并适当调整图像，使得主体物在背景中显得轮廓清晰而醒目。

图 1-16　抠取花束适当调整图像

1.4 新媒体界面的实用性

除了用美观来吸引用户外，新媒体界面还必须具备一定的实用性，不然就成了一个“花架子”。用户也许会查看它，但查看后发现并不实用，很可能会立即退出。

实用性主要体现在：是否能为用户带来较好的操作和控制体验；重要的信息在界面中是否能得到直观地展示；功能设定是否简单明了等。

1.4.1 注重分辨率美感

在新媒体设计中，图片的品质与分辨率有很大的关系，较高的分辨率可以让图片显得更加清晰、精美，能够体现出图片的内在质感，如图 1-17 所示。如果图片分辨率较低则非常模糊、品质较差，会影响用户的视觉欣赏体验，降低用户对界面的好感度，如图 1-18 所示。

图 1-17 高分辨率图片

图 1-18 低分辨率图片

1.4.2 避免盲目功能堆积

很多设计者在打造新媒体应用的视觉效果时，往往都有些随意和贪心，总是想要在小小的页面里竭力展示所有的产品，而且在文案的编辑上也展示出了不小的“野心”。视觉图片承载的信息量过多，并不意味着用户能从中获取的信息就越多，两者不是正比例关系。当图片向用户传递的信息已经超出用户的接受范围时，容易导致用户的视觉疲劳。图 1-19 所示为产品杂乱堆积的界面图。

实际上，这样盲目堆积的方法往往只会适得其反，达不到商家预期的营销目标。因为消费者对信息提取的耐心是有限的，太过花哨和繁杂的信息会让本来就疲于筛选有效信息的用户陷入困境之中。这样一来，消费者不仅不会再对新媒体内容产生浏览的兴趣，还很有可能对这个 APP 产生抵触和反感的心理。

图 1-19　产品杂乱堆积的界面图

1.4.3　切勿随意拉伸图片

在设计新媒体界面中的图片时，如果随意拉伸图片则会造成图片失真变形，不但看上去感觉很奇怪，而且还会让用户质疑设计者的专业性，如图 1-20 所示。

图 1-20　原图与随意拉伸的图片对比

用户在处理图片时，应该按照等比缩放或者合理裁剪的原则来控制图片尺寸，避免出现随意拉伸的情况，保持图片的真实感。

1.5　新媒体美工的表现形式

新媒体平台推送的文章存在着多种表现形式，而不同表现形式的新媒体文案呈现给用户的视觉效果也有所不同。一个优秀的新媒体运营者应掌握多种文案表现形式，从而打造出不同的视觉效果，为新媒体用户源源不断地带来新鲜的阅读体验，从而有效避免用户的视觉疲劳。本节主要介绍新媒体文案的多种表现形式。

1.5.1　纯文字描述

在微信、APP 等新媒体平台推送的文章中，常常会出现一类纯文字描述的文章。在这类文章中除了那些邀请读者关注该微信、APP 和新媒体平台的图片或者是文章尾部的该微信、APP 和新媒体平台的二维码图片之外，不会在正文中嵌入任何图片。这种纯文字的表达方式容易给读者带来一种平实的阅读体验。

这种纯文字的推送文章一般篇幅较长、字数较多，虽然有利于对客观事物的详细说明，但是容易使读者产生抵触心理，而在新媒体平台过多地推送此类文章容易造成给读者的审美疲劳。因此，平台的运营者在推送此类文章时要注重合理控制文章篇幅和推送频率。

图 1-21 所示为借助微信公众平台推送的用纯文字形式来传递软文正文内容的案例。

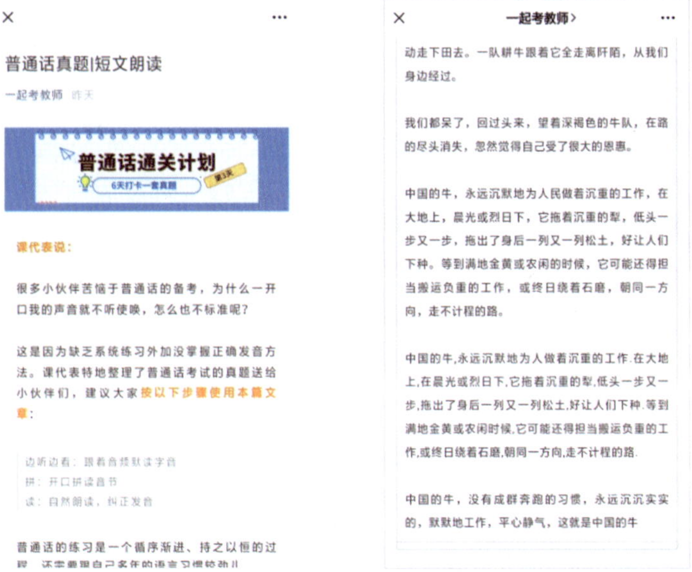

图 1-21　用纯文字形式来传递软文正文内容

1.5.2　语音上传式

语音上传式是指借助微信、APP 等新媒体平台将想要向读者传递的信息以语音的形式传递给用户的一种新的表达形式。这种推送形式可以拉近与读者的距离，使读者感觉更亲切。图 1-22 所示为微信公众号“小北”“十点人物志”以语音形式传递信息的案例。

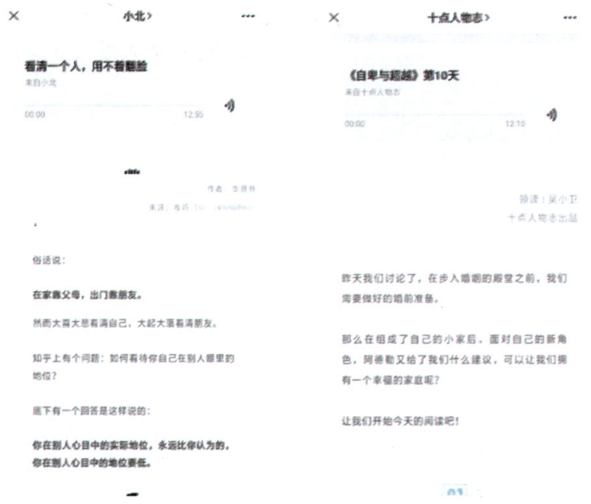

图 1-22　公众号“小北”“十点人物志”以语音形式传递信息的案例

关于语音这一内容表现形式，微信、APP 等新媒体平台的运营者需要事先将语音录到电脑里，然后再进行上传。微信公众平台的“新建语音”操作步骤，如图 1-23 所示。

图 1-23　“新建语音”操作步骤

1.5.3　视频宣传式

在各类新媒体平台的推送文章中，出现了一种在软文正文中利用视频向读者传递信息的文章。这类视频宣传式的文章中，各大商家可以把自己要宣传的卖点拍摄成视频，发送给广大用户群，从而达到预期的视觉营销效果。

相比文字和图片，视频更具即视感和吸引力，能在第一时间快速抓住受众的眼球，从而达到理想的宣传效果。以微信公众平台“桃子鱼仔 ukulele 教室”为例，它每天都会为用户推送一条 3 分钟左右的原创视频，图 1-24 所示为“桃子鱼仔 ukulele”推送的视频内容。

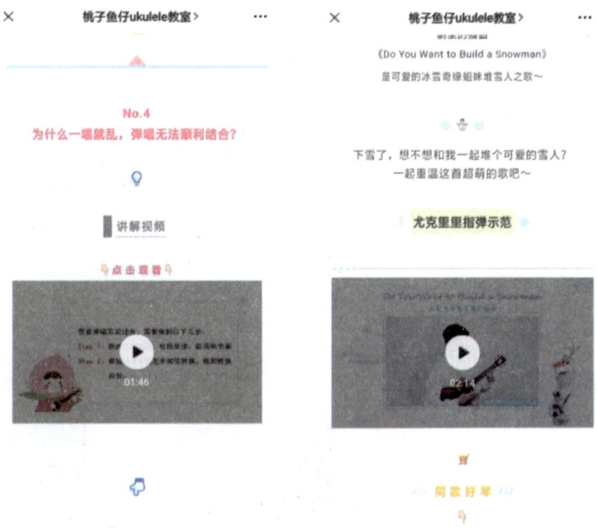

图 1-24　“桃子鱼仔 ukulele”推送的视频内容

微信公众号运营者可以将想要发布的视频上传到微信公众平台上，保存到素材库中，发布视频的时候选择“从素材库中选择”选项，或者将视频保存到电脑中，然后通过“新建视频”选项来添加视频。“添加视频”的步骤如图 1-25 所示。

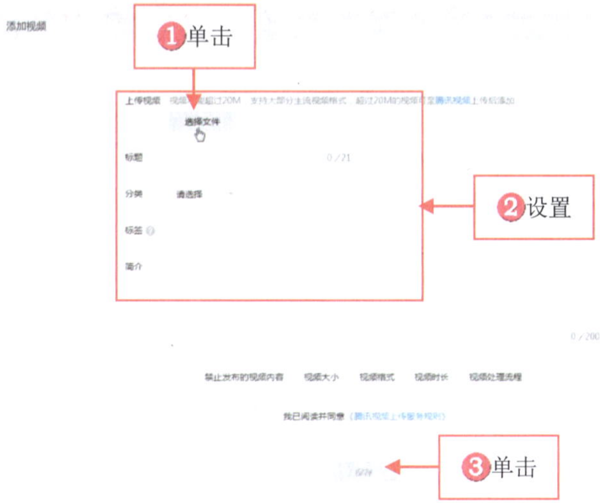

图 1-25　“添加视频”的步骤

1.5.4　综合混搭式

新媒体平台除了可以运用上述几种表现形式设计平台推送正文之外，还可以利用综合混搭这种形式来推送文章。

顾名思义，综合混搭式就是将上述传递平台正文的 4 种形式中的一部分综合起来，综合运用在一篇文章里。

综合混搭式可谓集几种形式的特色于一身，兼众家之所长。这种形式能够给读者最极致的阅读体验，让读者在阅读文章的时候不会感觉到枯燥乏味。新媒体平台运营者运用这种形式推送平台正文的同时，也能够为自己的平台吸引更多的读者，提高平台粉丝的数量。图 1-26 所示为微信公众号“十点读书”使用综合混搭式推送微信公众平台正文的案例。

图 1-26　“十点读书”使用综合混搭式推送微信公众平台正文

> **▶ 专家指点**
>
> 需要注意的一点是，微信、APP 等新媒体平台以综合混搭的表现形式向读者推送文章，并不是指在一篇软文正文中要出现所有的形式，而是只要包含 3 种或者 3 种以上形式就可以被称为综合混搭式。就目前而言，将每种形式都包含在一篇文章里的微信公众平台还比较少，但一篇文章中包含 3 种或者 3 种以上形式的还是比较常见的。

1.6　新媒体美工的表现元素

要达到最佳的视觉营销效果，应注重选择适宜的视觉表达方式，合理利用视觉信息的表达技巧，从而增加用户对品牌的认可度，扩大品牌影响力。合理利用视觉表现元素是各新媒体平台运营者做好视觉营销工作，打造良好的视觉效果的重要条件之一。本节主要介绍视觉营销中的视觉表现元素的相关知识。

1.6.1　头像设计得合理

现在社会的物质生活水平不断提高，用户的选择范围扩大，用户的选择标准也越来越多元化，不仅注重各类新媒体平台提供信息的数量与质量，还对平台整体视觉设计风格提出了更高的要求。在视觉营销当中，新媒体运营者的账号头像是用户第一眼就会注意的地方，一般都会被放在新媒体平台显眼的位置，如图 1-27 所示。头像设计得是否合理，也可以成为用户要不要点进去浏览一番的重要判断标准。

图 1-27　新媒体头像的账号展示

有些新媒体头像已经成为某个品牌的重要符号，很多人在选择商品或品牌时，都会通过头像来判断品牌，客户可能不知道品牌的正式名称到底是什么，但他们一定会认识品牌头像，比如玛莎拉蒂汽车的标志，如图 1-28 所示。

图 1-28　玛莎拉蒂汽车的标志

如果直接说出 Maserati，可能需要时间才能反应过来，对车了解较少的用户可能都不知道这个英文单词代表什么含义，可如果给他们看标志，大概 90%的人还是认识玛莎拉蒂汽车标志的。

品牌头像的作用越来越显著，甚至在视觉营销中，可以算得上是企业与商家的无形资产。由于头像可以说是一个新媒体平台的的名片，不能随意更换，所以在设计头像之初就应该严加考虑，如何使头像兼具美感和实用性。当然这里的实用性指的是简洁好记，图 1-29 所示为比较典型的品牌头像，客户只要看见它们就会立刻知道是哪个品牌。

图 1-29　一些比较典型的品牌头像

品牌头像设计应遵循的原则如图 1-30 所示。

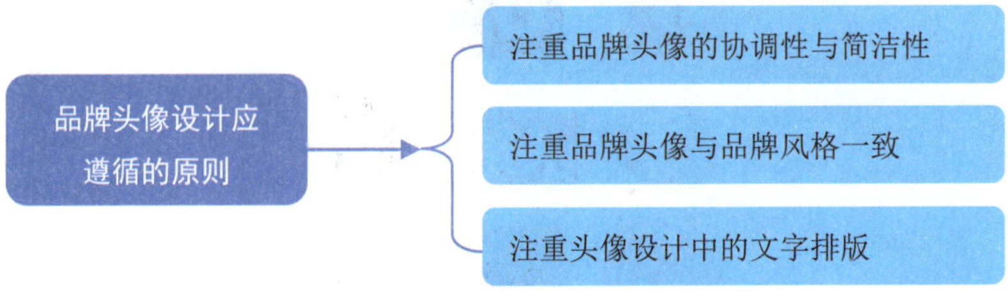

图 1-30　品牌头像设计应遵循的原则

1．注重品牌头像的协调性与简洁性

在中国古代建筑中，建筑师十分注重“中轴线”原则。意思就是整个建筑的设计应该是对称的，是均等的。这种建筑形式之所以被主流所认同，也是因为具有协调性的东西可以最大程度上让人感到身心愉悦，看上去舒服、干净、生活感强烈。

一般来说，品牌头像设计最基本的一条原则就是协调性强。其实一般的国际大品牌，比如香奈儿，如图 1-31 所示，都会选择简单均衡的方式设计品牌头像，这样能够显示出商品的高贵与大气。很多时候，简单比繁复更加让人心动。

图 1-31　香奈儿的品牌头像

2．注重品牌头像与品牌风格一致

在设计品牌头像时应注重与企业产品定位以及风格一致，树立鲜明的品牌特色。每个品牌都有自己的商品定位，比如护肤品中的相宜本草和城野医生。从商品定位角度上来说，相宜本草致力于植物萃取草本精华护肤，所以它的头像设计得非常清新自然，体现了将纯净的自然植物原料装进环保容器的设计理念，人们会直观的感受到护肤品的自然和温和。而城野医生是药妆品牌，商家同样也抓住了这一重点，头像设计得很简洁，呈现的是“十”字形状，暗示是“医生”的意思。如图 1-32 所示为相宜本草和城野医生的头像。

图 1-32　相宜本草和城野医生的头像

新媒体运营者在设计头像时，可以将设计的重点放在体现新媒体平台的整体定位上，从而加深用户的影响，提高用户的关注度。

3．注重头像设计中的文字排版

在进行企业品牌头像设计时，常常会直接在头像中嵌入品牌的名称，从而提高企业品牌的认知度，避免了用户需要对图片与文字的双重记忆。用艺术字将企业名称作为企业品牌头像的企业不在少数。only 品牌的头像和佰草集品牌的头像如图 1-33 和图 1-34 所示。

图 1-33　only 品牌的头像

图 1-34　佰草集品牌的头像

> ▶ 专家指点
>
> 在设计品牌头像时，除了要注重与企业的发展定位和风格一致外，还要注重文字排版的和谐美观，避免杂乱无章。一个成功的、具有鲜明特征的品牌头像设计，其文字排版必定也是极具美的感。准确来说，文字排版是否具有美感是判断品牌头像设计是否科学、成功的重要标准。

从美感角度来说，正正方方的中文并不像流畅的英文那样好排版，看起来可能会有些呆板。所以，还是应该尽量从自身角度出发，来研究到底要如何设计头像才能让它的美学意义从五花八门的视觉营销当中脱颖而出，成为品牌一路向前奔走的领头羊。

1.6.2 规范使用标签

标签作为一种重要的符号，能引导新媒体账号的推广。如果不规范使用标签，就容易损坏新媒体平台的公众形象，给平台造成不必要的损失。在制定标签时应按照相应的制作标准开展工作，明确标签制作标准的具体内容。标签制作标准的内容如图 1-35 所示。

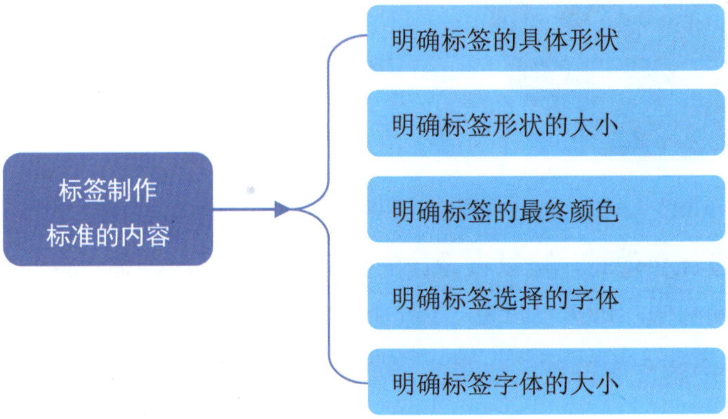

图 1-35　标签制作标准的内容

1.6.3 宣传口号加深记忆点

宣传口号，顾名思义就是利用一句话对某个品牌的总结。好的新媒体的宣传口号需要满足简单好记、押韵魔性两个特点，图 1-36 所示为手机品牌 vivo 宣传推出新品 X60 的广告图，上面标明了这个产品的宣传口号——超稳微云台，夜色更精彩。可以说 vivo 推出新品 X60 之所以销售火爆，这条宣传口号起到重要的推送作用。

图 1-36　X60 的广告图

这句宣传语大概是大家很熟悉的一段话了，十分易读易记，听完一遍会不断在大脑中进行“单曲循环”，深深地刻印在用户的脑海中，给用户留下深刻的印象，其实这就是宣传语应该起到的效果。好的宣传语应该遵循以下几个原则。

▶ 专家指点

任何一种宣传口号，如果不利用视觉效果推广产品，设计得再好也是无用功。所以好的宣传口号应该和视觉营销相结合，不断地吸引用户，加深用户记忆点，树立品牌形象。

1. 越简洁越好

由于宣传标语需要人们在短时间内听到或是看到，自然是越简洁才能越方便。一般的品牌都会选择简洁的宣传语，便于宣传语的传播，扩大品牌影响力。图 1-37 所示为王老吉的宣传口号。

图 1-37　王老吉的宣传口号

虽然只有 7 个字，但是“怕上火，喝王老吉”这个宣传口号，营造出一种温馨舒适的氛围，体现了人与人之间友好的交往，充满正能量，同时也很符合休闲食品的定位。

2. 在宣传口号中点出品牌范围

有一些名牌在构思宣传口号时，会选择将品牌功能在其中点明，这样就能立马让用户知道品牌所销售的范围。比如 58 同城的“找工作，上 58”，这就很明显地指出了 58 同城其中一个功能就是给用户提供所需的工作岗位。

再来看一个例子，图 1-38 所示是阿芙的宣传口号。

图 1-38　阿芙的宣传口号

阿芙这个美妆品牌，主要是以精油作为主打，所以其广告语“阿芙•就是精油”很直截了当地指明了这一点。在这个美妆品牌不胜枚举的现代社会，阿芙这个主打精油的品牌具有独特的个性，这个广告语富有吸引力。

3．带韵脚更方便记住

在幼年时期背诵诗歌的时候，小朋友们都会比较喜欢韵脚明显的诗词，因为朗朗上口更加便于记忆。不押韵的诗词读起来都不太顺畅，又何来“背诵”一说呢？

其实宣传口号也是同样的原理，有韵脚的广告词念起来更顺口，多念叨几次也就记住了。比如恒源祥的广告词“恒源祥，羊羊羊”很多人应该都是十分熟悉的，一般听到上半句就会顺口补出下半句来。

1.6.4 充当形象的品牌活体

品牌活体指的是充当品牌形象的人或物，主要分为如图 1-39 所示的几种类型。

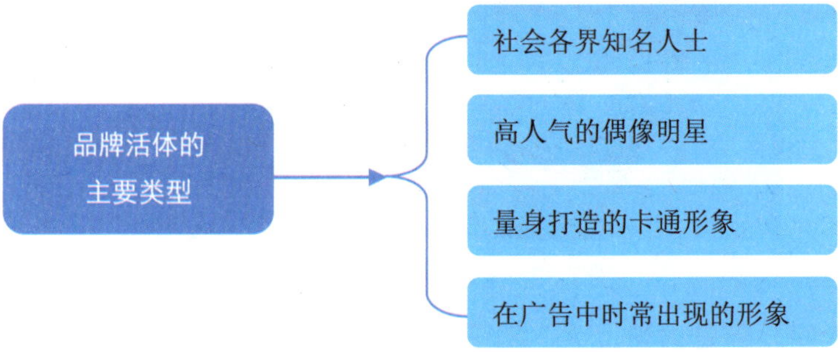

图 1-39 品牌活体的主要类型

图 1-40 所示为休闲食品三只松鼠的品牌活体，量身打造的可爱俏皮的松鼠，既能体现产品的形象特征，也能增加企业品牌的记忆点，给消费者留下了不可磨灭的印象。

图 1-40 休闲食品三只松鼠的品牌活体

1.6.5　选择合适的主色调

从视觉营销角度来说，如何吸引用户与留住用户是较为重要的问题。所以许多企业和商家在视觉设计上花了很多心血，就设计来说，色彩的构造是基础却又复杂的学问。

精致的色彩搭配会让人赏心悦目，产生兴趣。而搭配得太过粗糙和土气，则让人不免蹙眉，并且失去想要仔细看看的心情。其实媒体界面中关于色彩的搭配都是大有乾坤，很多新媒体界面的配色都与本身的定位有关，比如“喵走出行”微信小程序，如图 1-41 所示。

图 1-41　“喵走出行”微信小程序

进入小程序，很明显地可以看出，整体色调都是绿色，其实这是因为这个小程序主打的就是“绿色出行”，所以它的系列产品都是绿色调的，并没有跳出一个突兀的红色或是橙色。这个配色就是属于比较舒适的，这样的一个色彩搭配主要是想让消费者浏览时比较舒服，不至于被太多颜色晃花眼睛。

当然，除去这种比较清新的色调搭配以外，也有一些新媒体平台故意使用差异很大的颜色进行碰撞，制造出富有生机的感觉。

> ▶ 专家指点
>
> 一般的新媒体平台的设计中，尽管运营者会使用大胆的撞色系设计，但值得注意的一点是大面积的主色调最多不超过 3 种。

1.6.6　字体增减辨识度

新媒体界面的字体设计也是视觉效果中的重要组成部分，因为字体设计的好坏能够影响客户对于品牌的辨识度和认知度，从而进一步影响视觉营销的效果。一般而言，品牌字体的设计是为了成功进行视觉营销而做的基本工作，因此需要一些细节问题，具体内容如图 1-42 所示。

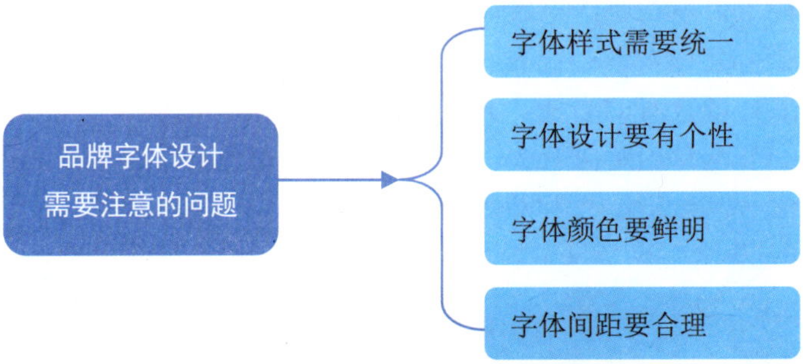

图 1-42　品牌字体设计需要注意的问题

以企业品牌字体设计为例介绍品牌字体设计的相关知识。图 1-43 所示为“百事可乐”品牌的字体设计，不仅有独特的字体、鲜明的蓝色，还重点突出了品牌的名称。

图 1-43　“百事可乐”的品牌字体设计

本章小结

本章首先介绍了新媒体美工的基础知识，包括学会运用新媒体、成为好美工的条件以及新媒体美工的岗位要求等；然后介绍了新媒体美工的色彩搭配、版式布局、界面的实用性等；最后介绍了新媒体美工的表现形式和表现元素等内容。通过本章的学习，使读者对新媒体美工有了全新的认识。

本章习题

1. 新媒体美工的作用有哪些？
2. 在新媒体美工中，文案有哪几种表现形式？

第 2 章　新媒体元素广告设计

本章导读

图片和文字是进行新媒体运营时的主要武器，一张合适的图片与有深度的文章，可以吸引更多的人来关注。好的图文设计能给新媒体的读者带来愉悦的视觉效果，也能有效提高平台的知名度。

本章重点

- ➢ 新媒体元素设计
- ➢ 新媒体图文设计
- ➢ 新媒体元素布局

2.1　新媒体元素设计

在新媒体时代，各类信息都想要争先进入消费者的眼中。图片相对于其他的信息更有优势，而且丰富的颜色可以让人第一眼注意到它。运用适当的技巧来设计图片，可以让文章更加出彩。本节主要介绍一些新媒体的元素设计方法。

2.1.1　设计 LOGO 标志

LOGO 是徽标或者商标的外语缩写，是 LOGO type 的缩写。它可以使拥有此商标的公司能更好地被识别与推广，并且通过形象的商标可以让消费者记住公司主体和品牌文化。下面以“创客贴”为例，介绍制作 LOGO 标志的方法。

Step 01 打开“创客贴”软件，新建一个空白的 LOGO 模板图像，单击“素材分类区”的形状图标，展开“形状”面板，在其中❶选择相应图形；❷图形将显示在画笔中央，如图 2-1 所示。

图 2-1　显示图形

Step 02 适当缩小并旋转图像，移至合适位置；单击鼠标右键，在弹出的快捷菜单中选择“复制”选项，如图 2-2 所示。

Step 03 按【Ctrl + V】组合键，粘贴刚复制的图形；旋转图像并将其移至合适的位置，如图 2-3 所示。

Step 04 用与上述同样的方法制作出其他图形，选择最上方的图形，如图 2-4 所示。

Step 05 单击左上方的颜色方块，在弹出的列表框中选择合适的颜色，更改图形颜色，如图 2-5 所示。

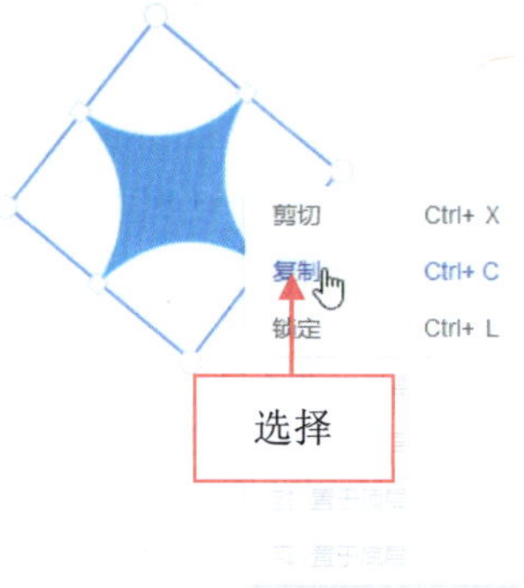

图 2-2　复制图形

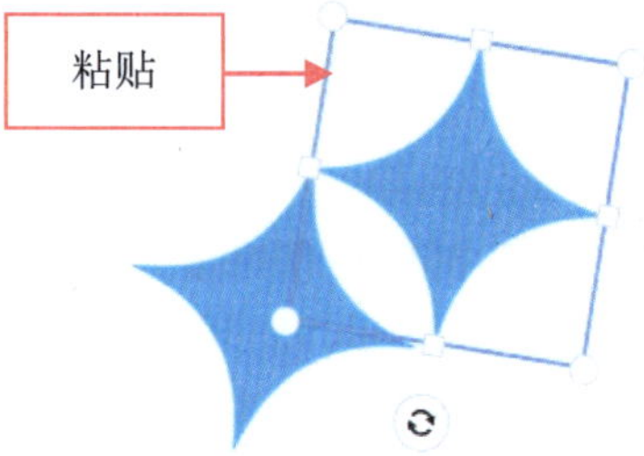

图 2-3　旋转并移动图形

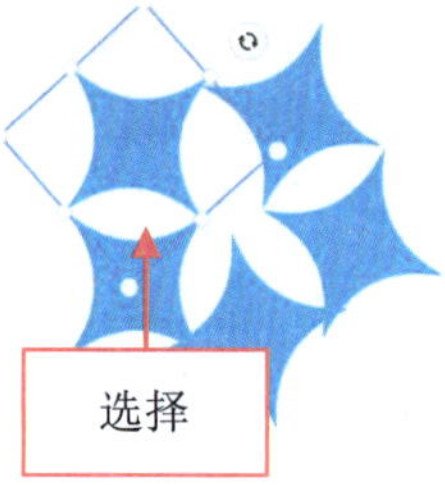

图 2-4　制作出其他图形

图 2-5　更改图形颜色

Step 06　①单击“文字”按钮T，切换至相应选项区；②选择一个合适的文本样式；③“设计操作区”将出现一个文本框，如图 2-6 所示；

Step 07　修改相应文本，并为其设置不同的格式，如图 2-7 所示，即可完成 LOGO 设计。

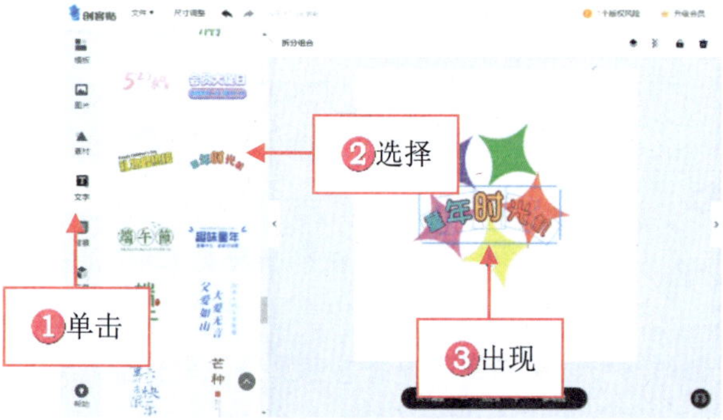

图 2-6　出现文本框

图 2-7　修改相应文本

2.1.2　设计表单

表单在各大新媒体平台中主要负责数据采集功能，如调查问卷、投票等，它一般作为一个有目的的调研活动，所以表单质量尤为重要。设计表单主要应该考虑并明确两个问题：一是表单的主题；二是通过表单可以获得的信息。明确了这两个问题后，还需要尽量体现在表单的选项中，确保通过表单中所有选项得出来的结果可以回答之前的两个问题，则这份表单就是合格的。

麦客 CRM 是一款免费用来对用户信息进行收集管理以及拓展新用户的轻态表单工具，用户可以自己轻松设计表单，收集结构化数据，轻松进行数据管理。下面以麦客 CRM 为例，介绍制作表单的方法。

Step 01 进入麦客 CRM 首页，按提示注册登录后，❶单击网站顶部的“表单”按钮，切换至相应界面；❷单击右上方的“创建表单”按钮，如图 2-8 所示。

图 2-8　单击“创建表单”按钮

Step 02 弹出相应对话框，❶用户可以选择“空白模板”选项；❷新建一个空白表单，如图 2-9 所示。

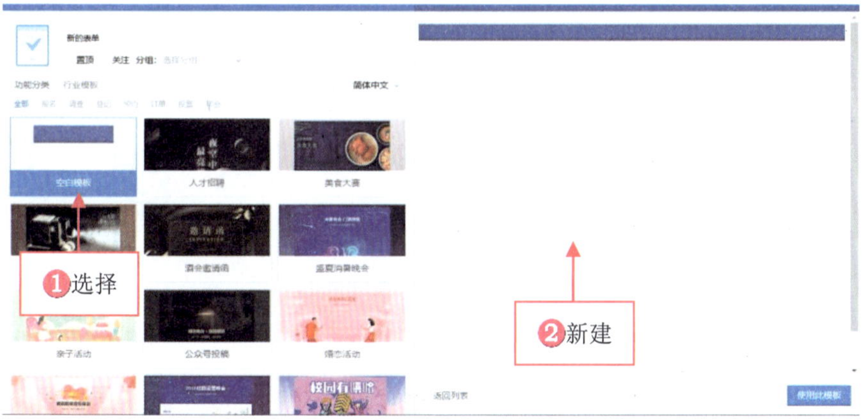

图 2-9　新建一个空白表单

Step 03 ❶在右侧的模板区中选取合适的模板，并单击预览，确认；❷单击界面右下方的“使用此模板”按钮，如图 2-10 所示。

图 2-10　单击“使用此模板”按钮

Step 04 应用此模板进入表单编辑界面。界面左侧的“基础类组件”选项区中包含了表单常用的各种组件，右侧的“设置/外观”选项区中则主要是对整个表单进行设置，包括外观与表单提交等，在下方的“主题”选项区中可以具体设置表单的外观，如图 2-11 所示。

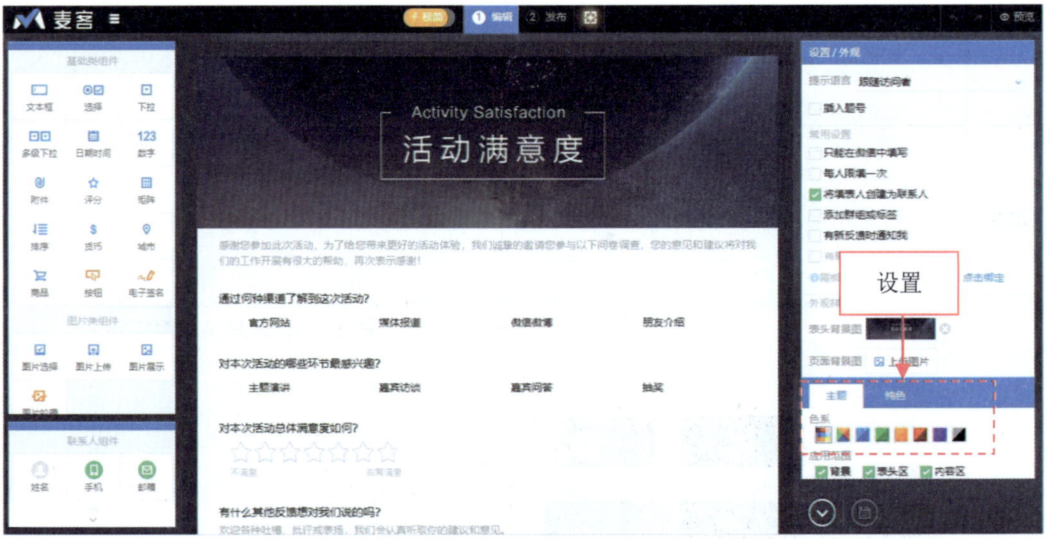

图 2-11　表单编辑界面

Step 05 ❶单击表头文字；❷右侧会出现“文本描述”对话框；❸在此对话框中可以编辑表头的文本内容，如图 2-12 所示；

Step 06 ❶单击问卷题目，在右侧的对话框中选中显示的问题；❷在此可以编辑问题与选项内容，选项可以根据需要增加或减少；❸单击右上角的“预览”按钮，如图 2-13 所示。

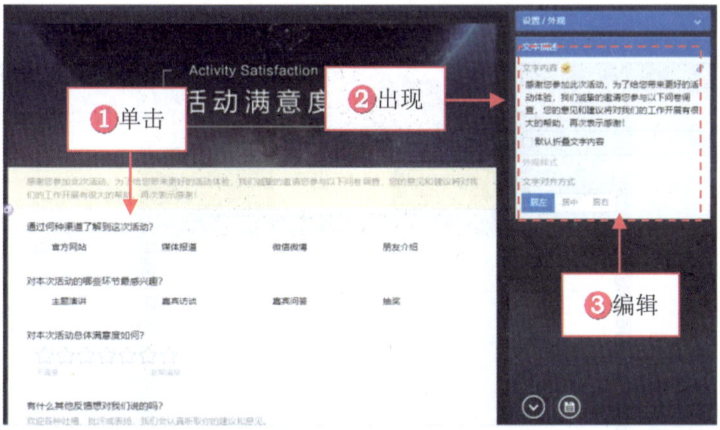

图 2-12　编辑表头的文本内容

图 2-13　单击“预览”按钮

Step 07　预览编辑后的表单效果，检查是否还有需要改进的地方，确认无误后，单击右上角的“关闭预览”按钮，如图 2-14 所示。

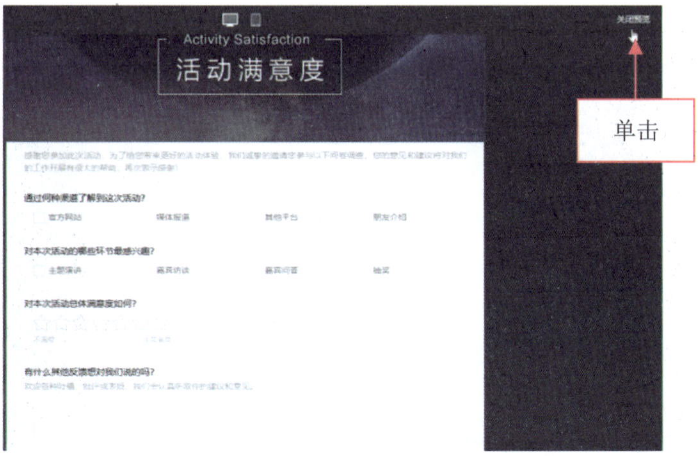

图 2-14　单击“关闭预览”按钮

Step 08 返回表单编辑界面，单击界面顶部的“发布”按钮，如图 2-15 所示。

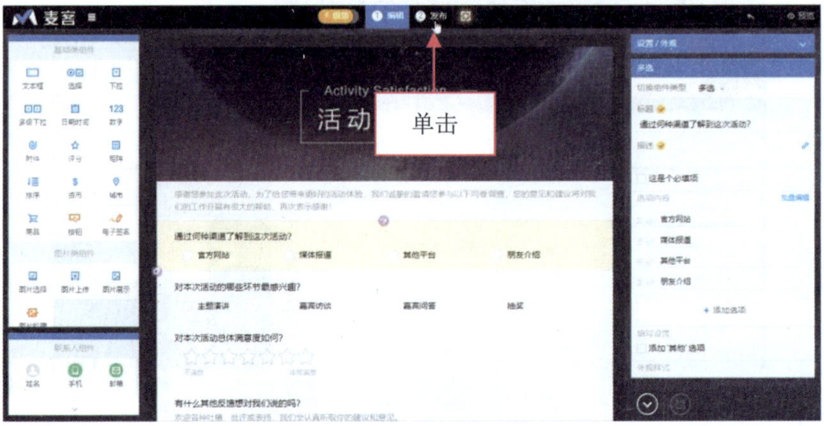

图 2-15　单击“发布”按钮

Step 09 弹出相应界面，单击“发布表单”按钮，如图 2-16 所示，即可发布表单。

图 2-16　单击“发布表单”按钮

Step 10 生成表单链接，用户可以将链接发布到各大新媒体平台，如图 2-17 所示。

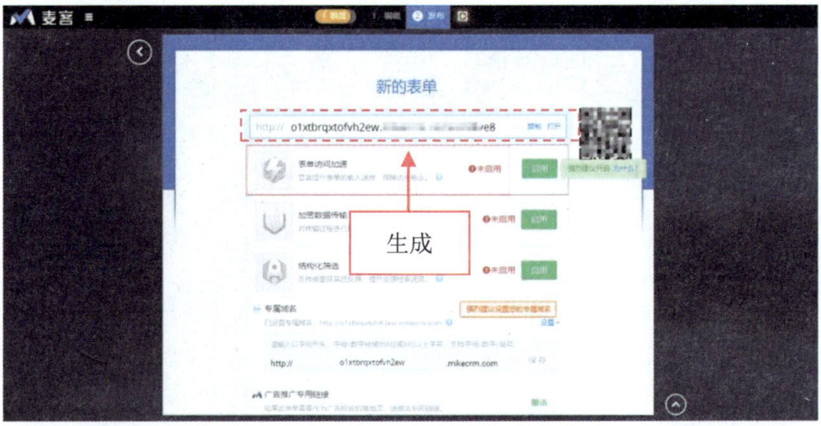

图 2-17　生成表单链接

2.2　新媒体图文设计

本节主要介绍一些新媒体的图文设计方法。

2.2.1　设计封面图

通常来说，封面图是读者看到的第一张图片，它是能否吸引读者，让读者点开链接、了解链接详情的重要元素。

图 2-18 所示为手机摄影构图大全公众号的文章封面。该公众号以摄影构图为主，图片均是一张张非常精美摄影作品，吸引着爱好摄影的朋友驻足，并点进去查看是否还有更多的精美图片。

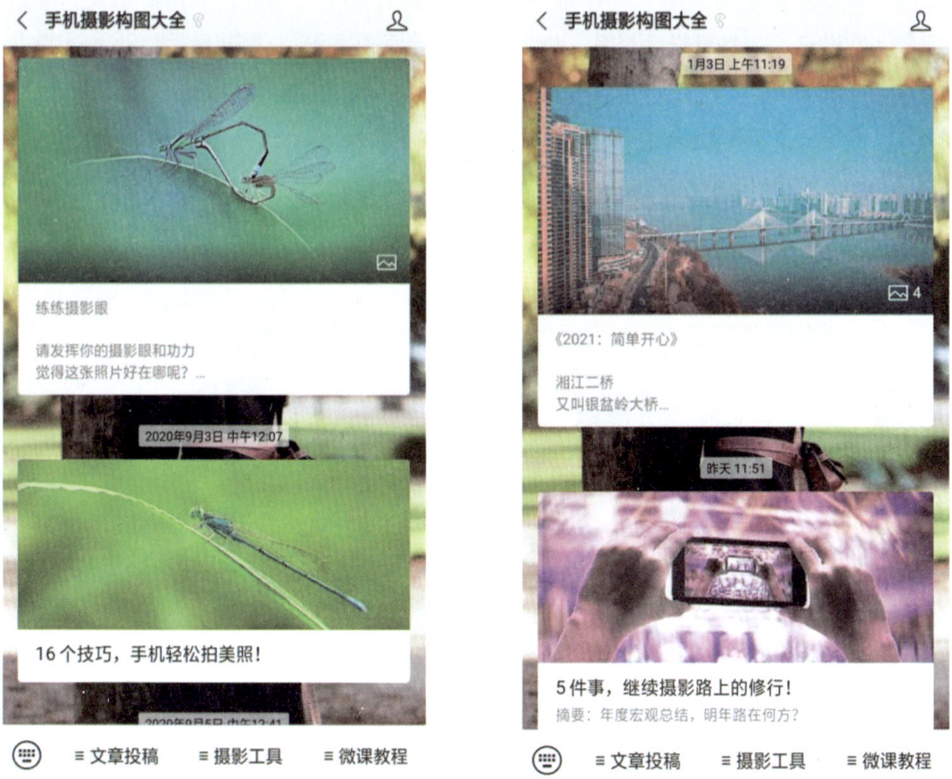

图 2-18　手机摄影构图大全公众号的文章封面

了解封面图片的重要性之后，可以开始尝试制作封面图。下面以“创客贴”为例，介绍制作封面图的方法。

Step 01　进入“创客贴”首页，单击“开启设计”按钮，进入模板挑选页面，如图 2-19 所示。

图 2-19　模板挑选页面

Step 02　各类模板根据使用的场景进行划分，每个类别又以不同平台、不同尺寸来划分。选择好喜欢的模板后，按照提示登录，即可进入设计页面，如图 2-20 所示。此处选择的是“公众号封面首图”中的一个模板，页面的左侧是“素材分类区”，中间是“设计操作区”，右侧则是“页面管理区”。

图 2-20　设计页面

Step 03　修改文字信息。双击文字，即可修改文本内容，修改完毕后，将鼠标光标移至方框外单击，可以看到文字修改成功，如图 2-21 所示。

Step 04　修改字体格式。如果对字体格式不满意，可以在“设计操作区”上方修改相应的格式，❶包括字体颜色、字体、字号、样式、对齐方式、字间距、行间距、透明度、复制、删除等；或者❷单击左侧的“文字”按钮；❸可以在其中挑选字体模板，只需单击选择的字体，字体就会出现在“设计操作区”中央，如图 2-22 所示。

Step 05　修改背景图片。单击背景，图片变为可编辑状态，可在左侧“背景”中挑选纯色、纹理或渐变背景，如图 2-23 所示。

Step 06　使用一些图片作为背景 1。单击左侧“素材”中的“图片”按钮，即可显示大量图片，用户可以从中挑选喜欢的图片作为背景，如图 2-24 所示。

图 2-21　文字修改

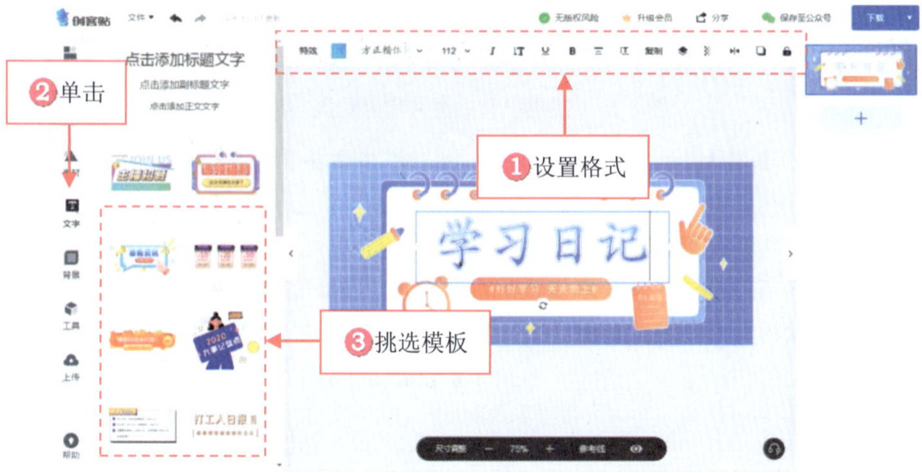

图 2-22　修改文本内容

图 2-23　修改背景界面

图 2-24　使用一些图片作为背景

Step 07 如果想用自己已有的图片，❶单击左侧的“上传”按钮，用电脑或者手机上传图片；❷上传完成后，图片会显示在左侧。单击上传的图片，即可添加到“设计操作区”，如图 2-25 所示。

图 2-25　使用已有的图片作为背景

Step 08 调整图片的位置与大小，如图 2-26 所示，然后根据需要调整其他元素的位置，即可完成设计。

Step 09 当有新的元素添加至“设计操作区”时，会直接叠加在最上方。如果要将新元素放置在底层的话，那么可以单击“设计操作区”右上方的“图层”按钮，在弹出的列表框中可以设置新元素的图层顺序，如图 2-27 所示。

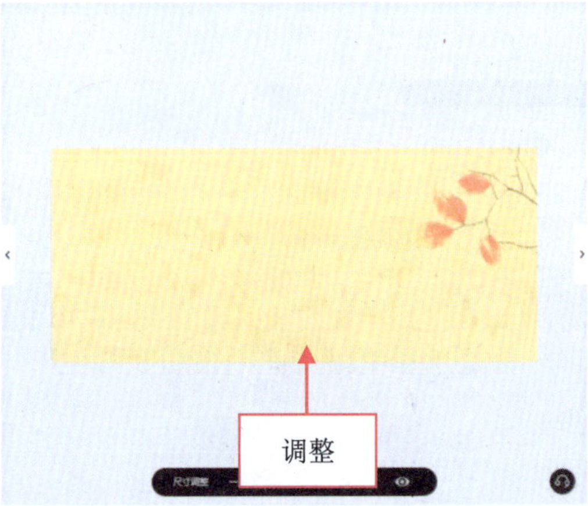

图 2-26　调整图片的位置与大小

图 2-27　设置新元素的图层顺序

Step 10 如果觉得画面较空，也可以试着添加一些其他元素，如线条、形状、图标等，挑选一些元素进行适当的组合，如图 2-28 所示。

Step 11 如果已经确定主题，也可以直接在搜索框中搜索关键词，即可跳出很多相关内容，如图 2-29 所示。

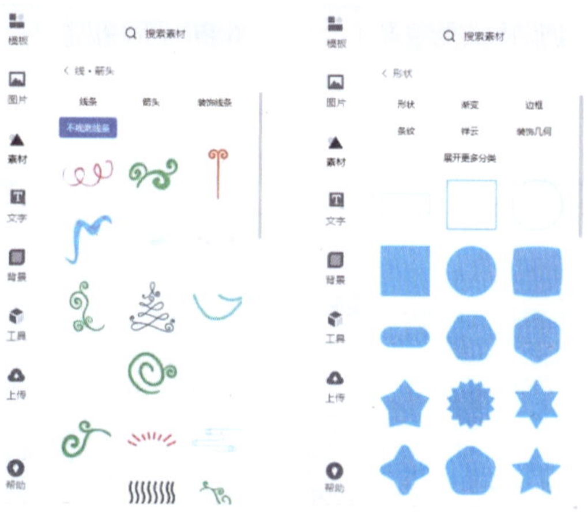

图 2-28 添加其他元素

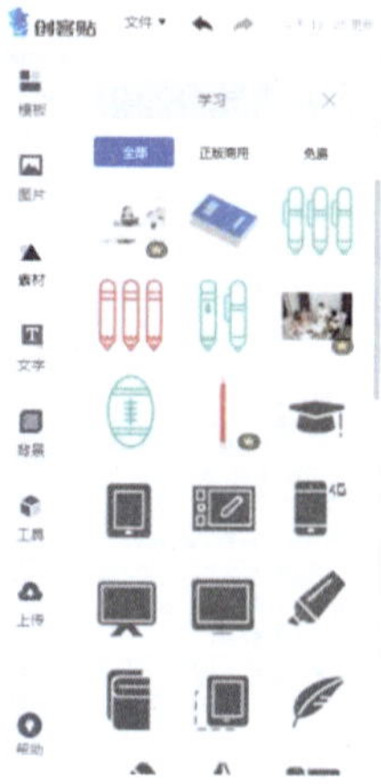

图 2-29 搜索关键词

Step 12 制作完成后，可以单击“设计操作区”下方的预览按钮，如图 2-30 所示。

Step 13 弹出“封面预览”对话框，对封面图进行预览，看标题是否会遮挡住封面图的信息，如图 2-31 所示。但需要注意的是，只有在编辑微信封面图时才能预览。

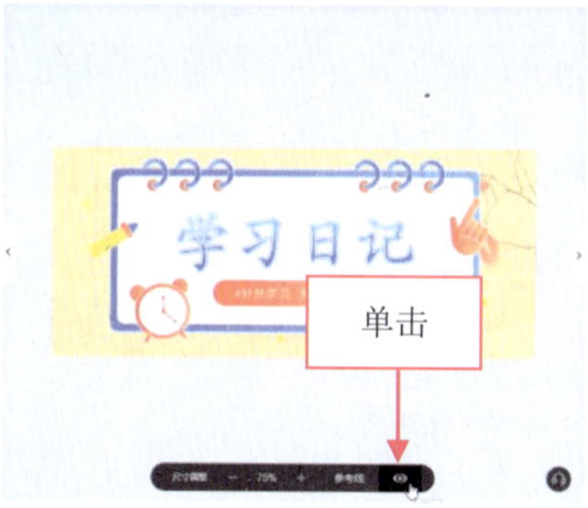

图 2-30 单击“预览”按钮

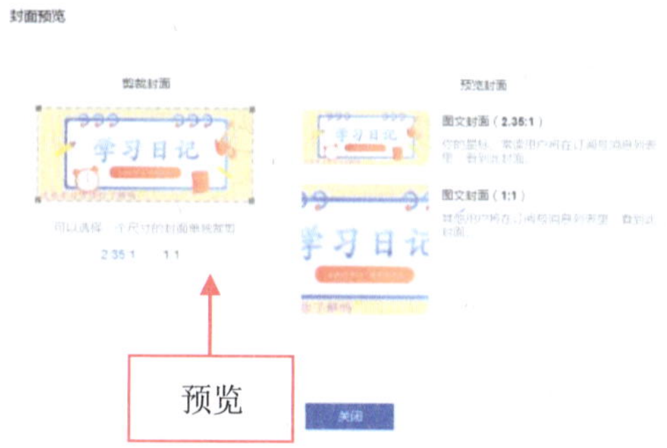

图 2-31 封面预览

Step 14 确认无误后，单击界面左上方的“文件”|“保存”命令，即可将文件保存到“设计管理”，方便以后再次调用，如图 2-32 所示。

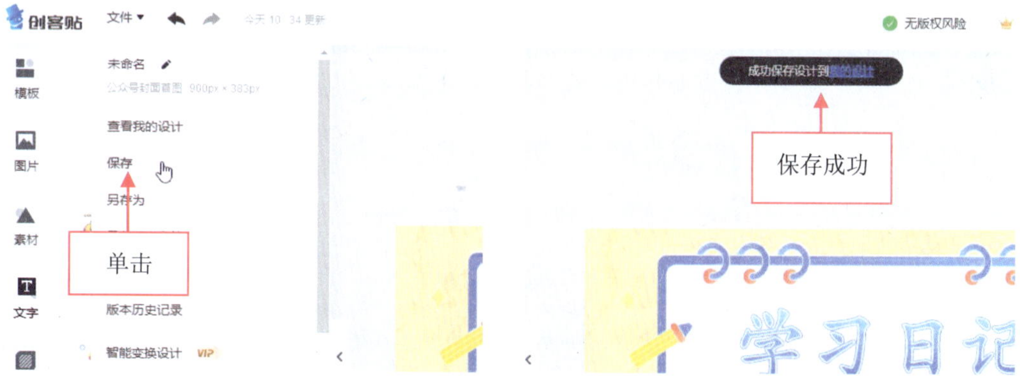

图 2-32 保存封面图

Step 15 完成上述操作后，可以保存图片到电脑，单击右上方的“下载”按钮，如图 2-33 所示。

Step 16 弹出“下载作品”对话框，❶设置需要的图片格式后；❷单击“下载”按钮，如图 2-34 所示。

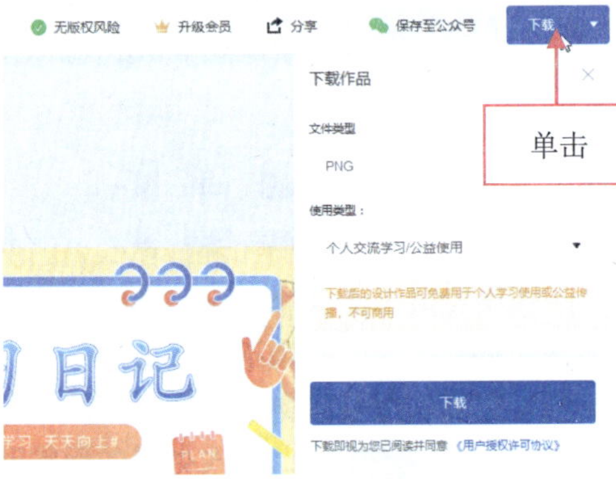

图 2-33　保存图片到电脑

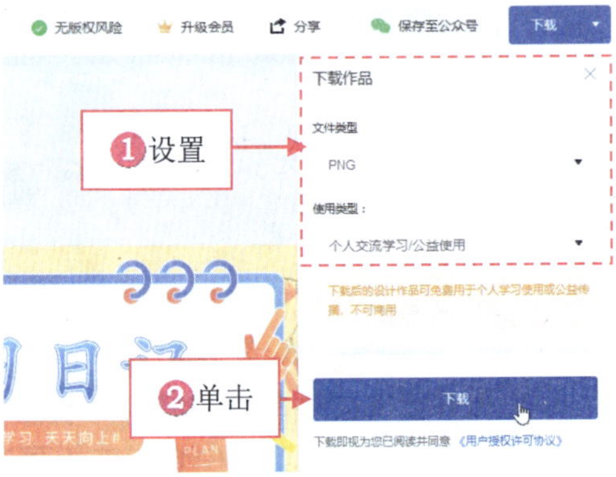

图 2-34　“下载作品”对话框

Step 17 如果想要将自己的作品分享到其他平台，那么可以单击右上方的“分享”按钮，如图 2-35 所示。

Step 18 弹出“分享”对话框，如图 2-36 所示。并生成图片链接，单击“复制链接”按钮即可发布到其他平台。

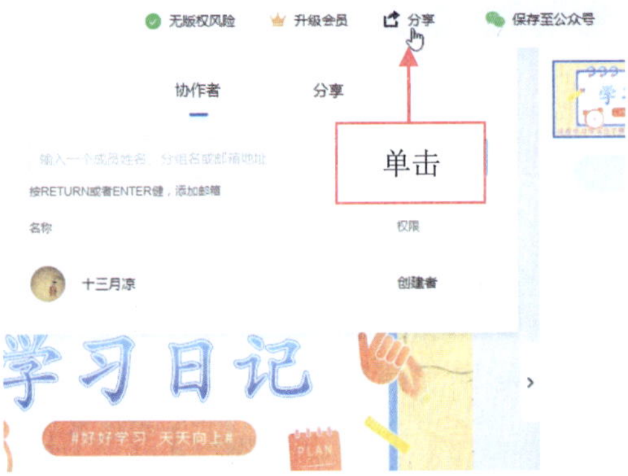

图 2-35　分享到其他平台

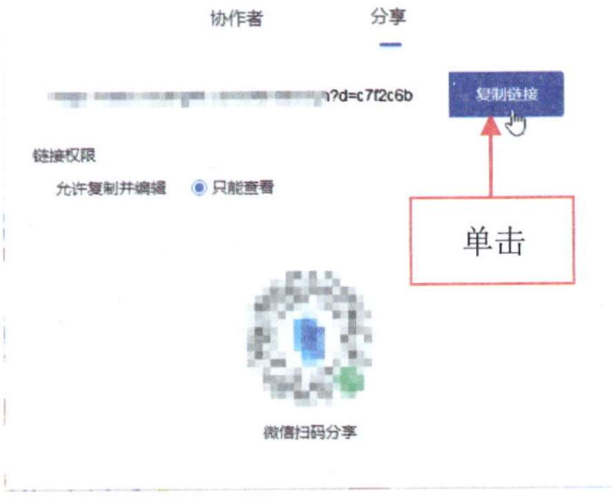

图 2-36　“分享”对话框

Step 19 执行上述操作后，查看制作完成的封面图，如图 2-37 所示。

图 2-37　查看封面图

2.2.2　设计信息长图

信息图原本是新闻编辑用来对一个新闻事件的过程进行解读的图片，但随着移动用户的增加，使得一张图片已经容纳不下所有的信息，信息长图由此而生，如图 2-38 所示。

图 2-38　信息长图

可以直接用软件设计，也可以设计多张小图后拼接起来，变成一张信息长图。下面以“创客贴”为例，介绍制作信息长图的方法。

Step 01　以直接使用模板设计长图为例，挑选好模板后，单击进入编辑界面，如图 2-39 所示。用户可以根据需要修改相应的文本与图片。在设计内容时，要注意不要有大片的文字，这会给人一种疲倦的心理，让人没看完就已经想离开界面。在设计长图时，如果有大片的文字，可以尝试用图表来表达。形象化的图表不仅可以让画面更美观，还可以引起观看者的兴趣。

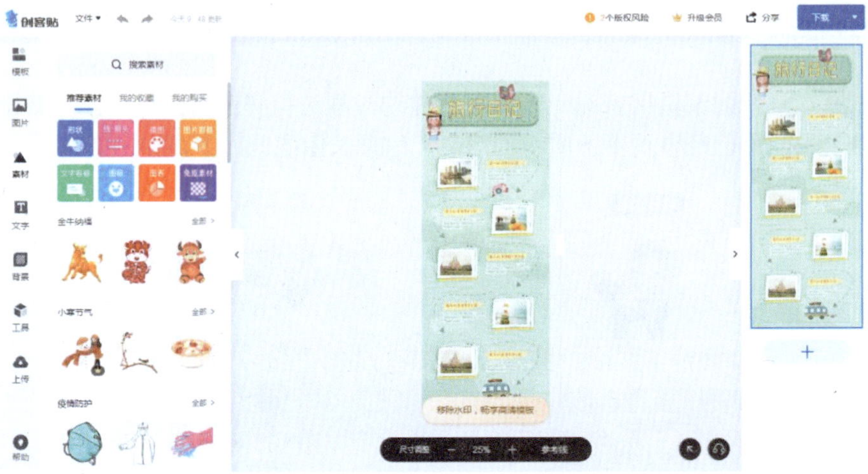

图 2-39　“页面管理区”界面

Step 02 “创客贴”对图表的可编辑空间不大，可以使用“百度图说”工具来制作图表。进入“百度图说”首页，单击“开始制作图表”按钮，按提示登录，再单击“创建图表”按钮，将会弹出相应对话框。在对话框中根据不同性质的数据选择合适的图表样式，如图 2-40 所示。常用的图表有柱状图、饼图和折线图等。柱状图适合表现数量的对比，饼图适合表现数据中各项参数的比例，折线图适合表现相等时间间隔下数据的趋势走向。

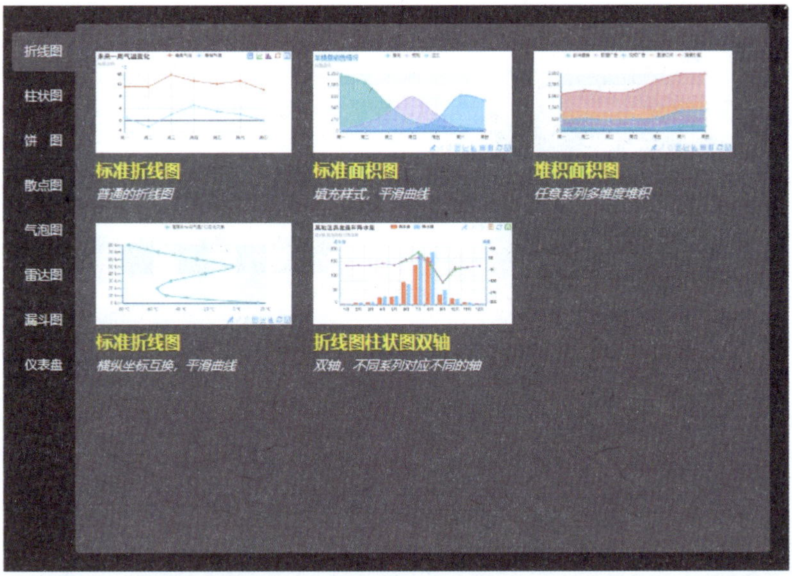

图 2-40　不同的图表样式

Step 03 此处选择的是“标准折线图”图表样式。进入图表编辑界面，当鼠标光标移至图表中时，图表左上方会显示相应的按钮，单击“数据编辑”按钮，如图 2-41 所示。

Step 04 界面的左侧弹出“数据编辑”面板，如图 2-42 所示。通过双击鼠标左键来对表格名称、数值的修改，可以直接影响折线图的变化。

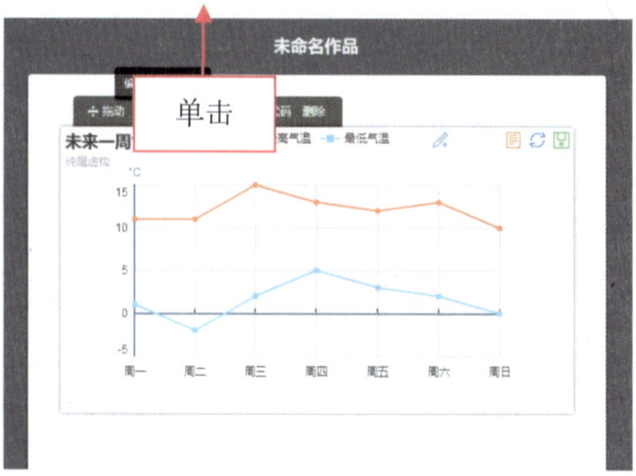

图 2-41 单击“数据编辑”按钮

图 2-42 “数据编辑”面板

Step 05 单击图表左上方的“参数调整”选项卡，在弹出的面板中，可以对图表的尺寸、颜色、位置、标题等进行相应的设置，如图 2-43 所示。

Step 06 图表默认是透明的背景，如果信息长图的背景有色彩变化，建议将图表的背景设置为白色。在“参数调整”面板选中“图整体背景颜色”前面的复选框，会弹出相应对话框。在对话框中可以选择需要的色彩。如果对调整后的色彩不满意，也可以自行更改颜色，如图 2-44 所示。

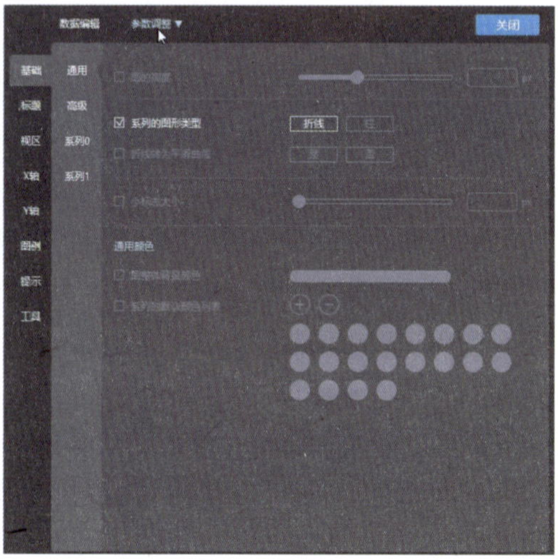

图 2-43 设置相应参数

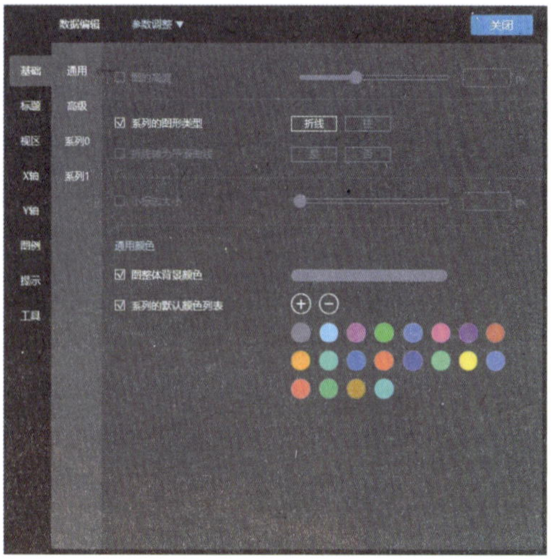

图 2-44 清除颜色

Step 07 图表制作完成后，单击图表右上方的图标进行保存。进入图表预览，在图表中单击鼠标左键，即可下载图表。将下载后的图表上传至“创客贴”，再将图表添加至信息长图页面中即可。设计完成后，单击“文件”|“保存”命令，再单击“下载”按钮，在弹出的“下载作品”对话框中，单击“确认下载”按钮，即可下载设计好的长图。

2.2.3 设计九宫格图片

九宫格图片是由九个方格形的图片拼接组成的，根据这一特性，可以制作出一些富有创意的图片。图 2-45 所示为关于九宫格的宣传海报。

图 2-45 关于九宫格的宣传海报

下面以电脑端的“美图秀秀”为例，介绍制作九宫格图的方法。

Step 01 在“美图秀秀”中打开一张图片，①单击“首页”图标；②单击“九格切图”按钮，如图 2-46 所示。

Step 02 进入“九宫格”界面，①设置相应画笔形状与滤镜；②单击“保存到本地”按钮，如图 2-47 所示。

图 2-46 单击“九格切图”按钮

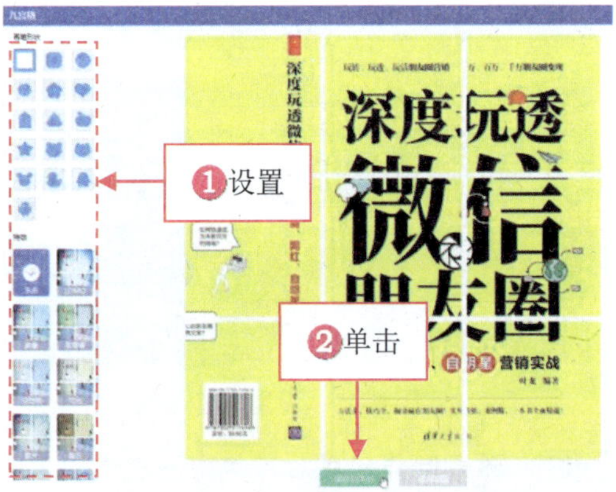

图 2-47 “九宫格”界面

Step 03 弹出“保存”对话框，①选中“保存 9 张切图”单选按钮；②单击“确定”按钮，如图 2-48 所示。

Step 04　设置保存位置后即可保存图片，再次打开一张图片。①适当裁剪；②再单击下方的“保存”按钮，如图 2-49 所示。

图 2-48　“保存”对话框

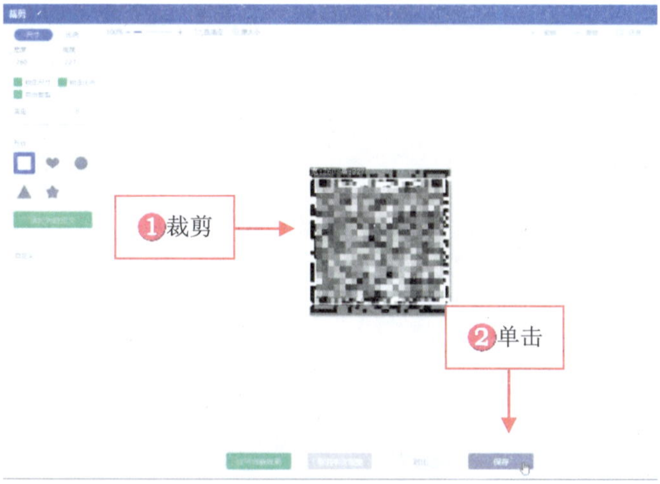

图 2-49　保存图片

Step 05　弹出“保存”对话框，单击“保存”按钮，保存图片，如图 2-50 所示。

Step 06　将裁切好的图片发送到手机，按顺序点击图片，用裁剪后的图片替换“封面_6.jpg”图片，编辑并发表，即可制作出九宫格效果，如图 2-51 所示。

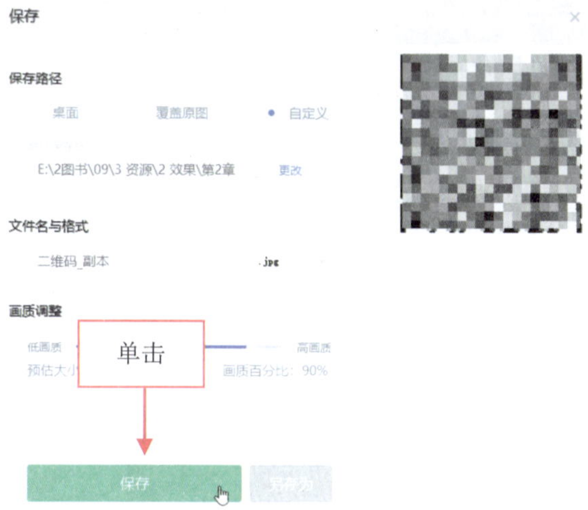

图 2-50　保存图片

图 2-51　九宫格图片效果

2.2.4　设计个人海报图片

简拼是一款记录美好、抒写情怀的拼图 APP，其模板偏简约文艺风，并且包含简约、便签、封面、拼接、名片和明信片等多种类型的模板。同时，简拼还拥有强大的文字编辑功能，让用户可以最大限度地编辑文字。下面详细介绍使用简拼 APP 设计个人海报名片的方法。

Step 01 进入简拼 APP，点击界面下方的按钮，如图 2-52 所示。

Step 02 进入到模板挑选界面，选择合适的模板并点击，如图 2-53 所示。

图 2-52 进入简拼 APP

图 2-53 模板挑选界面

Step 03 进入照片选择界面，❶选择相应图片；❷点击“下一步”按钮，如图 2-54 所示。

Step 04 进入模板编辑界面，原本的图片已经被替换，点击二维码图片，如图 2-55 所示。

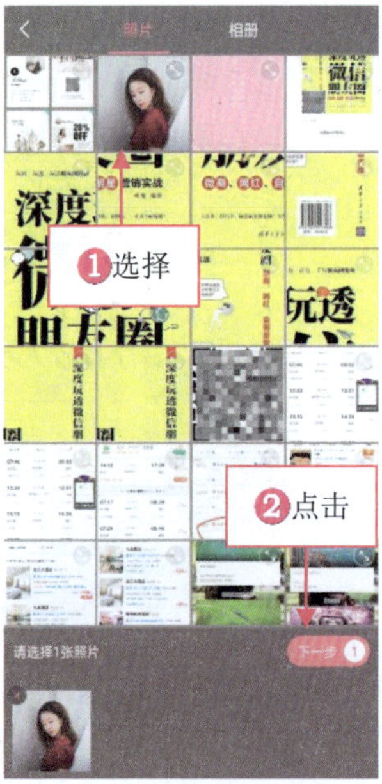

图 2-54 照片选择界面

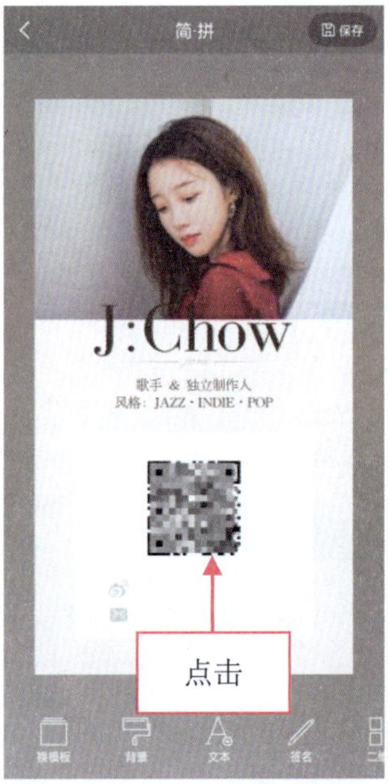

图 2-55 模板编辑界面

Step 05 进入相应界面，点击“从相册添加”按钮，如图 2-56 所示。

Step 06 ❶提示选择并添加二维码图片；❷点击界面底部的图标，如图 2-57 所示。

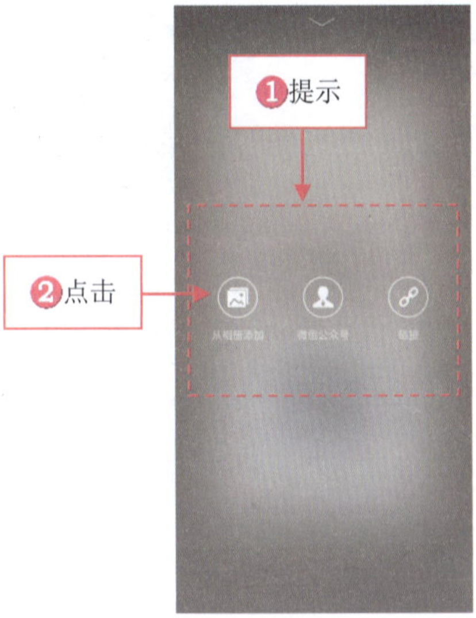

图 2-56　相应界面

图 2-57　点击底部的图标

Step 07　点击相应文字，❶弹出输入文本框，修改相应文本内容；修改完成后，❷点击✓按钮确认修改，如图 2-58 所示。

Step 08　运用同样的方法，修改其他文本内容；修改完成后，点击右上角的图标，如图 2-59 所示。

图 2-58　修改相应文字

图 2-59　修改其他文本内容

Step 09　弹出 3 个按钮，点击“保存到本地”按钮，如图 2-60 所示。

Step 10　进入个人主页，系统提示海报名片制作完成，如图 2-61 所示，用户也可根据需要分享至各大新媒体平台。

Step 11　执行上述操作后，查看制作完成的个人海报图片效果，如图 2-62 所示。

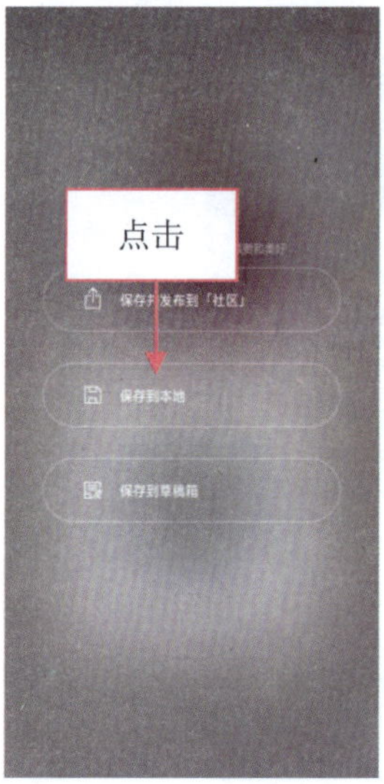

图 2-60　点击“保存到本地”按钮

图 2-61　海报名片制作完成

图 2-62　个人海报图片效果

2.3　新媒体元素布局

在设计一个新媒体页面时，通常包含了太多的元素。这些元素的布局没有固定的章法可循，主要靠设计师的灵活运用与搭配。只有在大量的设计实践中熟练运用，才能真正理解版式布局设计的形式原则，并熟练地加以运用，从而创作出优秀的新媒体广告作品。

常用版式布局的对齐方式有左对齐、右对齐、居中对齐和组合对齐。

左对齐：左对齐的排列方式有松有紧，有虚有实，非常具有节奏感，如图 2-63 所示。其文字使用左对齐的方式排列，与广告中产品实物互相弥补，让版面整体上具有很强的节奏感。

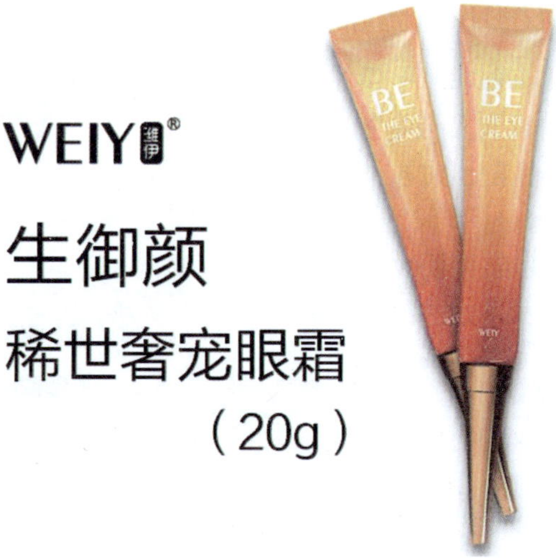

图 2-63　左对齐布局

右对齐：右对齐的排列方式与左对齐刚好相反，具有很强的视觉性，适合表现一些特殊的画面效果，如图 2-64 所示。

图 2-64　右对齐布局

居中对齐：居中对齐是指让设计元素以中心轴线为对称中心的对齐方式，可以让顾客视线更加集中，具有庄重、优雅的感觉，如图 2-65 所示。图中的商品、文字与设计元素都使用居中对齐的方式，给人带来视觉上的平衡感。

图 2-65　居中对齐布局

本章小结

本章首先介绍了新媒体元素设计的方法，例如设计 LOGO 标志和表单等；然后介绍了新媒体图文设计的方法，包括设计封面图、设计信息长图、设计九宫格图片以及设计个人海报照片等；最后介绍了新媒体元素布局的技巧等。通过本章的学习，希望读者举一反三、学以致用，从而制作出优秀的新媒体广告作品。

本章习题

1. 在“创客贴”中，制作封面图后如何进行作品预览？
2. 在设计新媒体页面时，常用的元素布局有哪些对齐方式？各自都有什么特点？

第3章　选择成为亮点的素材图片

本章导读

要想提高文章的点击率，增加新媒体平台的关注度与曝光度，就必须让用户对其提供的信息眼前一亮。要做到这一点，视觉营销中的视觉图片的选择尤为重要。本章主要介绍视觉营销的图片素材的选择、封面图的设计以及相关的图片处理技巧。

本章重点

- 成为亮点素材的必要条件
- 新媒体素材图片的优化

3.1 成为亮点素材的必要条件

图片素材是指没有经过任何艺术的加工、零散而没有系统分类的图片。图片素材选择得是否合理是打造亮眼的视觉效果的基础。新媒体文案的作者只有对符合文章主题并且质量较高的图片素材进行适当的艺术加工，才能真正地为整个文章增添色彩。本节主要介绍对优质的图片素材的选择以及艺术加工的相关知识。

3.1.1 清晰度要高

高清晰度的图片是获得平台用户良好第一印象的法宝，体现了商品价值的高低，直接影响着用户的价值判断。图 3-1 所示为一款主图清晰的产品，不仅画质清晰，拍摄的角度也比较合理，从而能通过意境的设计凸显产品的品质。

图 3-2 所示为背景杂乱的图片素材。不难看出这张图片不仅图片的背景随意，还给用户一种毫无亮点、平平无奇的感觉。如果在新媒体平台的视觉设计中选择这样的图片素材，就难以激发用户的好奇心，达不到好的视觉效果。

图 3-1 图片清晰的主图

图 3-2 背景杂乱的图片素材

> ▶ 专家指点
>
> 好的图片素材除了拥有较高的清晰度外，还应具备的一个特点便是图片背景应该比较有序或者干净，而不是杂乱无章，不然就会给读者造成一种品牌感不强的印象。

3.1.2 视觉光线要好

随着物质生活水平的提高，人们对品质的要求与标准也在不断提升。因此，如何选择高品质的图片素材便成了新媒体平台运营者在进行视觉设计时需要考虑的重点问题。一般而言，视觉光线较好的图片素材相较于光线昏暗的图片素材而言，会更容易给用户好的视觉享受。

如果在进行视觉设计时没有把握好视觉光线，一方面容易导致呈现的图片无法达到预期的视觉效果；另一方面这样的视觉图片也不足以引起读者的阅读兴趣。图 3-3 所示为一张视觉光线不足的图片。

图 3-3 由于拍摄者在拍摄时没有把握好视觉光线，从而导致整个视觉画面呈现出一种昏暗无关的感觉。毫无亮点的图片，缺乏质感的视觉效果是新媒体美工者进行视觉设计的大忌。再来看光线把握得当的图片示例，图 3-4 所示的整个图片给人明亮、简洁的视觉感受，体现了图片的质感。

图 3-3　视觉光线不足的图片示例

图 3-4　光线得当的图片示例

3.1.3　视觉角度要合理

要打造好的视觉效果，需要新媒体美工者在进行视觉设计时要选择科学合理的、视觉角度好的图片素材，从而为文章增添亮点，提高文章的可读性。选择视觉展示角度合理的图片素材的好处如图 3-5 所示。

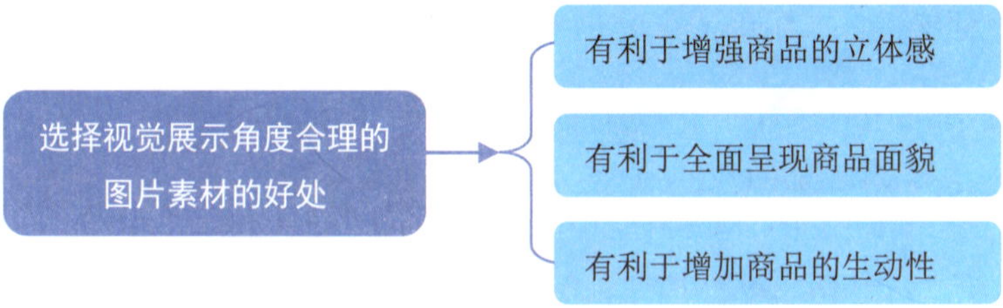

图 3-5　选择视觉展示角度合理的图片素材的好处

> ▶ **专家指点**
>
> 选择视觉角度合理的图片素材是新媒体平台的运营者进行视觉设计、营造最佳视觉效果的前提条件，也是激发用户好奇心、引起用户关注最重要的影响因素。试想，如果用户无法从接收的图片中寻找到商品的亮点与独特性，就会大大降低用户对平台的信任度与品牌认知度。

图 3-6 所示为视觉展示角度合理的图片示例。不难发现，这张图片的视觉展示角度有利于充分的展示商品的全貌，较为立体地展示了商品的特征。

图 3-6　视觉展示角度合理的图片示例

3.1.4　设计要富有创意

清晰度再高、视觉光线再充足或是视觉展示角度再准确立体，如果所采用的图片素材千篇一律、缺乏创新点，那么对用户的吸引力也是有限的。要保持对新媒体用户长久的吸引力，需要在视觉设计上富有创意，持续保持用户对新媒体平台的新鲜感。独具匠心的图片往往能够激发用户的好奇心理，给予用户最佳的视觉享受，从而增加产品的好感度，扩大其影响。

图 3-7 所示为同类型产品视觉设计效果对比。通过视觉效果比较，不难发现左图是个基本的产品实物图，虽然展示出了产品的实用性，但从视觉设计的角度看，缺乏一定的设计感，看起来比较单调，对用户的视觉冲击较小，同时对用户的吸引力也较弱；而右图将商品置于一个精心设计的环境中，将商品放置在厨房的桌子上，使产品的特色与外部环境融为一体，打造舒适和谐的视觉感受，以温馨的家为拍摄背景这一创意为这一图片素材增色不少。

单调的产品实物图　　　　丰富背景的创意产品图

图 3-7　同类型产品视觉设计效果对比

3.1.5　颜色要绚丽夺目

想要让新媒体图片吸引读者的眼球，那么所选的图片的颜色搭配要合适。合适的图片颜色搭配能够给读者一种顺眼、耐看的感觉。对新媒体内容而言，一张图片的颜色搭配要适当需要做到以下两个方面：一方面是选择的图片要亮丽夺目；另一方面是选择图片的颜色搭配要与文章的内容符合。

其中，选择的图片素材是否亮丽夺目是吸引读者关注的主要因素，舒适美观的视觉配色有利于提高图片的亮点与辨识度。在没有特殊要求的情况下，新媒体平台的图片要尽量选择色彩明亮的，因为这样的图片能带来更多的点击量。选择亮眼图片提高点击量的具体原因如图 3-8 所示。

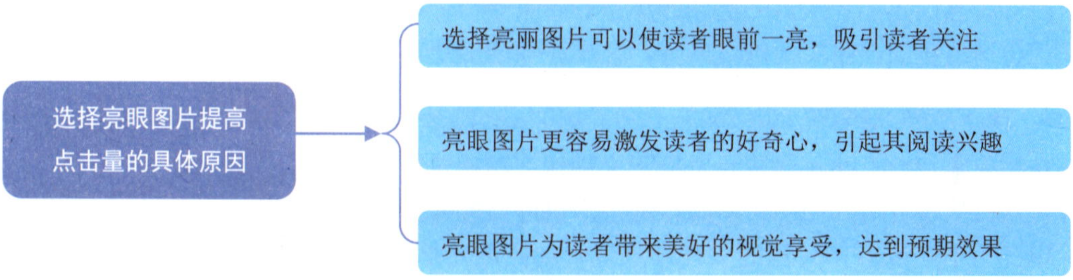

图 3-8　选择亮眼图片提高点击量的具体原因

很多读者在阅读文章的时候希望能有一个轻松、愉快的氛围，不愿在压抑的环境下阅读，而色彩明亮的图片就不会给读者一种压抑、沉闷的感觉，恰好能给读者带来舒适轻松的阅读氛围。当然，图片除了亮丽夺目外，在颜色选择上还有一个与内容是否符合的因素存在，这也是在图片的细节处理中需要注意的问题，在新媒体平台上的软文图片处理也是如此。如果推送的内容是比较悲沉、严谨的，可以选择与内容相适应颜色的图片，那就不可以使用太过跳跃的颜色，因为这样会使整体感觉不搭。

3.1.6　注重视觉精美度

在进行新媒体平台运营的时候是离不开图片的，图片是让新媒体内容变得生动的一个重要武器，会影响读者点开文章的阅读量。

在使用图片给新媒体平台增色的时候，也可以通过一些方法给图片进行“化妆”，让图片变得更加有特色，提高视觉的精美度，从而吸引到更多的读者。

新媒体平台的内容编辑给自己的图片“化妆”，可以让原本单调的图片通过多种方式变得更加鲜活。要想呈现好的视觉效果就应当注重视觉的精美度，学会利用 Photoshop 处理照片，增加视觉美感。新媒体内容编辑要给图片“化妆”可以通过两个方法着手进行，具体如图 3-9 所示。

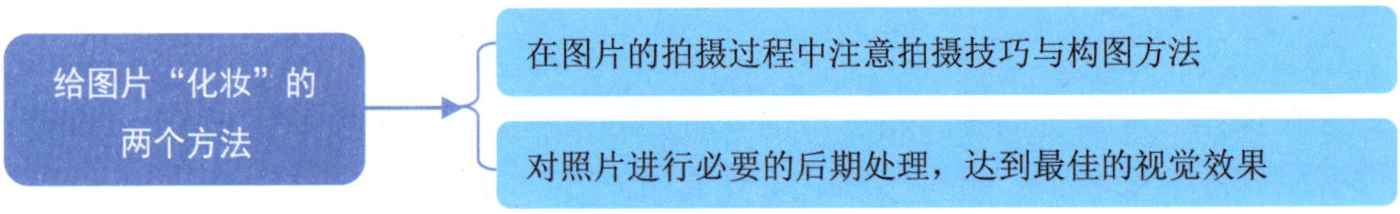

图 3-9　给图片“化妆”的两个方法

关于给新媒体内容中的图片化妆的两种方法具体介绍如下。

1. 图片拍摄时“化妆”

新媒体平台使用的照片来源是多样的，有的平台使用的图片是企业或者个人自己拍摄的，有的是从专业的摄影师或者其他地方购买的，还有的是从其他渠道免费得到的。

对于自己拍摄图片的这一类新媒体运营者来说，只要在拍摄图片时注意拍照技巧的运用以及拍摄场地布局、照片比例布局等，就能达到给图片“化妆”的效果。

2. 图片后期“化妆”

在拍完照片后，如果对图片觉得不太满意，可以选择通过后期处理来给图片“化妆”，或者对从其他地方得到的图片不满意的话，也可以选择后期“化妆”。

现在用于图片后期处理的软件有很多，如强大的 Photoshop、众所周知的“美图秀秀”等，新媒体美工可以根据自己的实际技能水平选择图片后期处理软件，通过软件让图片变得更加夺人眼球。

一张图片有没有加后期效果差距是非常大的。图 3-10 所示为同一张照片加后期处理前后视觉效果对比。

图片加工前　　　　图片加工后

图 3-10　同一张图片加后期处理前后视觉效果对比

3.1.7　图片容量要适宜

选择在新媒体平台中发布文章主图时，除了要选择符合文章主题内容的图片、注重图片的精美度之外，还需要选择视觉容量适宜的图片，便于用户的阅读。

新媒体美工在选择图片的时候，应该尽量将单张图片的容量大小控制在 1.5 M 到 2 M 之间为最佳。因此，新媒体美工可以在这个容量限制的基础上，对选定的图片素材进行编辑。但值得注意的一点是，图片格式的不同，所占的容量也存在差异。图片格式的种类如图 3-11 所示。

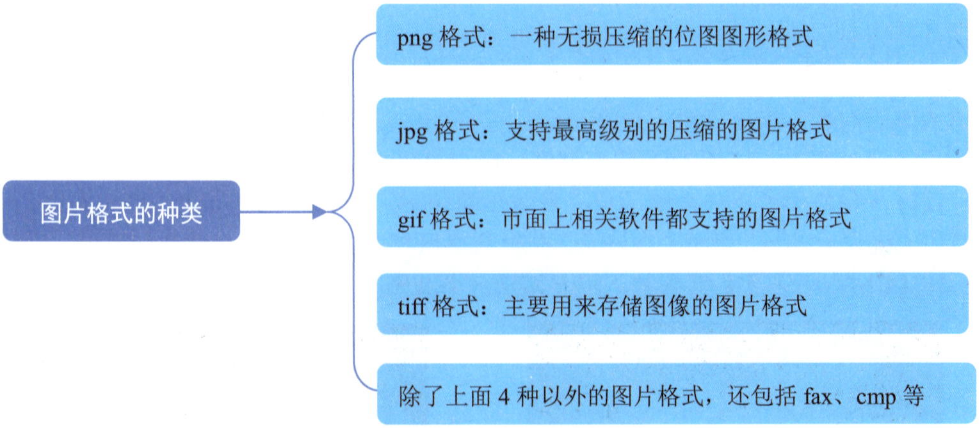

图 3-11　图片格式的种类

新媒体美工除了可以选择图片格式来控制视觉容量的大小外，还可以结合读者不同阅读时段的流量情况对图片容量进行适当调整。之所以说要选择合适的图片容量，主要是根据读者阅读体验出发的，不想让过大的图片耗费读者大量流量的同时，还要耗费图片加载的时间，从而给读者带来不佳的阅读体验。

如果读者一般习惯晚上八九点阅读文章，而这个时间段基本上人们都是待在家里的，读者可以使用 Wifi 打开新媒体平台进行阅读，不用担心流量耗费也不用担心图片加载过慢。那么文章编辑就可以适当的将图片的容量放大一些，给读者提供最清晰的图片，让读者拥有最好的阅读体验。但是如果读者大部分都是在早上七八点钟阅读文章，那么读者使用手机流量上网的可能性就会比较大，这时候如果发送文章的话，就需要将图片的容量控制在上面所说的 1.5 M 到 2 M 之间，为读者节省流量的同时，也节省图片加载时间。

3.1.8　尺寸方便顺利上传

在进行视觉设计时，除了要注重图片设计的新意以及精美度之外，还应注重选择合适的图片尺寸：一方面便于图片的顺利上传；另一方面保证整个视觉页面的协调。图片尺寸的具体含义如图 3-12 所示。

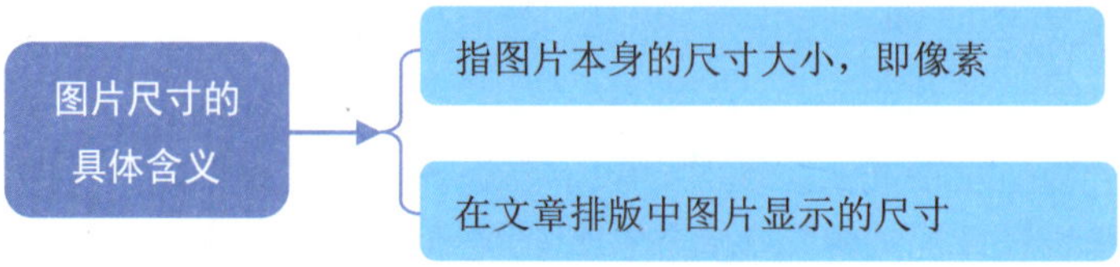

图 3-12　图片尺寸的具体含义

软文中的图片在排版中的尺寸大小一般有一个固定范围内的大小，不可能做太大的调整，因此，为了保证图片的清晰度，必须保证图片本身的尺寸大小，以提高图片的分辨率，这是实现图片高清显示的最基本保证。

图片高清显示的容量大小又关系到读者点击阅读软文信息时的用户体验，因此，在保持图片的高分辨率、不影响观看以及顺利上传、快速打开的情况下，怎样处理图片尺寸成为一个非常关键的问题。换句话说，即应该运用怎样的方法才能将高清图片改为普通大小。下面介绍常用的解决方法，打开 QQ 聊天窗口，用户可以在结合快捷键的情况下以合适格式保存图像，即可得到普通大小的高清图片，具体步骤如下。

点击 QQ 应用图标，登录 QQ 账号，在电脑桌面打开需要修改尺寸的高清图片，如图 3-13 所示。按【Ctrl＋Alt＋A】组合键，图上显示一个截图显示范围的图标，如图 3-14 所示。

图 3-13　打开需要修改的高清图片

图 3-14　显示截图范围图标

移动鼠标至图片的左上角，然后按住鼠标左键并进行拖曳，选择高清图片，如图 3-15 所示。单击“保存”按钮，如图 3-16 所示；执行上述操作后，即可完成截图。

图 3-15　选择图片

图 3-16　单击“保存”按钮

弹出“另存为”对话框，在其中设置保存位置和文件名，❶单击“保存类型”右侧的下拉按钮；❷在弹出的下拉列表框中选择 JPEG 格式；❸单击“保存”按钮，如图 3-17 所示，即可完成图片另存操作。

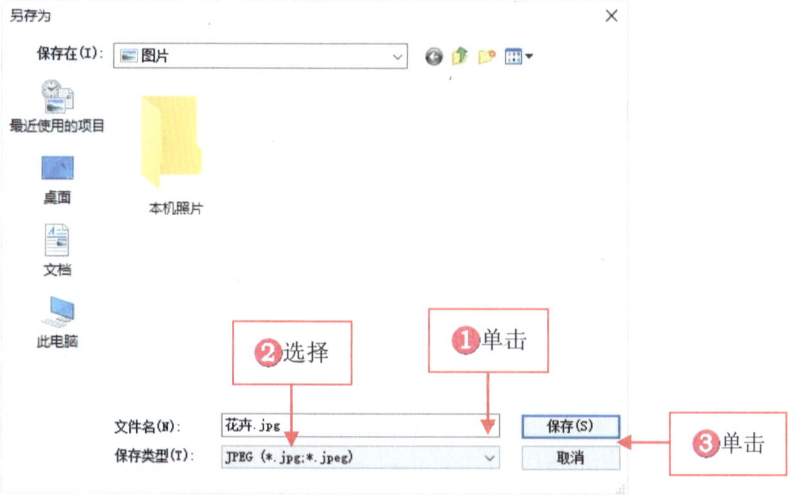

图 3-17　选择相应选项

3.2　新媒体素材图片的优化

对新媒体美工人员来说，首先要做的就是自身运营方向，即要做好运营定位——包括对内容的编辑和素材的选择与优化。只有这样，才能确保自身后续发展的正确性和有效性。

3.2.1　用长图文形成视觉冲击

长图文通过将多张图片素材进行拼接组合，以滚动形式展示文章内容。利用长图文带给用户新的阅读体验的同时，也对用户形成了较大的视觉冲击。有一个名为“手机摄影构图大全”的微信公众号，它的平台上发布的文章都是采用长图文的形式，以图片加文字的形式描述内容。该公众平台上的某篇文章的部分内容如图 3-18 所示。

图 3-18　“手机摄影构图大全”的部分内容欣赏

可见，长图文是使得新媒体平台的图片能获得更多关注度的一种好方法。长图文将文字与图片融合在一起，借文字描述图片内容的同时，使图片所要表达的意思更生动、形象。二者相辅相成，配合在一起，能够大大提高文章的阅读量。

3.2.2　采用效果更好的动图

很多微信公众号在放图片的时候都会采用 GIF 动图形式，这种动起来的图片确实能为公众号吸引不少读者。GIF 格式的图片会让图片更有动感。相对于传统的静态图片，它的表达能力会更强大。静态图片它只能定格某一瞬间，而一张动图它则可以演示一个动作的整个过程，其效果自然会更好。图 3-19 所示为一个名为“桃子鱼仔 ukulele 教室”的微信公众号发布的 GIF 格式的动图文章，图片内容非常生动。

图 3-19　“桃子鱼仔 ukulele 教室”发布的 GIF 格式图片

图 3-20 所示为一个名叫“木木老贼”的公众号，以 GIF 格式发布的图片，增加了图片的动感效果，并且图片内容非常符合公众号的定位，图片内容十分搞笑，具有趣味性。

图 3-20　“木木老贼”发布的 GIF 格式图片

3.2.3　加上专属的水印

要想让新媒体平台的图片抓住读者的眼球，给图片打个标签也是一种不错的方法。给图片打标签的意思就是给新媒体平台的图片加上专属于该账号的水印，从而推广相应的新媒体账号，扩大账号影响力。

如果要给图片加上专属标签，可以在微信公众号、APP 平台的后台进行操作。接下来以微信公众号为例，介绍添加专属标签的具体操作方法。

进入微信公众平台，然后单击“公众号设置”按钮，如图 3-21 所示。单击“功能设置”按钮，就能看到设置水印一栏，如图 3-22 所示。

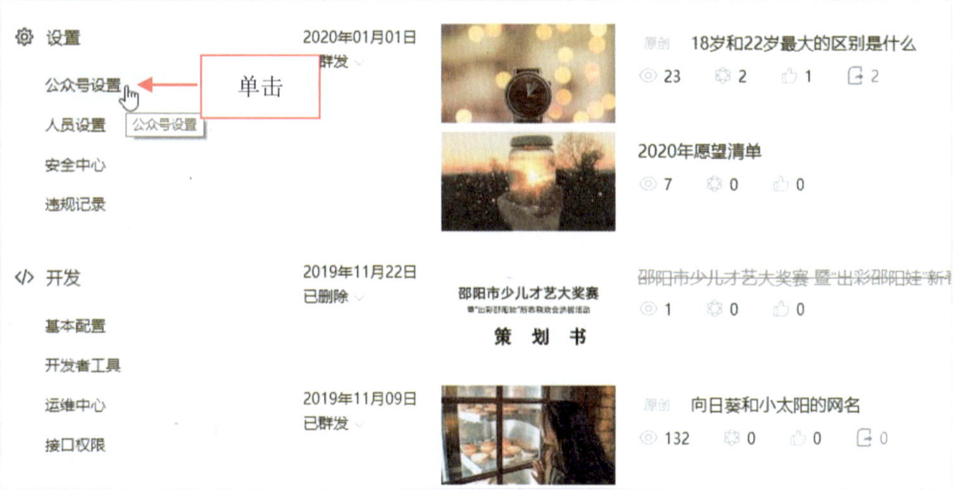

图 3-21　单击“公众号设置”按钮

图 3-22　设置水印一栏

单击“设置”按钮，就会跳出相应的“图片水印设置”页面，如图 3-23 所示。图片水印的设置共有使用微信号、使用名称、不添加 3 种形式。既然目的是要给图片打标签，那就可以选择忽视第三种形式，可以在第一种和第二种形式中根据自己的想法选择一种设定微信图片水印的形式。

图 3-23　图片水印设置界面框

3.2.4　与众不同的二维码

在现实生活中，随处布满二维码的“身影”，二维码营销已经成为一种很常见的营销方式。二维码对于微信公众平台来说也是非常重要的一种吸引读者的图片，同时它也是新媒体平台的电子名片。因此，在运营微信、APP 和新媒体平台时，可以通过制作多种类型和形态的二维码进行平台推广与宣传，以便吸引不同审美类型的读者。生活中常见的二维码类型如图 3-24 所示。

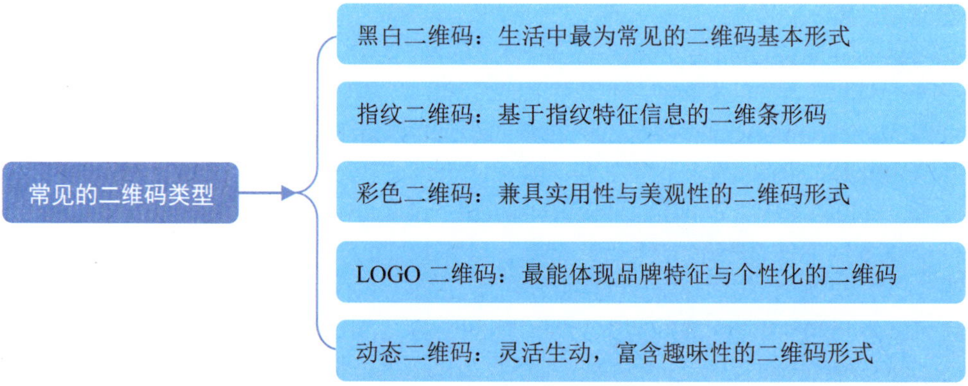

图 3-24　常见的二维码类型

1．黑白二维码

在人们的日常生活中，比较常见的二维码都是黑白格子的，这种单一的形式已经不能够满足喜欢尝鲜、喜欢创新的消费者了。

2．指纹二维码

相信很多人对于这种指纹二维码都不会感到陌生，这是之前很流行的二维类型。它的特色是一张正常的普通的二维码旁边带一个指纹型的动图。相对于一般的二维码，它给人的感觉会比较有趣，图 3-25 所示为一张指纹二维码。

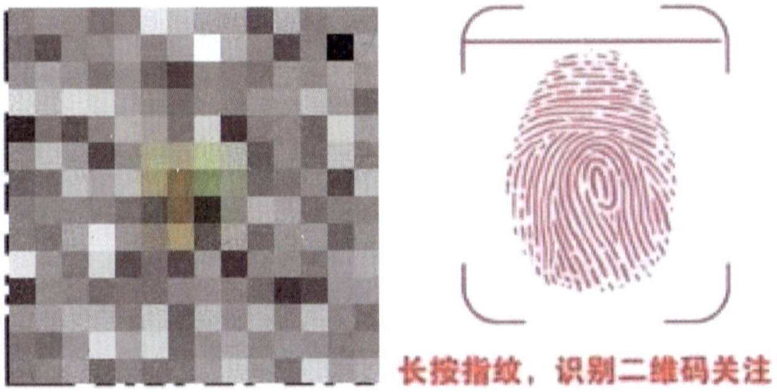

图 3-25　指纹二维码

3．彩色二维码

彩色的二维码是一种非常有特色的二维码。不同于黑白二维码那么单调、死板，彩色二维码是靓丽、有活力的。这种二维码能够吸引大批追求新颖与特色的读者，能够使微信、APP 和新媒体平台变得更有特色。图 3-26 所示为一张彩色二维码。

4．LOGO 二维码

LOGO 二维码是指企业将自己公司的 LOGO 设计到二维码中，使得读者在扫码或者阅读时能够看到自己企业的 LOGO 形象，加深了读者对自己企业的印象，也达到了提高企业知名度的目的。这种类型的二维码是企业进行微信营销与推广很常用的一种二维码，其效果也是很不错的。图 3-27 所示为一张 LOGO 二维码。

图 3-26　彩色二维码

图 3-27　LOGO 二维码

5．动态二维码

动态二维码也是新媒体平台运用的非常广泛的一种二维码类型。相对于静态的二维码来说，动态二维码能够带给读者更多动感，能给看见的人留下非常深刻的印象。一张动态微信、

APP 和新媒体平台二维码就是一张动态名片。图 3-28 所示为“飞鸟集”的微信公众号使用的动态二维码。

图 3-28　动态二维码

除了以上 5 种常见的二维码之外，用户还可以根据自己的喜好设计出别出心裁的二维码。总之，二维码的作用就是吸引人的眼球，起到吸粉的作用。

本章小结

本章首先介绍了成为亮点素材的必要条件，包括清晰度要高、光线要好、角度要合理、设计要有创意，以及颜色要绚丽夺目等；然后介绍了新媒体素材图片的优化技巧等。通过本章的学习，可以帮助读者打造出符合文章主题并且质量较好的图片素材。

本章习题

1．选择视觉展示角度合理的图片素材有哪些好处？

2．选择亮眼图片提高点击量的具体原因有哪些？

第 4 章　打造新媒体美工视觉效果

本章导读

新媒体美工在视觉效果的呈现上，通常的要求都是比较高的，因此作为新媒体美工的设计者，要清楚地知道如何才能设计出精美大气的作品。其主要目的是为了能让用户见一眼就能被其吸引，过目不忘。本章将重点讲解关于新媒体美工的视觉打造方法。

本章重点

- 如何做好封面
- 图片的处理技巧

4.1 如何做好封面

封面图片决定着用户对新媒体平台的最初印象，影响着新媒体平台上文章的阅读量与点击率。好的封面图片能起到激发用户好奇，提高文章关注度的作用。封面图片的选择是打造好的视觉效果的重要条件之一。本节将介绍如何做好封面图片的选择，主要以新媒体电商平台的商品主图进行举例说明。

4.1.1 优质好图的基本特征

新媒体用户在搜索关键词之后，跳转的页面中会出现一系列文章的封面图片，而图片质量的高低直接影响到新媒体平台相关推送的阅读量与点击率的高低。如果封面图片制作切合推送的主题，符合用户的审美标准，那么就能激发用户的好奇心，从而提高文章的阅读量。优质好图的基本特征如图 4-1 所示。

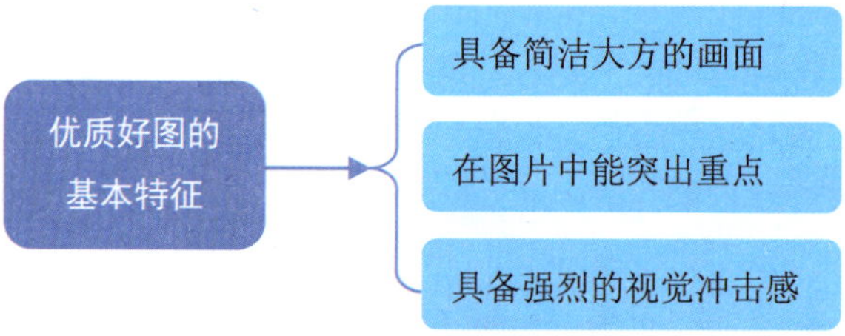

图 4-1 优质好图的基本特征

一张优质的图片能对新媒体用户产生强烈的视觉冲击感，在一定程度上节约了平台推广的成本支出。对于新媒体平台的运营者来说，好的封面是让用户眼前一亮，向用户传递产品重要信息，从而引发用户阅读兴趣。

4.1.2 遵守图片的制作规范

在对图片进行设计的时候，还要遵守一定的图片制作规范，从而提高图片的质感，保证图片最佳的视觉效果。在设计的图片中切忌标注过多杂乱无章的产品信息。图 4-2 所示为图片不按照规范制作，画面的背景色选择过于突出，再加上信息字体的选择与背景色撞色，增加用户获取信息的难度。

目前，很多商家都借助各种新媒体平台不断加大促销推广的力度，因此常常会在商品主图上大做文章，但有的时候因为没有把握好分寸，往往效果适得其反。有的商家在主图上无限放大促销、优惠、商品特色等信息，甚至占据了比产品本身还要大的面积，不仅影响了搜索页面的美观，还降低了商品的视觉效果。

▶ 专家指点

如果新媒体电商商品主图没有按照规范进行制作，就会使得流量难以转化为销量，对视觉营销而言是较大的阻碍。因此，商品主图的制作规范需要在设计商品主图前就考虑好，以达到商品主图视觉效果设计的较好水平。

图 4-2　不按规范制作的主图

对流量的转化而言，根据商品的类目进行主图制作相当重要，特别是对于一些已经具有影响力的品牌而言，主图的设计会在固定的区域放置品牌的标识，图 4-3 所示为根据商品类目制作的标准商品主图。

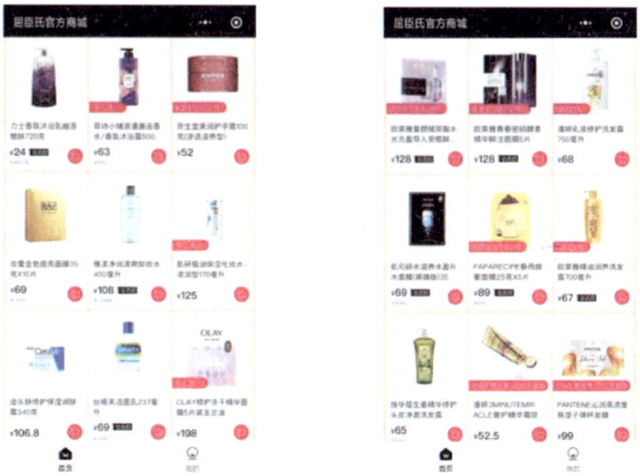

图 4-3　根据商品类目制作的标准商品主图

4.1.3　信息的分层展示

无论是新媒体平台上的宣传广告，还是各类推送软文中的图片，在信息的展示上都应该有主次之分，而不是随意分布，杂乱无章。对新媒体信息进行分层处理的好处有很多，主要内容如图 4-4 所示。

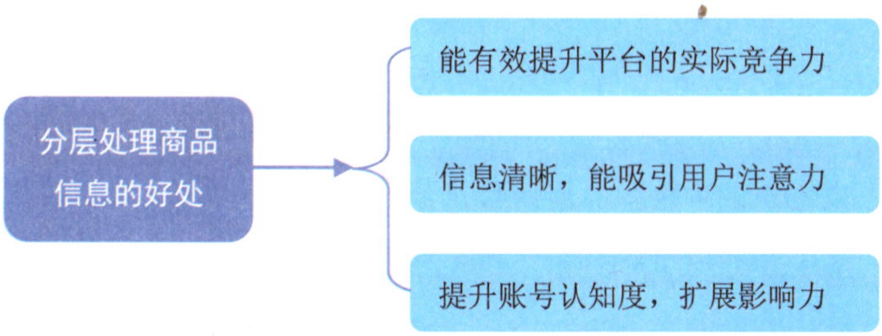

图 4-4　分层处理商品信息的好处

一般而言，商品主图的信息会比较简单，只有商品图和品牌标识。图 4-5 所示为“老银铺”银手镯的主图。

有的商品主图会加上促销等信息，这时就需要在页面设计中对各种信息内容进行分层处理。图 4-6 所示为减肥仪的主图，体现在第一位的自然是商品本身，然后是促销活动的信息“到手价”“送价值 196 元赠品”，最后就是品牌标识的展示，位于画面的正上方。

图 4-5 “老银铺”银手镯主图

图 4-6 减肥仪的主图

如果不对新媒体电商平台商品主图的信息进行分层处理，用户就无法一眼抓住视觉营销重点，继而会失去对内容和运营者的信心。图 4-7 所示为某新媒体电商平台绿萝的主图。

图 4-7 某新媒体电商平台绿萝的主图

▶ 专家指点

凡事都有主次之分，新媒体界面的信息展示也是如此。只有规范了信息的层级，才能给用户带来更加舒适的视觉体验，从而有效促进商品的销售。

观察图 4-7，不难发现图片中的文字信息随意遮盖商品图，信息层级划分并不显著，这样会给消费者的购物带来不好的视觉影响，从而降低店铺商品的销售量。

4.1.4　加强品牌的宣传

随着新媒体行业的不断蓬勃发展，在线销售的商品越来越多，如何进行更为出色的视觉营销也成为许多商家都在思考的问题。于是，全力打造品牌成为许多商家的首要选择，他们不再拘泥于简单的商品销售，而是致力于品牌的宣传和推广。因为只有通过记忆强化，才能使消费者对商品所属品牌记忆犹新，把新老客户都留住。但品牌的宣传和推广要付出的代价比较大，商家需要应对如图 4-8 所示的几大问题。

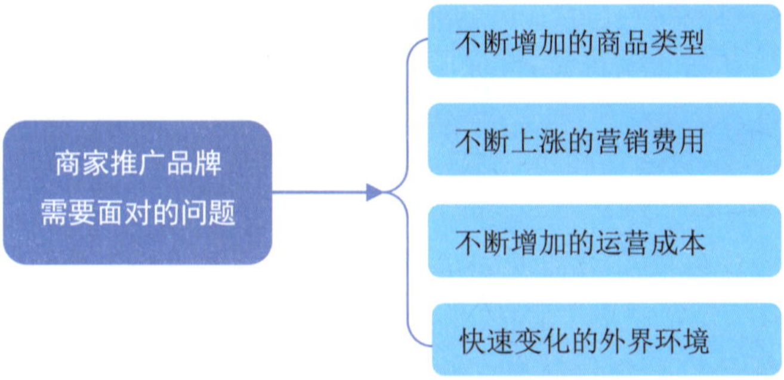

图 4-8　商家推广品牌需要面对的问题

传统的企业在树立品牌时，花费了不少心血，投入的成本也不容小觑。而新媒体运营者要想对品牌进行宣传和推广，就不要从资金上和传统企业较劲，通过商品主图展示品牌标识倒是一个不错的方法。图 4-9 所示为一些新媒体平台的小程序标识。它们有一个共同的特点，就是都有着自己的风格特色。这样一来，不仅可以吸引新顾客的注意力，还可以让老顾客产生熟悉感，进而促进商品的销售，为品牌的宣传和推广打好良好的基础。

图 4-9　新媒体平台的小程序标识

4.1.5　高质量的视觉图片

新媒体运营在进行视觉设计、选择相关视觉图片时，应注重体现视觉图片的质感。高质感的视觉图片会更容易抓住新媒体用户的眼球，带给用户最佳的视觉感受。不同质感的商品主图，会在无形之中影响消费者的心理感受，使消费者从不同的角度关注商品，如图 4-10 所示。

- 强调廉价、促销 → 消费者会格外注意商品的价格以及商品的打折力度，消费者都会十分敏感
- 突出品质、质量 → 消费者会看重商品的质量、口碑、实用性等，主要倾向于品质享受，注重体验
- 着重时尚元素 → 消费者会看商品是否与当前的流行趋势相符合，是否走在潮流前端

图 4-10　不同质感的商品主图对消费者的心理感受的影响

以玉石类为例，作为一种注重质感的商品，在图片的设计上更是要格外用心。如图 4-11 所示为 3 种不同的商品衬托展示。

（a）光线偏暗的商品展示　（b）背景色与产品色接近的商品展示　（c）质感展示良好的商品

图 4-11　商品的不同衬托展示

从图 4-11 中可以看出，虽然展示的商品都是相同的类型，但体现出来的商品质感却有所不同，关于以上几种商品衬托展示的相关分析如图 4-12 所示。

- 图 4-11（a）效果较差 → 光线偏暗，无法很好地展示商品的质感，从而影响消费者的视觉享受
- 图 4-11（b）效果稍好 → 光线充足，效果比图 4-11（a）要好，但背景色与商品本身较为接近，无法突出重点和质感
- 图 4-11（c）效果较佳 → 无论是光线还是食物的点缀，都有效烘托出商品的质感，为消费者带来好的视觉体验

图 4-12　商品衬托展示的相关分析

▶ 专家指点

相同类型的商品通过不同的方式展示出来，会形成不同的质感，也会得到截然不同的销售效果。因此，通过烘托展示，能够让商品主图显得更加有质感，更富有价值感。

4.1.6　分隔构图法

新媒体的图片在构图上也需要进行认真的设计，因为不同的构图方法可以打造不同的视觉关注点，从而形成风格各异的视觉气氛，给用户带来视觉享受。

例如，在各种新媒体商品的视觉营销中，运用得比较多的是分隔构图方法。新媒体平台运营者采用分隔构图方法时，因为平台页面的限制，为了全面展示商品的面貌，就需要将画面分割成几个部分。图 4-13 所示为视觉设计中采用的分隔构图法。

采用分隔构图法的好处：一是可以全方位展示商品的特点，让消费者买得放心；二是可以呈现出产品的不同颜色和款式，从而吸引消费者的注意力。虽然分隔构图法主要用于服装类商品的视觉设计中，但也不排除有别的类别的产品可以采用这种构图法，如图 4-14 所示。这张商品主图运用分隔构图法的主要表现是在画面中将主图分隔成 3 个部分，然后每个部分展示了不同摆放方式的商品，让消费者能够清晰明了地看到商品的特征以及多样性。

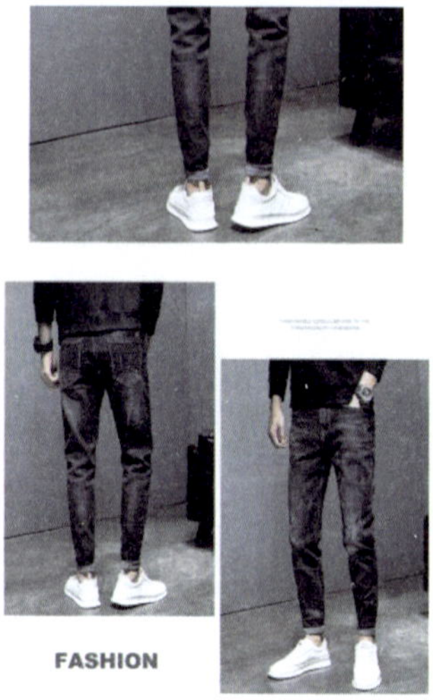

图 4-13　视觉设计中采用的分隔构图

图 4-14　商品主图的分隔构图法

4.1.7　直线构图法

直线构图法能够充分展示各种元素的种类和颜色，而且使得消费者更容易在视觉效果上对商品进行比较，从而对商品的选择也更加多样化。图 4-15 所示为运用直线构图法呈现的商品主图。

图 4-15　商品主图的直线构图

4.1.8　渐进构图法

渐进构图法就是对商品有组织、有顺序地进行排列，比如由大到小、由远及近。这样做的好处有很多，主要体现在图 4-16 所示的几个方面。

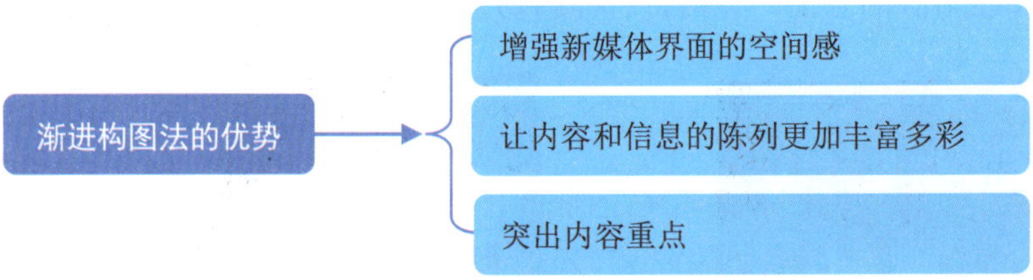

图 4-16　渐进构图法的优势

图 4-17 所示为商品主图的渐进构图法，立体感和空间感都很明显。

图 4-17　商品主图的渐进构图法

4.1.9　发散构图法

发散构图法一般适用于比较细长的商品类型，其构图优势如图 4-18 所示。

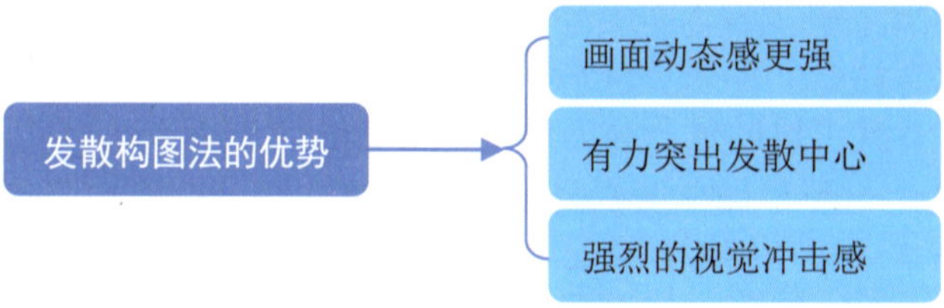

图 4-18　发散构图法的优势

图 4-19 所示为商品主图的发散构图方式，彩铅呈发散式向四周扩散，既能扩展消费者的目光，又可以聚集视觉的焦点。如果想要让消费者注意到商品的品牌，还可以在焦点处放置品牌的标识，以达到宣传推广的作用。

图 4-19　商品主图的发散构图方式

▶ 专家指点

当然，商品主图的构图方法数不胜数，随意进入一个新媒体电商平台，搜索任意一个商品，都会发现各种各样的构图方法。如果在进行商品主图的设计时，苦于难以找到合适的构图方法，可以通过关注微信公众号“手机摄影构图大全”学习各类实用性超强的构图技巧，以及摄影手法。

4.2　图片的处理技巧

掌握一定的图片处理技巧，挖掘图片深处蕴含的视觉灵魂，是一个出色的新媒体运营者应具备的技能。在新媒体运营中要想打造好的视觉效果，离不开视觉图片的支持。本节主要以微信公众号为例，介绍新媒体平台视觉设计中常用的图片技巧。

4.2.1　体现情怀

要创作一篇出色的微信公众号文章，图片的力量是不可忽视的。一篇图文结合的文章对读者的吸引力肯定是一篇纯文字的文章所不能比拟的，在新媒体内容中灵活运用图片来表达是吸引客流量的重要途径。如果选择的视觉图片能够向读者传递一个微信公众号的情怀，那么这类平台只用图片就可以胜过千言万语，能够让读者感受到公众号隐藏的情怀。

图 4-20 所示为“烟罗”微信公众号发布的一篇文章。这篇文章除了开头部分用了图片表达，后面的内容都是文字与语音图片，但它却能表达该公众号与读者分享自己看完一本书后的高雅情怀。

图 4-20　“烟罗”公众号中图片体现情怀的部分案例

4.2.2　增强互动

在进行微信公众号运营的时候，应根据自己平台的文章内容选择合适的图片，能够使得文章与图片之间搭配的很和谐，从而达到借助图片加深与读者之间的互动和交流为目的。增加图片与读者之间的互动可以帮助平台凝聚读者，从而培养出平台的忠实粉丝，图 4-21 所示为“厦门体育”微信公众号发布的“有奖征图”活动界面。

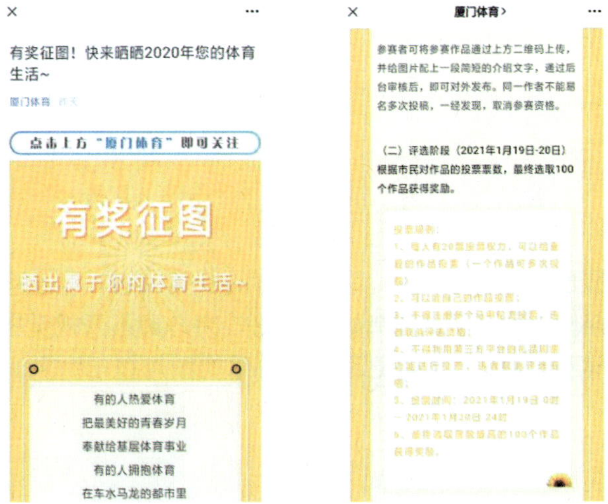

图 4-21　“厦门体育”微信公众号发布的“有奖征图”活动界面

从图 4-21 中可知，平台订阅者只要在“厦门体育”公众号上参与投稿并投票，就有可能让自己的照片在正式出版物上发表，而“手机摄影构图大全”公众号对这一活动的结果做了回应和公示，这种类型的活动就能够加深与读者之间的互动，提高读者粘性。

4.2.3　营造真实感

在发布新媒体内容的时候，配上图片能够给读者最直观的视觉感受，增强真实感。由此可见，借助新媒体平台发送产品广告的文章时，配上图片是进行产品推广最为有效的方法。

为了营造出文章中推送商品的真实感，可以在平台推送的产品广告文章中配上购买者对产品的使用感受图或者效果图。因为大部分新媒体用户都是愿意相信自己所看见的，有时候商家说产品再好也抵不过买家的一句使用感受。

图 4-22 所示为 “蕊希”的微信公众号，公众号上发布的关于某品牌面霜的广告推文，在推文中插入产品使用案例，注重产品细节，通过呈现真实的图片，刺激用户的视觉感官，给平台用户带来视觉冲击，更容易让读者感受到其中的真实感，从而触发读者的信任感。

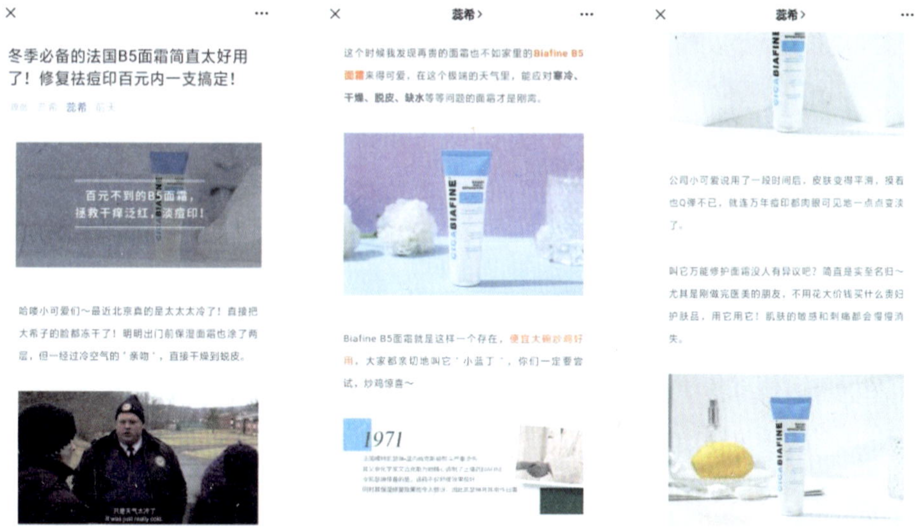

图 4-22　“蕊希”公众号中图片增强真实感的部分案例

4.2.4　提升认同感

新媒体运营者写的文章如果不配图片，文章再长，它的吸引力也会大打折扣。因为过长的纯文字会显得比较枯燥，使得读者容易产生阅读疲劳，人们对于长篇幅的纯文字会选择性跳过，甚至不阅读。

在文章中加上图片会使得文章变得更加形象，这一点同样对于带有广告性的微信公众号文章来说也是非常重要的。因为图片能让读者视觉感官和思维受到图片的影响，从而达到影响读者的阅读心理的效果，使得读者对产品的认可度有一定的改变。

4.2.5 体现创意感

所谓“创意”，就是在现实存在的理解和认知基础上，赋予事物一种新的思维和意识。在创意范畴内，通过形成的新的思维和意识，人们可以很好地发掘资源深层次的价值。

利用图片的形式让产品和品牌的中心关注点充满创意，能够立刻吸引消费者的注意力。那么如何利用图片体现产品的创意是新媒体平台运营者在进行视觉设计时需要思考的问题。

关于新媒体平台的产品图片创意化，可通过两种形式说来实现：一是利用产品的新包装；二是利用产品的细节图。在新包装、细节图等多种形式的创意武装下，企业产品和品牌能够吸引更多消费者，促成营销目标的实现。

4.2.6 产生代入感

在新媒体界面中，如果放入图片是有消费者或其他人物身影，那么这种图片可以让读者产生身份认同感和代入感。而这一过程，也在无形中实现了读者对产品、品牌的了解，从而更信任产品或品牌。而想要实现这一效果，可以在软文中植入相关图片。

通过图 4-23 中所提及的 3 种图片类型，把自己当作其中的顾客，想象成自己在进行产品购买或者是使用产品后在诉说对产品的感受，这样就可以充分体验到顾客的心情。这就是图片让读者产生代入感的功效，而代入感的产生是建立在图片能够表达充满人情味的产品基础之上的。因此图片在表达上除了能够让产品创意化，还可以让文字充满人情化的作用。

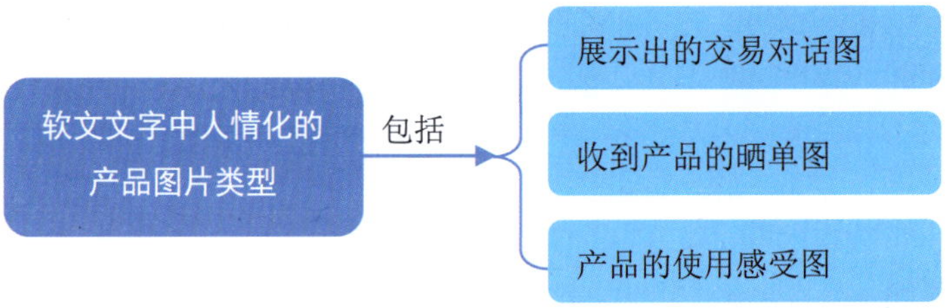

图 4-23 软文文字中人情化的产品图片类型

4.2.7 描画场景感

如果想要完美、形象地呈现出一个真实的活动场景，除了视频外，没有比图片更合适的方法了。有时候文字描述也能真实地再现场景，能够让读者在脑海中呈现真实的生活场景，这种形式是比较含蓄和富有韵味的，从直观、形象的角度来说，其效果还是略逊图片一筹的。图 4-24 所示为微信公众号“手机摄影构图大全”在推送的软文中，利用图片将真实的场景呈现，推文的标题为“你是否体验过这样的感觉”，为了使标题与内容一致，在推文中插入大家熟悉的各种场景图片，增加了文章说服力的同时，也打造了自身品牌的亮点。

因此，在软文中利用图片形式让读者在浏览图文的时候，可以很直观地感受到真实的生活场景，那么软文的推送也就具有了它的意义和价值。

图 4-24　“手机摄影构图大全”软文中利用图片描绘出场景感

4.2.8　形象符号化

在新媒体平台的内容推送中，产品形象是通过 3 种形式呈现出来，如图 4-25 所示。

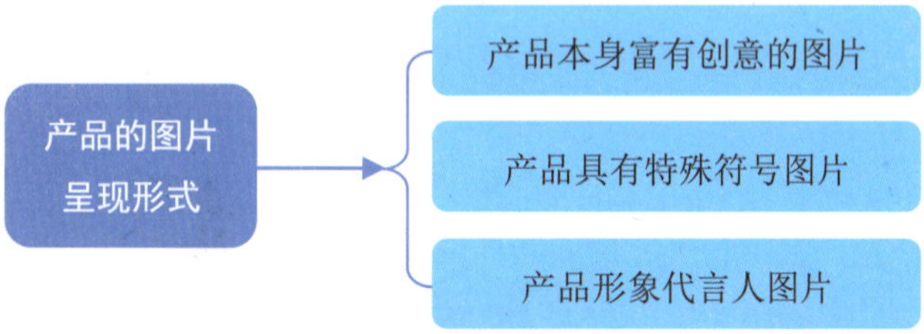

图 4-25　产品的图片呈现形式

图 4-25 中所提及的 3 种产品图片呈现形式，后两种是建立在符号和形象的基础之上的，它们是利用产品品牌标志、企业 LOGO 和代表性人物形象来推送产品的形式。

利用图片实现产品形象符号化，可以让产品在进入市场的过程中，能够让消费者在一看到与该符号形态相同或相似的标识时产生一种联想的感觉，既能扩大产品的影响力，还能促进产品营销的实现。

之所以能够产生联想的感觉，就在于产品的符号形象在传播过程中产生了一种文化意义和社会生命力，并与社会中的某一文化元素相契合，无形中就在消费者心目中形成了一定的形象地位，这就是产品形象化的真实意义所在。

4.2.9　增加趣味感

在新媒体平台推广的软文中通过添加图片，可增加软文的趣味性，打造出趣味式软文。

所谓“趣味式软文”，就是能让读者感受到其中的趣味并能引人发笑的软文。对于文章的构成元素而言，文字在引发趣味方面是需要读者集中注意力的情况下才能产生的，而且也不能让读者在第一时间就引发笑点。图片恰恰相反，基于其丰富的表现力和生动性，往往读者在看到图片中有趣的部分就会感受到其中的趣味点，从而引导读者继续阅读和关注。

通过阅读趣味式图片的软文，读者能很容易发现整篇软文都变得生动和鲜活起来了。而形成软文鲜活感的图片主要表现在两个方面，具体内容如下。

1. 图文相符

无论是什么软文，在植入图片时都必须抓住一个基本原则，那就是图文相符。植入的图片必须符合文章主题，只有图片能够很好地表现软文内容才能称之为合适的图片，否则图片不仅不能起到画龙点睛的作用，还会适得其反。在趣味式软文中植入图片同样也是如此。

2. 奉送表情包

表情包既是一种能很好地体现自身心情和感受的表现形式，也是表达趣味性的主要手段。在趣味式软文创作过程中，把人们熟知的表情包植入进去，也有利于读者更好地把握撰写者所表达的感情。

奉送能让人轻松、活泼和逗趣的表情包，是撰写趣味式软文的主要方法，它能让软文内容更加生动和有趣。图 4-26 所示为“可爱的表情包”微信公众号软文中植入表情包图片。

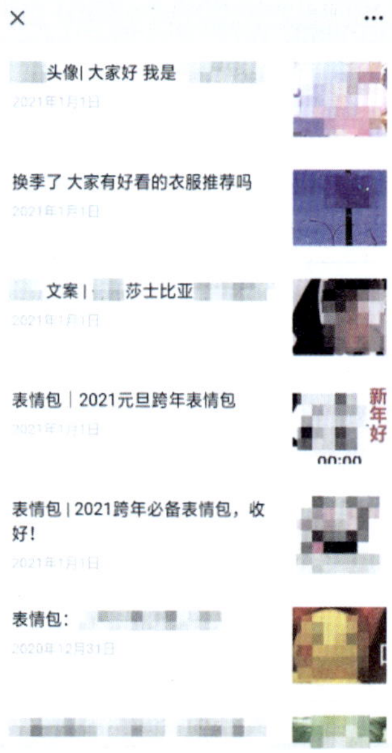

图 4-26　“可爱的表情包”微信公众号软文中植入表情包图片

本章小结

本章首先介绍了如何做好封面，包括优质好图的基本特征、遵守图片的制作规范、信息的分层展示、加强品牌的宣传、高质量的视觉图片，以及分隔构图法、直线构图法、渐进构图法和发散构图法等；然后介绍了图片的 9 种处理技巧，包括体现情怀、增强互动、营造真实感、提升认同感、体现创意感、产生代入感、描画场景感、形象符号化，以及增加趣味感等内容。通过本章的学习，可以帮助读者设计出更多精美大气的作品。

本章习题

1．优质的封面好图应具备哪些基本特征？
2．分层处理商品信息有哪些优势？
3．能够让读者产生代入感的 3 种图片类型是哪些？

第 5 章　设计企业品牌的专属标志

本章导读

企业品牌的标志是在企业内外传递其相关信息的一种特殊语言，也是人类社会活动中不可缺少的符号，具有传播功能，同时也是帮助新媒体平台运营与传播的第一步。本章主要学习设计企业品牌的专属标志。

本章重点

- 设计企业品牌 LOGO
- 设计个人形象名片
- 制作企业路杆竖旗

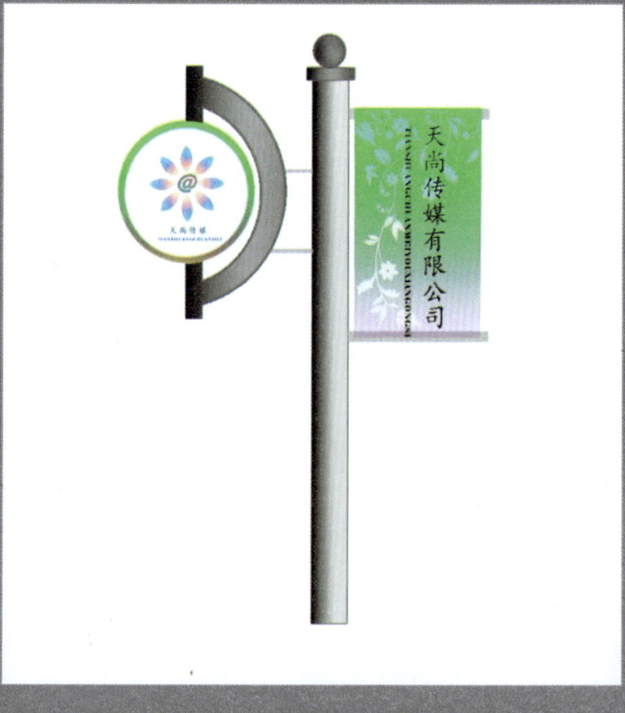

5.1　设计企业品牌 LOGO

新媒体账号的头像就是辨认一个企业的标准，有时甚至比用户名还重要，因为眼睛一般是先读图而不是文字，所以一个有特色、能引起人注意力的头像，可以给新媒体运营者带来更多的关注。本实例最终效果如图 5-1 所示。

图 5-1　实例效果

5.1.1　制作 LOGO 主体效果

LOGO 是一个企业十分重要的标志，企业可以直接用自己的品牌 LOGO 作为新媒体的账号头像，只要看到这个 LOGO 就会自然地联想到这个品牌。下面将介绍制作企业品牌 LOGO 主体效果的方法。

Step 01 打开 Photoshop 软件，单击“文件”|“新建”命令，弹出“新建文档”对话框，在其中设置“名称”“宽度”“高度”“分辨率”“颜色模式”“背景内容”等参数，如图 5-2 所示。

Step 02 选取椭圆工具，在工具属性栏上选择工具模式为“路径”，在图像编辑窗口的正上方绘制一个大小合适的椭圆形路径，效果如图 5-3 所示。

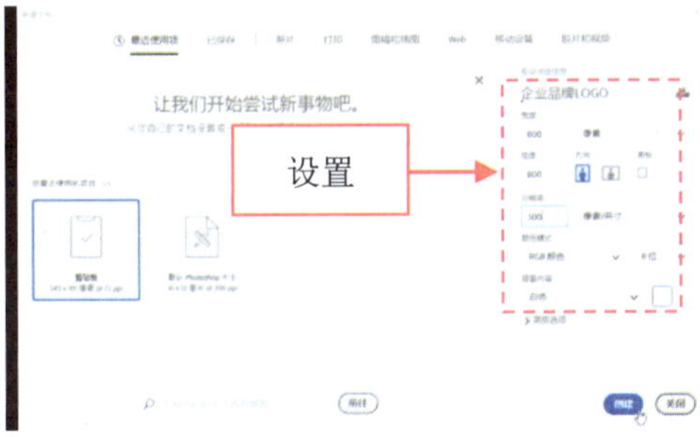

图 5-2　设置参数

图 5-3　绘制椭圆形路径

Step 03 选取转换点工具，将鼠标指针移至椭圆形路径的上方锚点，此时鼠标指针呈卜形状，效果如图 5-4 所示。

Step 04 单击鼠标左键，即可将平滑锚点转换为尖突锚点，效果如图 5-5 所示。

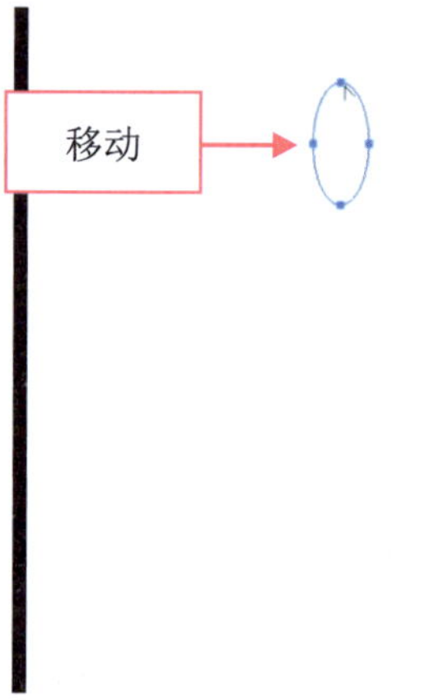

图 5-4 鼠标指针的形状

图 5-5 转换锚点

▶ 专家指点

“转换点工具”主要用于转换路径锚点的属性。若锚点为尖突锚点，运用转换点工具在锚点上单击鼠标左键并拖曳，即可将尖突锚点转换为平滑锚点；若锚点为平滑锚点，在该锚点上单击鼠标左键，即可将平滑锚点转换为尖突锚点。

Step 05 参照 Step 03 和 Step 04 的操作方法，将椭圆形路径正下方的平滑锚点转换为尖突锚点，效果如图 5-6 所示。

Step 06 按【Ctrl + Enter】组合键，将路径转换为选区，如图 5-7 所示。

图 5-6 转换为尖突锚点

图 5-7 将路径转换为选区

Step 07 新建“图层 1”，使用渐变工具为选区填充颜色，设置“颜色”的 RGB 参数值分别为（0、168、226）、（250、127、182）、（237、218、38）的三色线性渐变，如图 5-8 所示。

Step 08 按【Ctrl + D】组合键，取消选区，效果如图 5-9 所示。

图 5-8　填充线性渐变

图 5-9　取消选区

Step 09 双击“图层 1”，弹出“图层样式”对话框，选中“投影”复选框，各选项参数设置如图 5-10 所示。

Step 10 选中“外发光”复选框，设置“颜色”的 RGB 参数值为 255、255、190，各选项设置如图 5-11 所示。

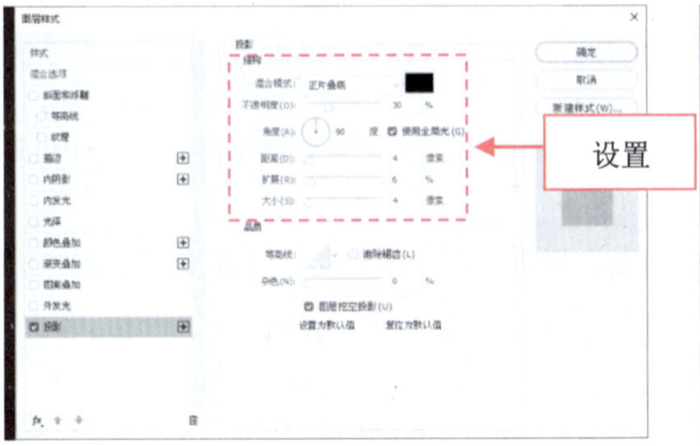

图 5-10　设置“投影”参数

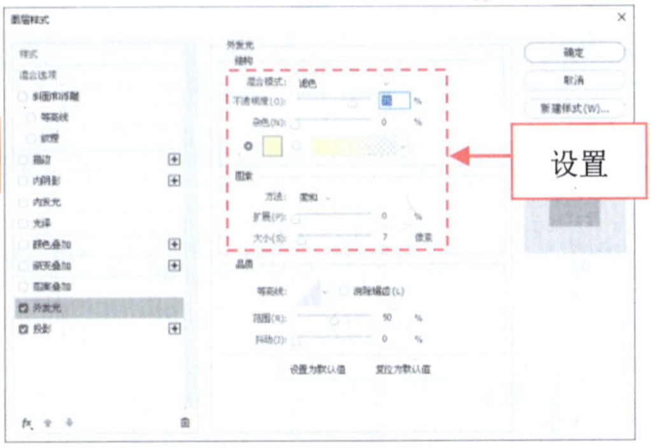

图 5-11　设置“外发光”参数

Step 11 选中“光泽”复选框，设置“颜色”的 RGB 参数值为 253、255、239，各选项设置如图 5-12 所示。

Step 12 设置完毕后单击“确定”按钮，即可为图像添加相应的图层样式，如图 5-13 所示。

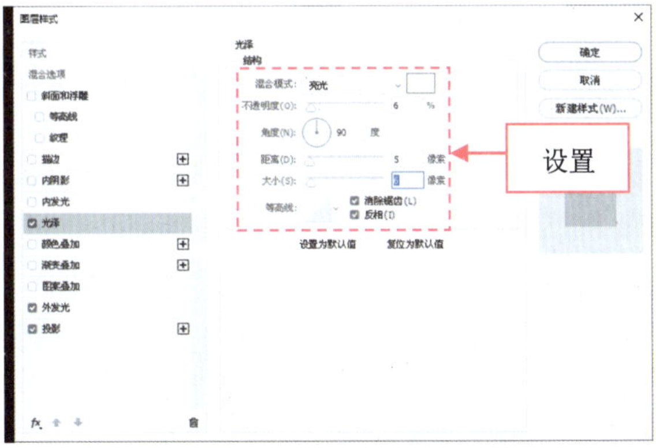

图 5-12　设置“光泽”参数

图 5-13　添加图层样式

Step 13 按【Ctrl + O】组合键，打开“高光.psd”素材图像，运用移动工具将其拖曳至当前图像编辑窗口中，调整图像的大小和位置，效果如图 5-14 所示。

Step 14 设置“图层 2”混合模式为“叠加”“不透明度”为 100%，改变图像效果，如图 5-15 所示。

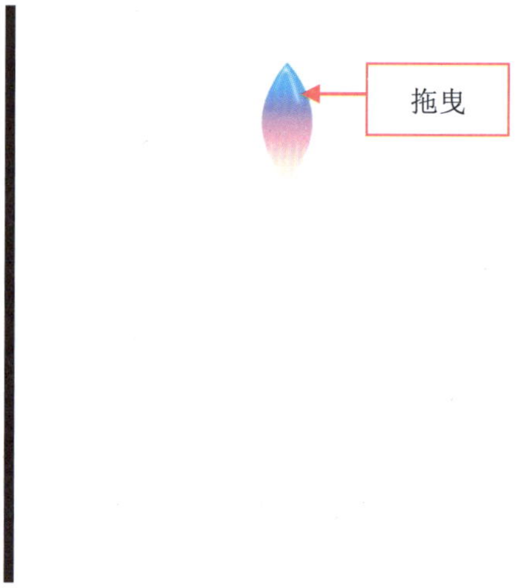

图 5-14　添加高光素材

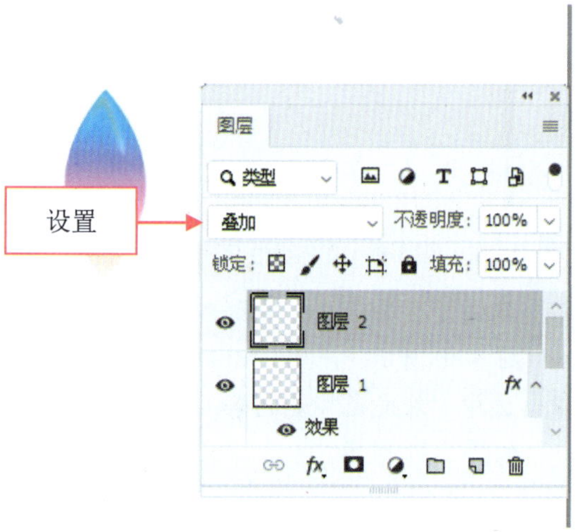

图 5-15　设置图层混合模式

Step 15 复制“图层 1”和“图层 2”，将复制的图层进行合并，重命名为“花瓣 1”，如图 5-16 所示。

Step 16 ❶复制“花瓣 1”图层，得到“花瓣 1 拷贝”图层；❷按【Ctrl + T】组合键，调出变换控制框，并调整中心控制点的位置，效果如图 5-17 所示。

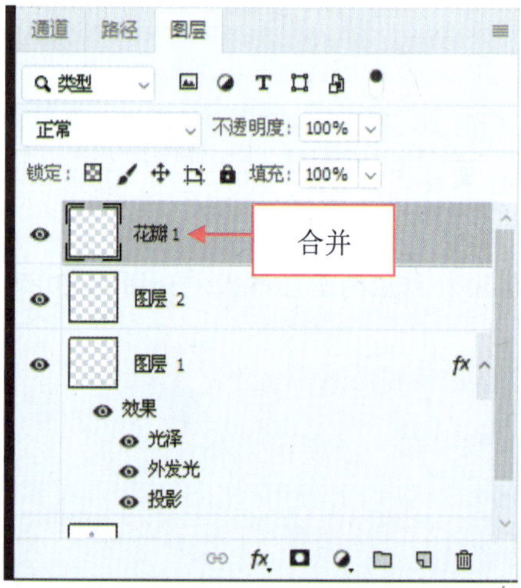

图 5-16　合并图层

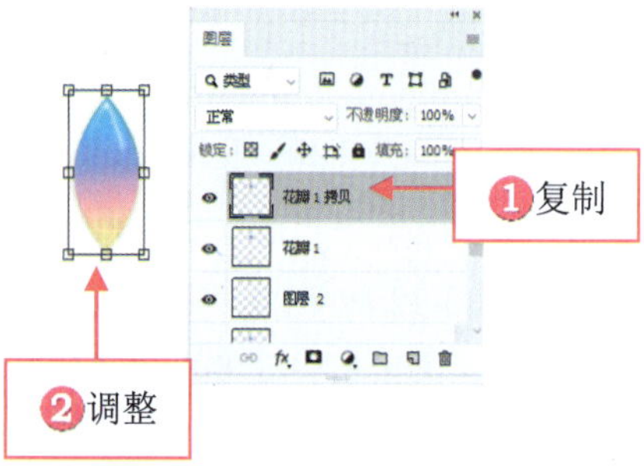

图 5-17　复制和调整图像

Step 17 在工具属性栏上设置“旋转”为 45°，此时，图像随之进行相应角度的旋转，效果如图 5-18 所示，按【Enter】键即可确认图像的旋转。

Step 18 按【Ctrl + Shift + Alt + T】组合键 6 次，即可复制并旋转图像 6 次，制作出花瓣图像，效果如图 5-19 所示。

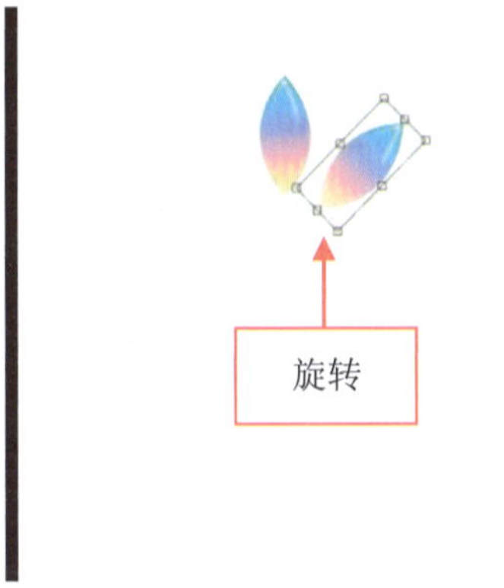

图 5-18　旋转图像

图 5-19　复制并旋转图像

5.1.2　制作 LOGO 字符效果

字符效果可以随便更改，下面介绍制作头条号企业品牌 LOGO 字符效果的方法。

Step 01 使用横排文字工具在图像编辑窗口中输入符号，在“字符”面板中设置“字体系列”为“方正大黑简体”“字体大小”为 30 点，并激活仿斜体图标，使字符倾斜，效果如图 5-20 所示。

Step 02 单击“图层”|“栅格化”|“文字”命令，将文字栅格化，并锁定“@”图层的透明像素，如图 5-21 所示。

图 5-20　输入字符

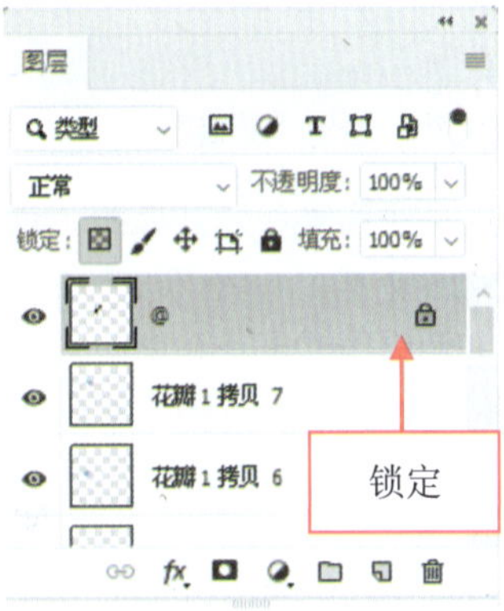

图 5-21　锁定@图层的透明像素

Step 03 使用渐变工具为图像填充颜色，RGB 参数值分别为（0、168、226）、（250、127、182）、（237、218、38）的径向渐变，效果如图 5-22 所示。

Step 04 双击“@”图层，弹出“图层样式”对话框，选中“投影”复选框，各选项设置如图 5-23 所示。

图 5-22　填充渐变色

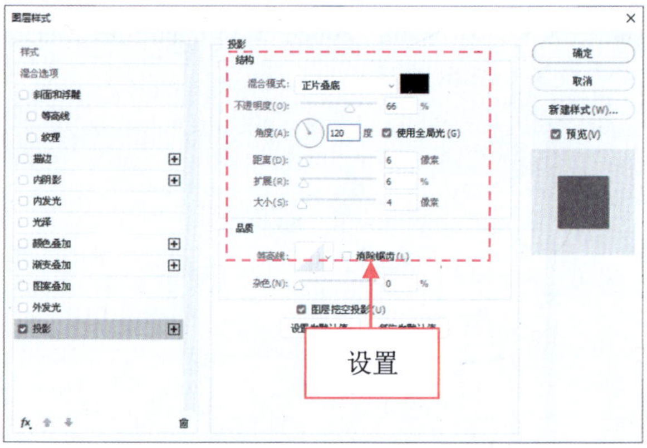

图 5-23　设置“投影”参数

Step 05　选中“外发光”复选框，设置发光颜色的 RGB 参数值为 171、255、73，各选项设置如图 5-24 所示。

Step 06　选中“光泽”复选框，设置效果颜色的 RGB 参数值为 255、232、232，各选项设置如图 5-25 所示。

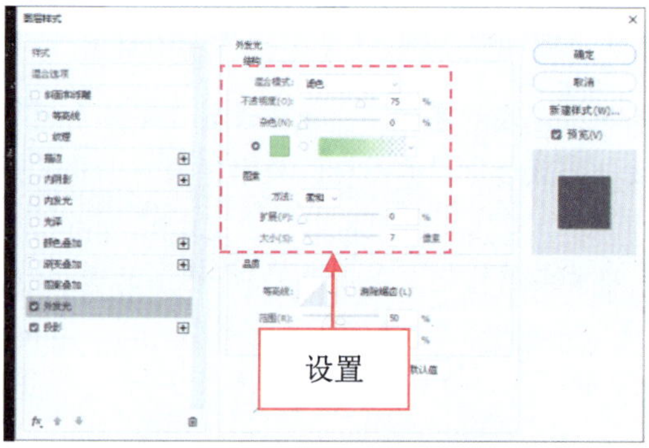

图 5-24　设置“外发光”参数

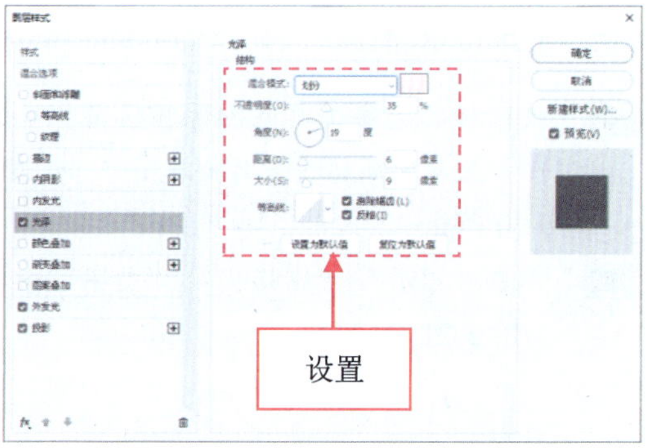

图 5-25　设置“光泽”参数

Step 07　选中“颜色叠加”复选框，设置叠加颜色的 RGB 参数值为 30、22、22，各选项设置如图 5-26 所示。

Step 08　设置完毕后单击“确定”按钮，即可为字符添加图层样式，效果如图 5-27 所示。

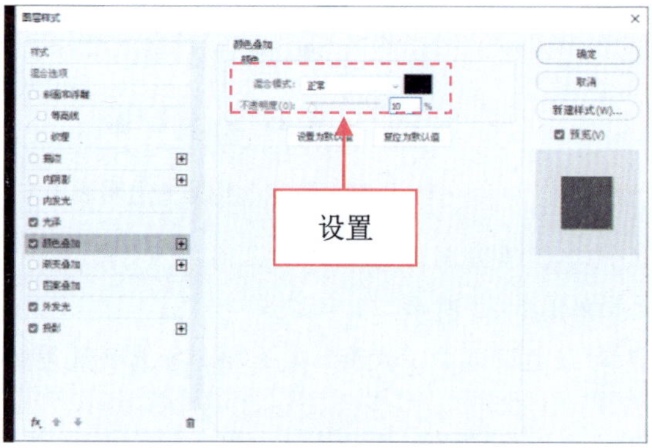

图 5-26　设置“颜色叠加”参数

图 5-27　应用图层样式

5.1.3　制作 LOGO 文字效果

完成上面的制作之后，接下来就是将企业品牌的名字加上去。下面介绍制作企业品牌 LOGO 文字效果的方法。

Step 01　选取横排文字工具，在图像编辑窗口的下方按住鼠标左键并拖曳，即可显示一个虚线框，拖曳至合适位置后释放鼠标左键，即可得到一个文本框，且有一个闪烁的光标，效果如图 5-28 所示。

Step 02　选择一种输入法，输入文字，效果如图 5-29 所示。

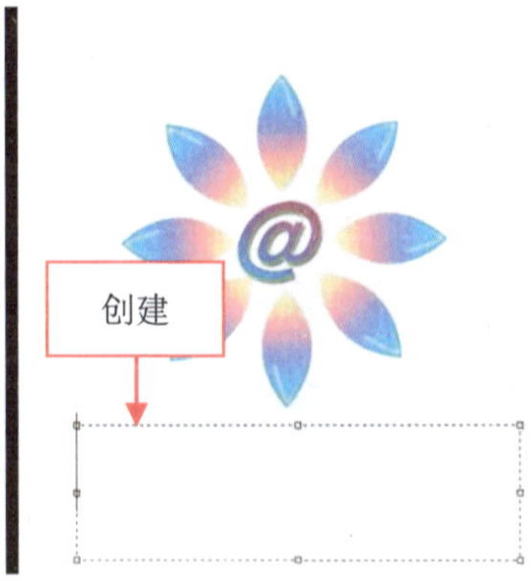

图 5-28　创建文本框

图 5-29　输入文字

Step 03　按【Enter】键，文字光标切换至另一行，效果如图 5-30 所示。

Step 04　根据需要输入中文字的字母拼写，效果如图 5-31 所示。

图 5-30　换行

图 5-31　输入字母

Step 05　使用横排文字工具选择文本框中的中文内容，展开“字符”面板，设置“字体系列”为合适的字体、“字体大小”为 12 点、“颜色”为蓝色（RGB 参数值分别为 0、96、156），效果如图 5-32 所示。

Step 06　使用横排文字工具选择文本框中的字母拼写，展开“字符”面板，设置“字体系列”为合适的字体、“字体大小”为 6 点、“颜色”为蓝色（RGB 参数值分别为 0、96、156），如图 5-33 所示。

图 5-32　调整中文属性

图 5-33　调整字母拼写属性

Step 07 设置完毕后，按【Ctrl + Enter】组合键确认，在“字符”面板中设置“字距”为 7 点，效果如图 5-34 所示。

Step 08 展开“段落”面板，单击“居中对齐文本”按钮，再适当地调整文字的位置，本实例制作完毕，效果如图 5-35 所示。

图 5-34　设置字距

图 5-35　最终效果

5.2　设计个人形象名片

名片是一个人在人际交往中的身份象征。用户可以将名片设置为自己的抖音、今日头条、快手等平台的主页封面图或者朋友圈相册封面，让粉丝一眼就能了解自己的基本信息。名片上的基本信息有：姓名、职业、职位和电话等。本实例的最终效果如图 5-36 所示。

图 5-36　个人形象名片

5.2.1　制作名片正面效果

名片的正面是个人信息的储存地，能让人一目了然地看到个人主要信息。下面介绍制作名片正面效果的方法。

Step 01 打开 Photoshop 软件，单击“文件”|“打开”命令，打开“背景.jpg”素材图像，如图 5-37 所示。

Step 02 选取矩形工具，在工具属性栏中选择“像素”选项，单击“矩形选项”按钮，弹出相应面板，选中“固定大小”单选按钮，设置 W 为 9 厘米、H 为 5 厘米，如图 5-38 所示。

图 5-37　打开素材图像

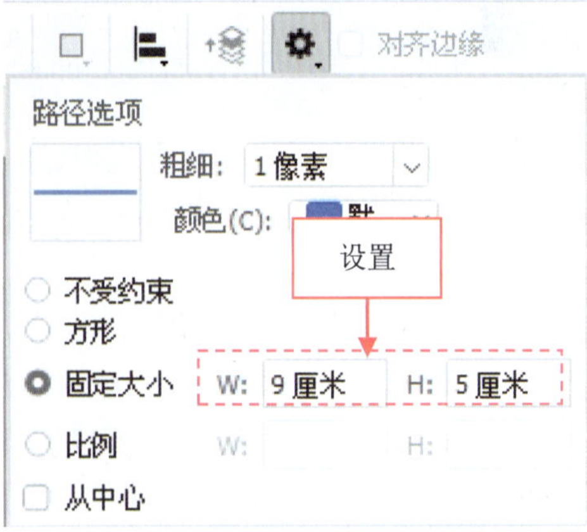

图 5-38　设置“矩形选项”面板参数

Step 03 新建“图层 1”，设置前景色为白色，在图像编辑窗口中单击鼠标左键，即可绘制一个固定大小的矩形图像，如图 5-39 所示。

Step 04 单击“文件”|“打开”命令，打开“LOGO.psd”素材图像，将素材拖曳至图像编辑窗口中，并适当地调整素材图像的大小和位置，效果如图 5-40 所示。

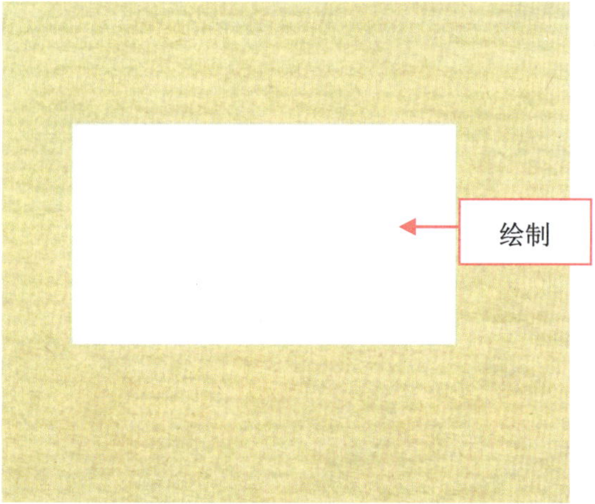

图 5-39　绘制矩形

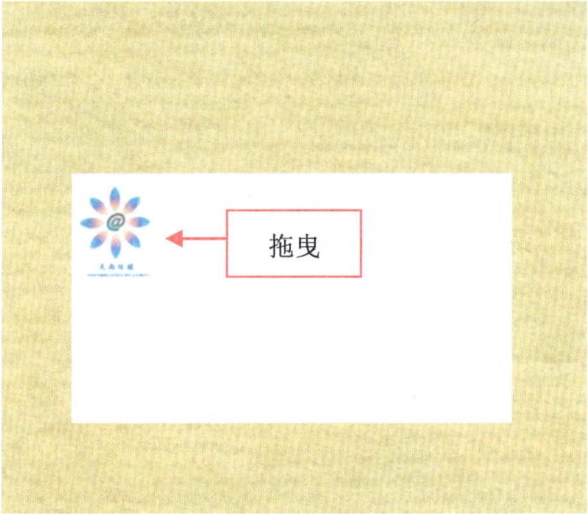

图 5-40　拖入素材

Step 05 打开“线条装饰.psd”素材图像，运用移动工具将其拖曳至背景图像编辑窗口中的合适位置处，效果如图 5-41 所示。

Step 06 将“线条装饰”图层调至“图层 1”的上方，单击“图层”|“创建剪贴蒙版”命令，创建剪贴蒙版，效果如图 5-42 所示。

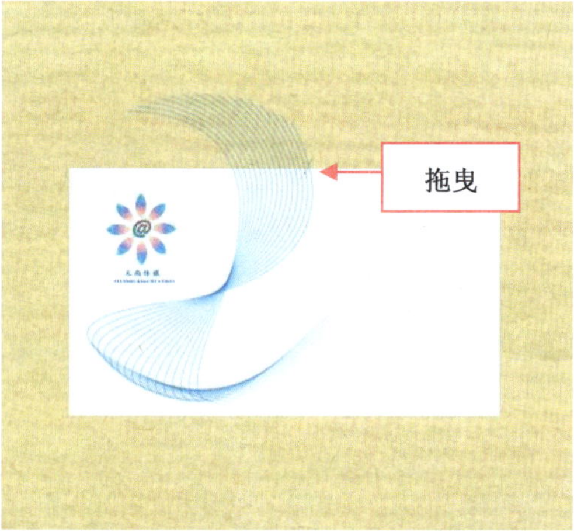

图 5-41　添加素材

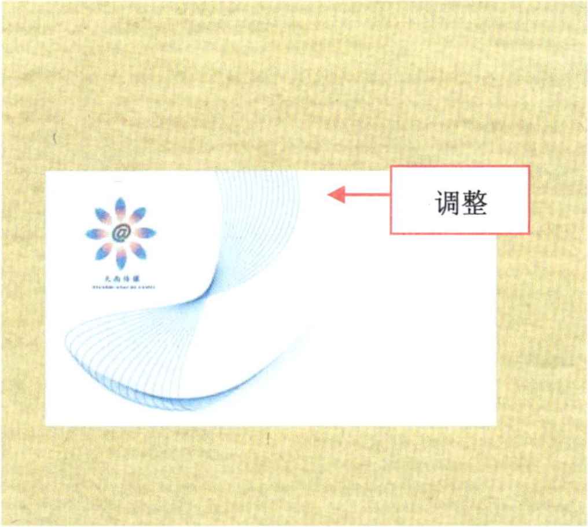

图 5-42　创建剪贴蒙版

Step 07 选取矩形选框工具，在图像编辑窗口中创建一个合适的矩形选区，新建“图层 3”，为选区填充黑色，按【Ctrl + D】组合键，取消选区，效果如图 5-43 所示。

Step 08 打开“文字 1.psd”素材图像，运用移动工具将其拖曳至背景图像编辑窗口中的合适位置处，效果如图 5-44 所示。

Step 09 运用横排文字工具输入“天尚传媒有限公司”文字，展开“字符”面板，设置“字体系列”为合适的字体、“字体大小”为 15 点、按【Ctrl + Enter】组合键，改变文字属性，效果如图 5-45 所示。

Step 10 打开“文字 1.psd”素材图像，运用移动工具将其拖曳至背景图像编辑窗口中的合适位置处，效果如图 5-46 所示。

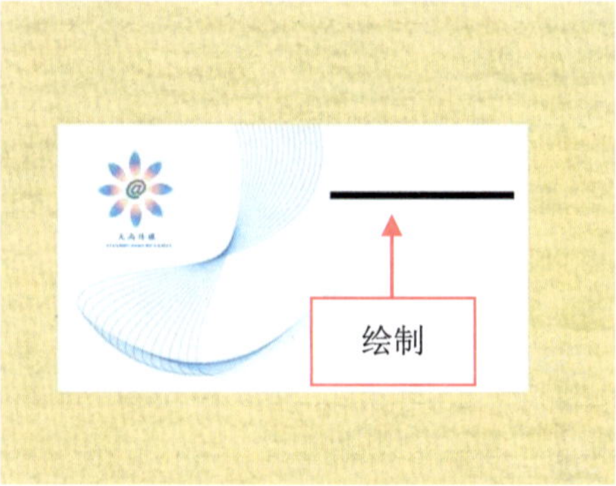

图 5-43　填充黑色

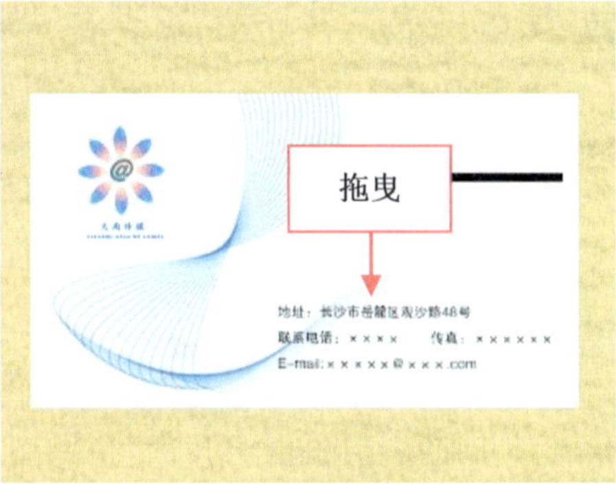

图 5-44　添加文字素材

图 5-45　输入文字

图 5-46　添加文字素材

5.2.2　制作名片背面效果

名片的背面一般可以放上自己喜欢的名言警句。下面介绍制作名片背面效果的方法。

Step 01 复制“图层 1”“组”和“线条装饰”图层，将复制的图像调整至合适位置，再对标识和线条图像的大小及位置进行适当地调整，效果如图 5-47 所示。

Step 02 运用横排文字工具，在图像编辑窗口中的合适的位置分别输入相应的文字，效果如图 5-48 所示。

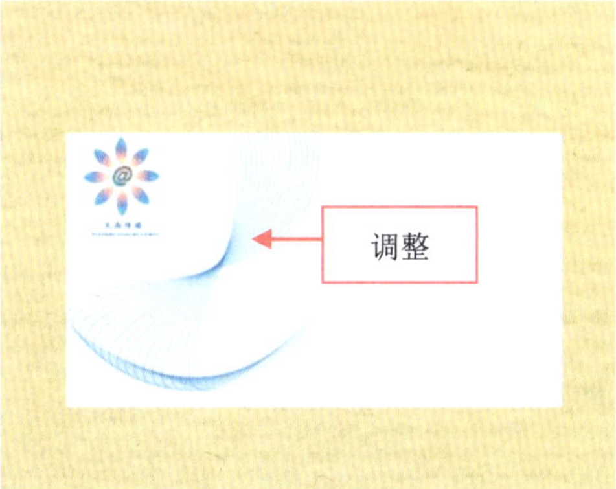

图 5-47　调整图像

图 5-48　输入文字

Step03 双击“图层 1 拷贝”，弹出“图层样式”对话框，选中“投影”复选框，各选项设置如图 5-49 所示。

Step04 单击“确定”按钮，为矩形图像添加投影图层样式，此时，完成名片背面效果的制作，如图 5-50 所示。

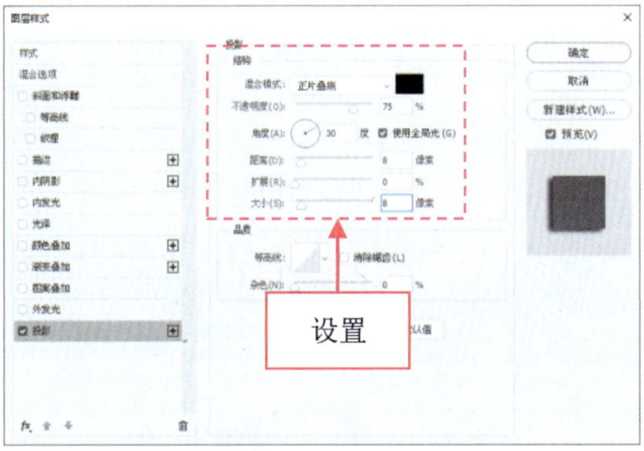

图 5-49 设置“投影”参数

图 5-50 添加投影图层样式

Step05 将“图层 1 副本”上的图层样式复制并粘贴于“图层 1”上，为白色矩形添加图层样式，效果如图 5-51 所示。

Step06 根据需要对名片的正面和背面进行适当地调整，效果如图 5-52 所示。

图 5-51 复制并粘贴图层样式

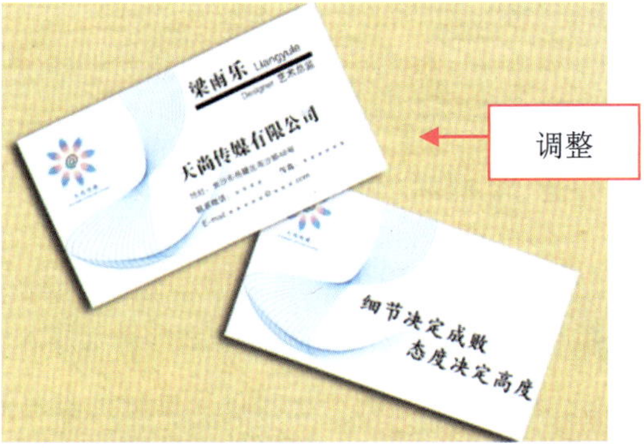

图 5-52 调整图像

5.3 制作企业路杆竖旗

标识是一种特殊语言，是一种人类社会活动中不可缺少的符号，具有特殊的传播功能。企业用户可以将路杆竖旗元素放入自己的新媒体内容中，作为一种标题元素或分页标注，让新媒体内容的整体风格显得更加统一。本实例的最终效果如图 5-53 所示。

图 5-53　路杆竖旗

5.3.1　绘制竖旗的路杆

下面介绍制作竖旗路杆效果的方法，主要运用图层样式制作竖旗的路杆效果。

Step 01 打开 Photoshop 软件，单击“文件”|“新建”命令，新建一幅名为“企业路杆竖旗”的 RGB 颜色模式图像，设置“宽度”为 14 厘米、“高度”为 15 厘米、“分辨率”为 300 像素/英寸、“背景内容”为白色，如图 5-54 所示，单击“创建”按钮，新建一个空白的文档。

Step 02 新建“图层 1”图层，选取工具箱中的矩形选框工具，在图像编辑窗口中的合适位置按下鼠标左键并拖曳，绘制一个矩形选区，如图 5-55 所示。

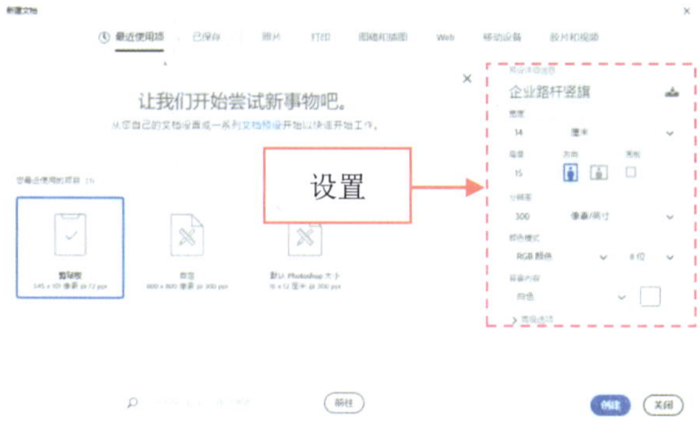

图 5-54　新建文档

图 5-55　绘制矩形

Step 03 运用渐变工具，设置渐变效果，从左到右填充 RGB，参数值 0%位置为（243、244、244）、60%位置为（200、201、201）、100%位置为（122、120、120）的线性渐变，按【Ctrl + D】组合键取消选区，效果如图 5-56 所示。

Step 04 双击“图层 1”，弹出“图层样式”对话框，选中“描边”复选框，设置“大小”为 3 像素、“颜色”为深灰色（RGB 参数值分别为 77、78、78），效果如图 5-57 所示。

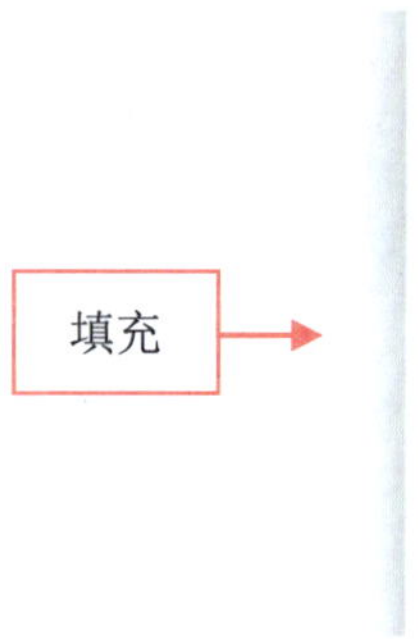

图 5-56 填充线性渐变

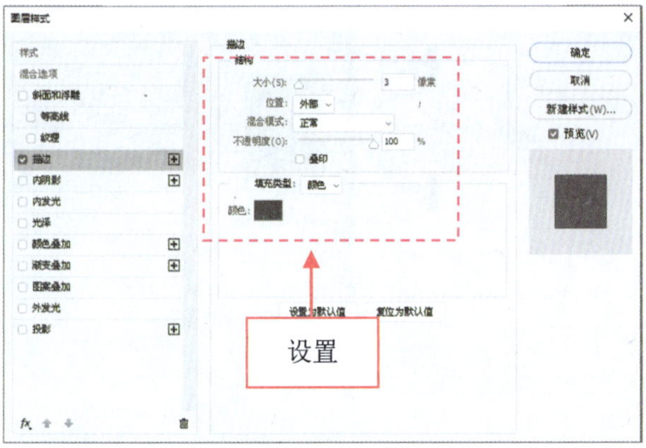

图 5-57 设置“描边”样式

Step05 选中“渐变叠加”复选框，设置“渐变”为黑色到透明的线性渐变、“角度”为 0 度，单击“确定”按钮添加样式，效果如图 5-58 所示。

Step06 新建“图层 2”，运用矩形选框工具，在图像编辑窗口的上方绘制矩形选区，运用渐变工具，在选区中从左到右填充 RGB，参数值 0%位置为 236、60%位置为 143、100%位置为 12 的线性渐变，并取消选区，效果如图 5-59 所示。

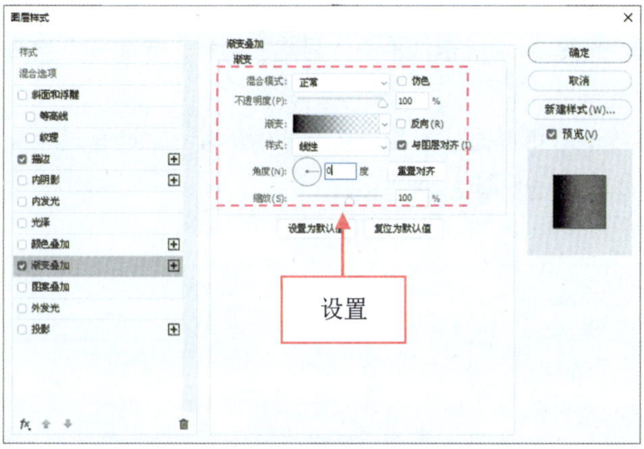

图 5-58 添加渐变样式

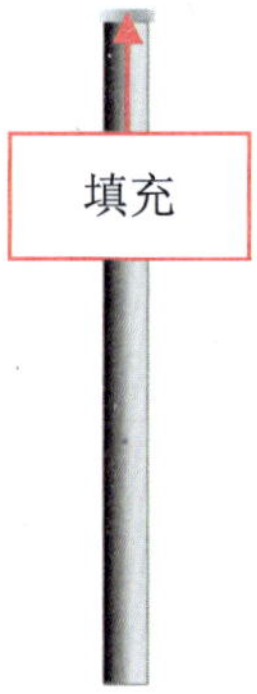

图 5-59 填充渐变效果

Step07 在“图层”面板中，拖曳鼠标指针至“图层 1”右侧的“指示图层效果”图标fx上，按住【Alt】键的同时按下鼠标左键并向上拖曳至“图层 2”上，复制图层样式，效果如图 5-60 所示。

Step08 新建“图层 3”，选取工具箱中的椭圆形选框工具，按住【Shift】键的同时按下鼠标左键绘制一个圆形选区，运用渐变工具，在选区中从左到右填充 RGB，参数值 0%位置为 236、100%位置为（67、67、74）的径向渐变并取消选区，效果如图 5-61 所示。

Step09 用上述同样的方法，为“图层 3”赋予相同的图层样式，效果如图 5-62 所示。

Step10 新建“图层 4”，在图像编辑窗口中绘制一个矩形选区，运用渐变工具，在选区中从上到下填充 RGB，参数值 0%位置为（184、182、183）、100%位置为（74、82、76）的线性渐变，并取消选区，效果如图 5-63 所示。

图 5-60　复制图层样式

图 5-61　设置径向渐变

图 5-62　添加图层样式

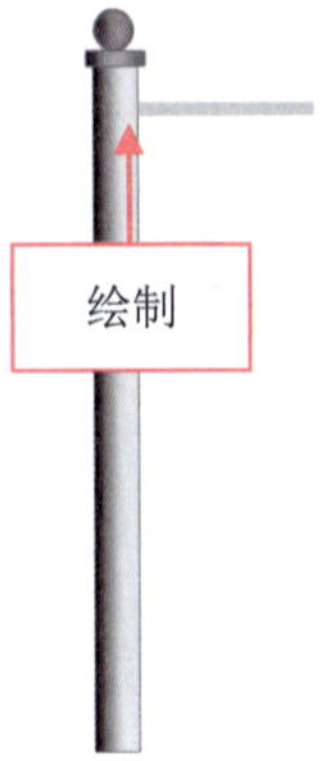

图 5-63　绘制矩形

Step 11　选取工具箱中的移动工具，按住【Alt】键的同时，按住鼠标左键并拖曳“图层 4”中的图像至合适位置，效果如图 5-64 所示。

Step 12　用与上述同样方法，拖曳并复制图像，按【Ctrl + T】组合键调出变换控制框，缩小图像并调整其位置，合并“图层 4”的副本图层，效果如图 5-65 所示。

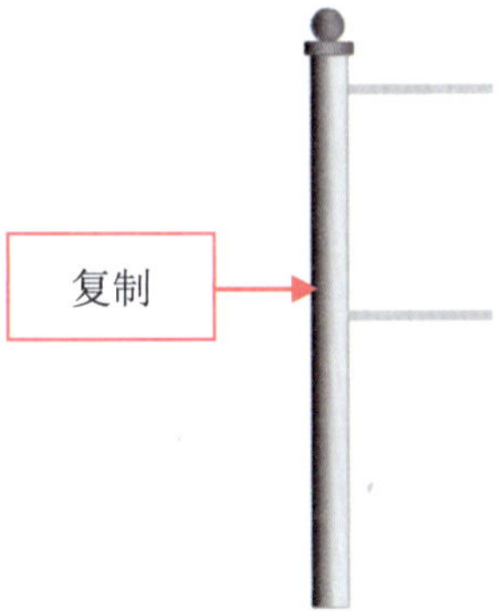

图 5-64　复制矩形

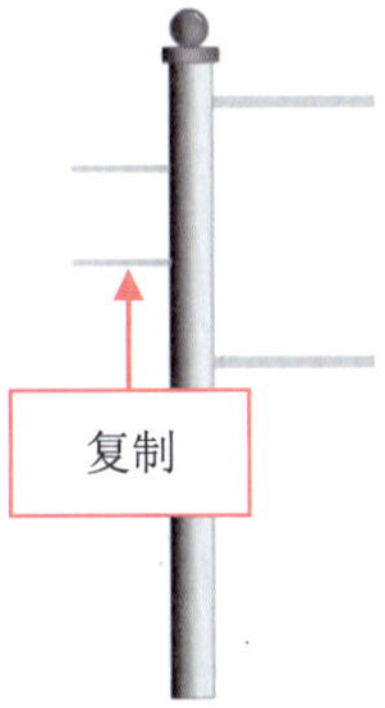

图 5-65　变换矩形

5.3.2 绘制竖旗的吊牌

下面介绍制作竖旗吊牌效果的方法，主要运用椭圆选框工具、矩形选框工具以及渐变工具进行操作。

Step 01 选取工具箱中的椭圆选框工具，单击工具属性栏中的“从选区减去”按钮，在图像编辑窗口中绘制一个圆环选区，如图 5-66 所示。

Step 02 选取工具箱中的矩形选框工具，单击工具属性栏中的“从选区减去”按钮，在圆环选区的左侧按住鼠标左键，绘制一个矩形选区，将圆环选区的左侧从选区中减去，如图 5-67 所示。

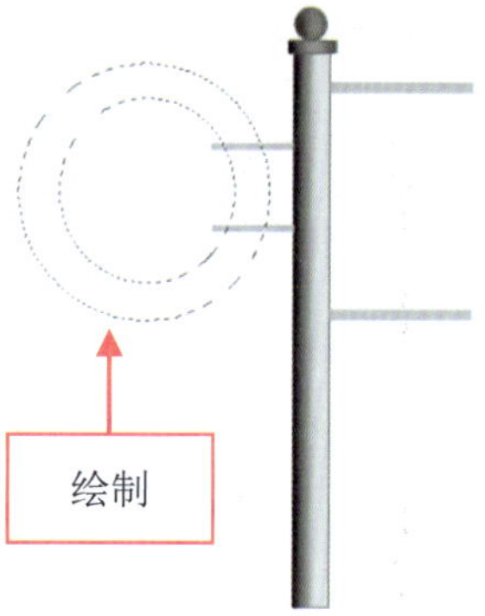

图 5-66 绘制圆环选区

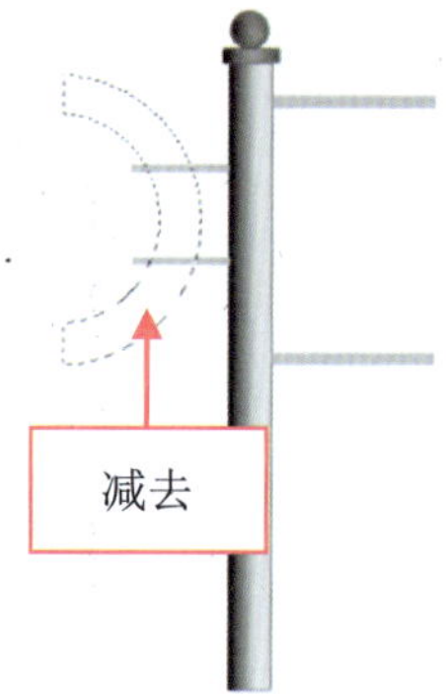

图 5-67 从选区中减去

Step 03 选取工具箱中的矩形选框工具，单击工具属性栏中的“添加到选区”按钮，在圆环选区的左侧按住鼠标左键，绘制一个矩形选区，新建“图层 5”图层，运用渐变工具，在选区中从左到右填充 RGB，参数值 0%位置为（243、244、244）、100%位置为（122、120、120）的线性渐变，取消选区，如图 5-68 所示。

Step 04 在“图层”面板中，拖曳鼠标指针至“图层 3”右侧的“指示图层效果”图标上，按住【Alt】键的同时按下鼠标左键并向上拖曳至“图层 5”上，复制图层样式，效果如图 5-69 所示。

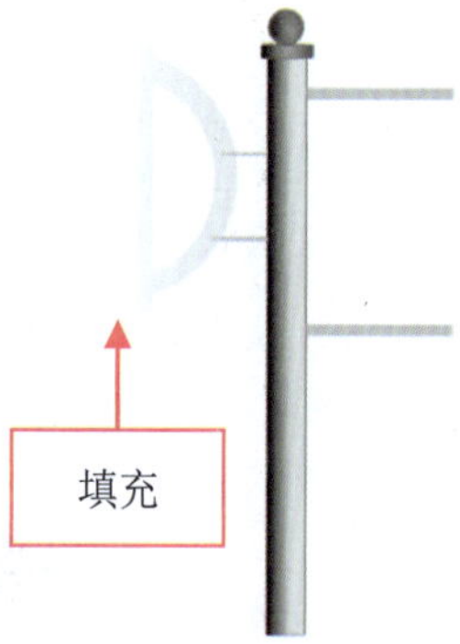

图 5-68 线性渐变填充选区

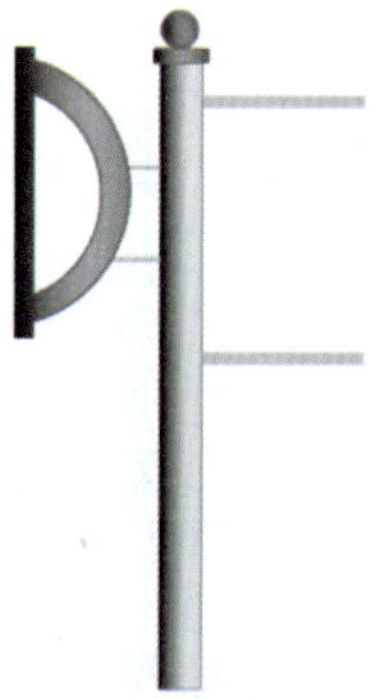

图 5-69 复制图层样式

Step 05 新建“图层 6”，在图像编辑窗口绘制一个圆形，运用渐变工具在选区内由上到下填充绿色（RGB 参数值分别为 0、255、12）到紫色（RGB 参数值分别为 163、2、230）的线性渐变，效果如图 5-70 所示。

Step 06 单击“选择”|“变换选区”命令，等比例缩小选区，并在选区内填充白色，并取消选区，效果如图 5-71 所示。

图 5-70　填充渐变

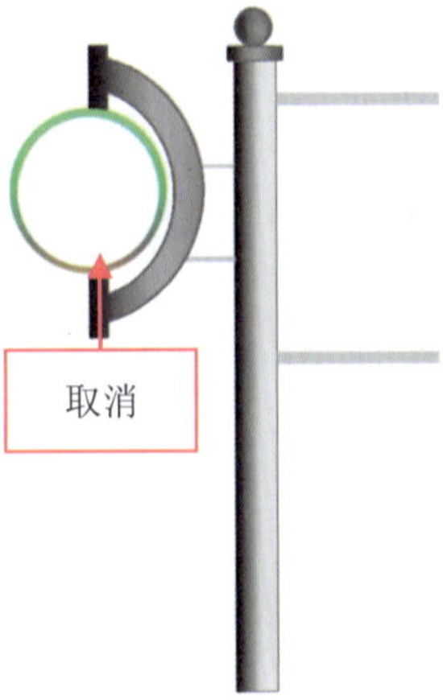

图 5-71　取消选区

Step 07 新建“图层 7”，在图像编辑窗口的右侧绘制一个矩形选区，运用渐变工具在选区内由上到下填充绿色到紫色的线性渐变，效果如图 5-72 所示。

Step 08 打开“花影.psd”素材图像，运用移动工具将其拖曳至背景图像编辑窗口中的合适位置处，效果如图 5-73 所示。

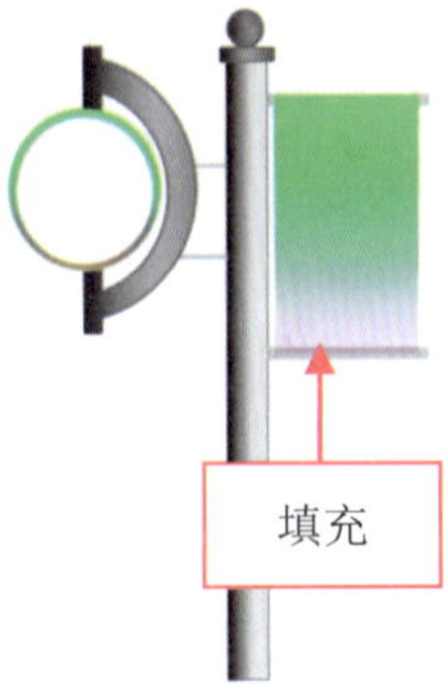

图 5-72　填充渐变

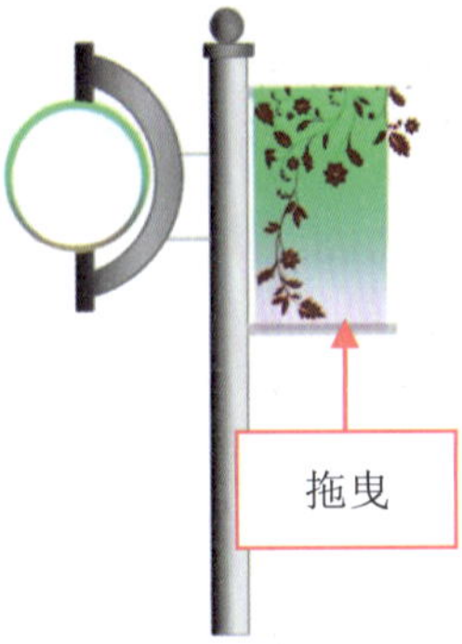

图 5-73　拖入花影素材

Step 09 在“图层”面板中，按住鼠标指针至“图层 7”的缩览图处，按住【Ctrl】键的同时单击鼠标左键调出选区，单击“选择”|“反选”命令，反选选区，按【Delete】键删除选区内的图像，效果如图 5-74 所示，取消选区。

Step 10 设置“花影”图层的“混合模式”为“划分”，“不透明度”为 37%，效果如 5-75 所示。

图 5-74　删除图像

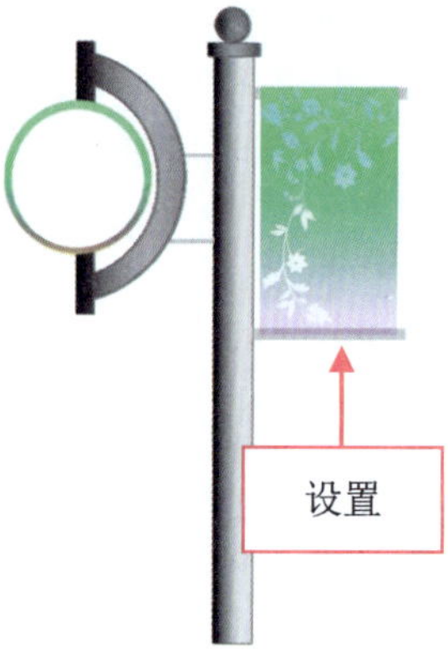

图 5-75　设置不透明度

5.3.3　制作主题文字效果

下面介绍制作竖旗图案和文字效果的方法，主要运用移动工具和直排文字工具进行具体操作。

Step 01　打开“LOGO.psd”素材图像，运用移动工具将其拖曳背景图像编辑窗口中的合适位置处，效果如图 5-76 所示。

Step 02　选择直排文字工具，单击“窗口”|“字符”命令，展开“字符”面板，设置“字体系列”为“楷体”“字体大小”为 16 点、“颜色”为黑色、“设置行距”为 80 点、“设置所选字符的字距调整”为 0，并激活仿粗体图标，在图像编辑窗口的右侧输入文字，效果如图 5-77 所示。

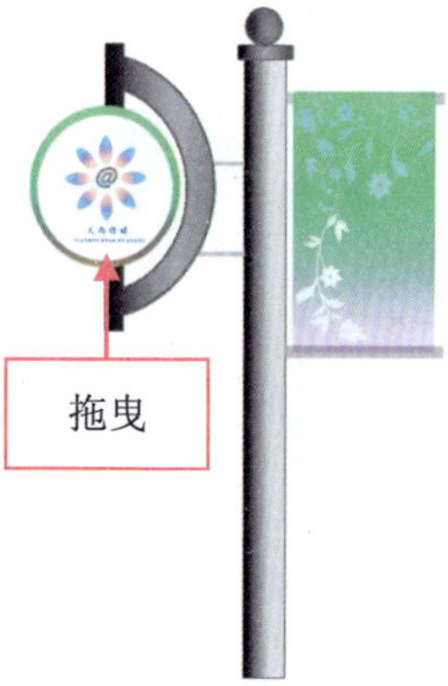

图 5-76　拖曳素材

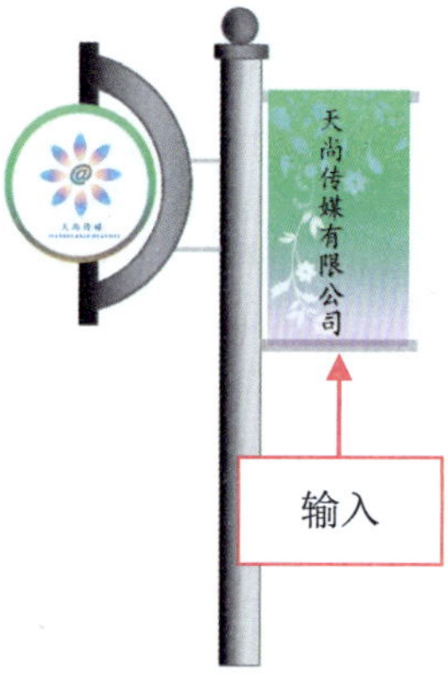

图 5-77　输入文字

Step 03　选择直排文字工具，单击“窗口”|“字符”命令，展开“字符”面板，设置“字体系列”为合适的字体、“字体大小”为 5 点、“颜色”为黑色、“设置行距”为 200 点，在图

像编辑窗口的右侧输入文字，如图 5-78 所示。可以参照上述方法，制作出其他的路杆竖旗，最终效果如图 5-79 所示。

图 5-78　输入文字

图 5-79　最终效果

本章小结

本章首先介绍了如何设计企业品牌 LOGO，包括制作 LOGO 主体效果、字符效果以及文字效果等；然后介绍了设计个人形象名片的方法，包括制作名片正面和背面的效果等；最后介绍了制作企业路杆竖旗的方法，包括绘制竖旗的路杆、吊牌，以及制作主题文字效果等内容。通过本章的学习，可以帮助读者设计出特点鲜明的企业品牌 LOGO。

本章习题

1. 在本章中多次复制并旋转花瓣图像时，使用的是哪个组合键？
2. 请根据本章所学，制作一张属于自己的形象名片。

第 6 章　微信平台的页面设计

本章导读

在移动互联网时代，微信已成为一种新型的营销模式。用户可以通过微信公众号、微信朋友圈以及微信小程序等新媒体渠道来进行相关的界面设计，从而可以推广自己的产品。本章主要介绍微信平台的新媒体设计案例。

本章重点

- ➢ 设计朋友圈背景封面
- ➢ 新媒体名人求关注设计
- ➢ 设计公众号封面广告
- ➢ 设计公众号内容排版
- ➢ 设计婚纱摄影小程序界面

6.1 设计朋友圈背景封面

在制作招代理朋友圈界面时，运用深蓝色背景加金黄色的光斑点缀作为背景图像，并且主体文字采用金色渐变，可以使整体更显贵气。本实例最终效果如图 6-1 所示。

图 6-1 实例效果

6.1.1 制作朋友圈封面背景

朋友圈相册的封面相当于门店的招牌，所以将招牌设计得亮眼好看也是至关重要的。下面详细介绍制作朋友圈相册封面背景效果的方法。

Step 01 打开 Photoshop 软件，在菜单栏中，单击“文件”|“打开”命令，打开“蓝色背景.jpg”素材图像，如图 6-2 所示。

Step 02 选取工具箱中的矩形选框工具，在图像编辑窗口中的合适位置处绘制一个矩形选框，如图 6-3 所示。

Step 03 单击“选择”|“修改”|“羽化”命令，弹出“羽化选区”对话框，设置“羽化半径”为 100 像素，单击“确定”按钮，即可羽化选区，效果如图 6-4 所示。

Step 04 单击“窗口”|“调整”命令，展开“调整”面板，单击“曲线”按钮，新建“曲线 1”调整图层，如图 6-5 所示。

图 6-2　打开素材图像

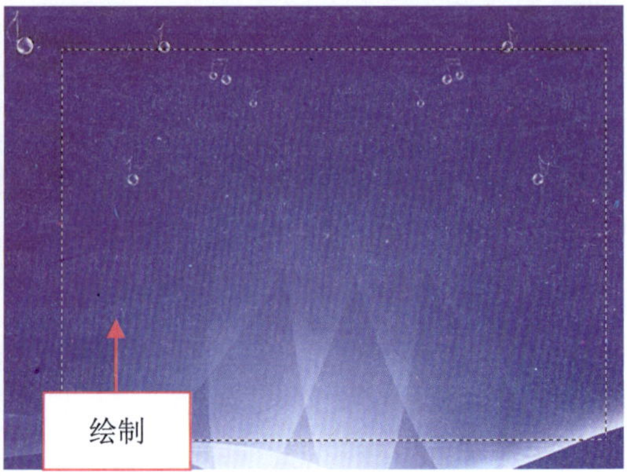

图 6-3　绘制矩形选框

图 6-4　羽化选区

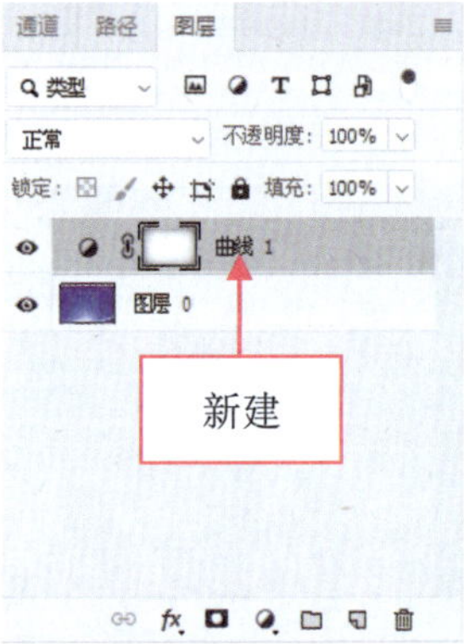

图 6-5　新建调整图层

Step 05　打开“属性”面板，❶在曲线上单击鼠标左键新建一个控制点；❷在下方设置“输入”为 172、“输出”为 125，如图 6-6 所示。

Step 06　适当降低选区内图像的亮度，效果如图 6-7 所示。

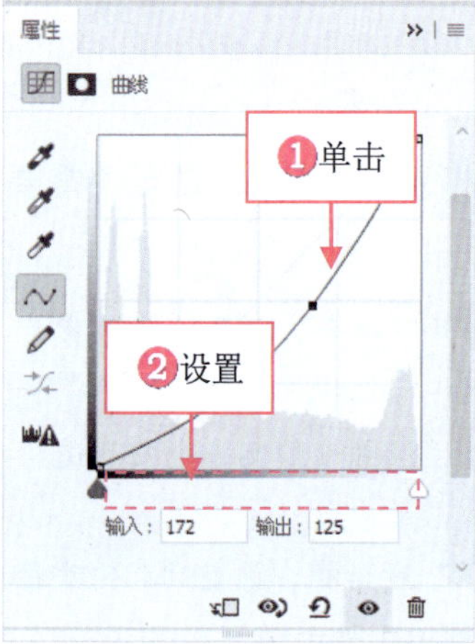

图 6-6　设置各参数

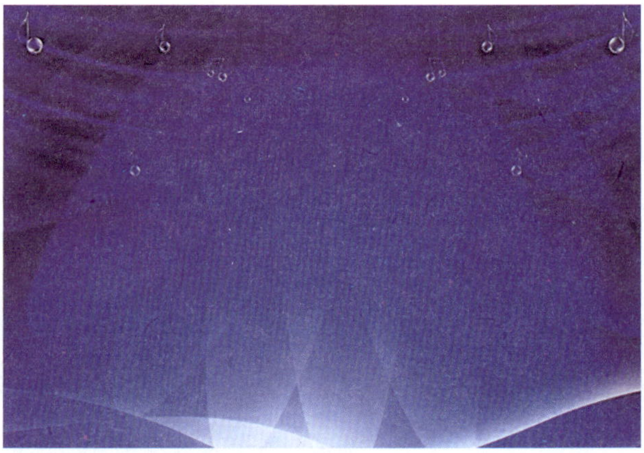

图 6-7　图像效果

6.1.2　制作朋友圈封面头像

在制作头像的时候，建议选择个人的艺术形象照比较好，给人的感觉会比较有气质。下面详细介绍制作朋友圈相册封面头像效果的方法。

Step 01　按【Ctrl + O】组合键，打开“朋友圈头像.psd”素材图像，运用移动工具将素材图像拖曳至背景图像编辑窗口中，适当调整图像的位置，如图 6-8 所示。

Step 02　选取工具箱中的自定形状工具，在工具属性栏中单击“填充”右侧的色块，在弹出的下拉列表框中选择“渐变”选项，在“预设”选项区中选择“橙，黄，橙”渐变色，如图 6-9 所示。

图 6-8　调整图像

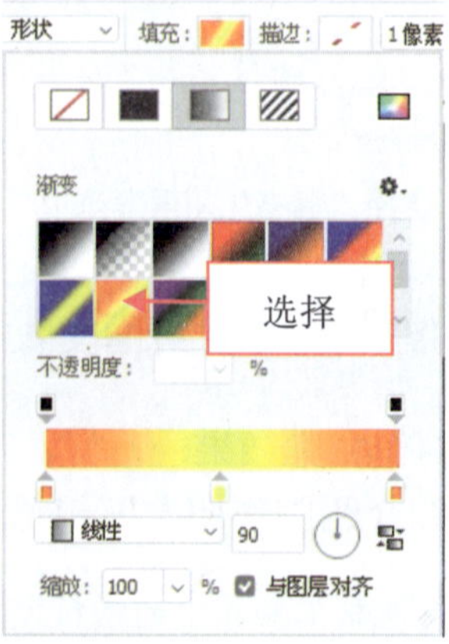

图 6-9　选择“橙，黄，橙”渐变色

Step 03　选择渐变条下的第三个色标，并将其删除，如图 6-10 所示。

Step 04　工具属性栏中设置“描边”为无、“形状”为“皇冠 1”，在图像编辑窗口中的适当位置绘制一个形状，如图 6-11 所示。

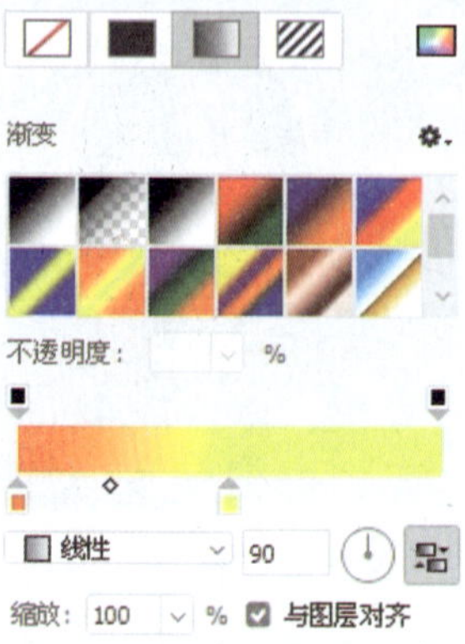

图 6-10　删除色标

图 6-11　绘制形状

Step 05　在图层面板中选择“形状 1”图层，单击鼠标右键；在弹出的快捷菜单中选择“栅格化图层”选项，如图 6-12 所示，将形状栅格化。

Step06 按【Ctrl + T】组合键，调出变换控制框，适当旋转图像，并按【Enter】键确认变换，如图 6-13 所示。

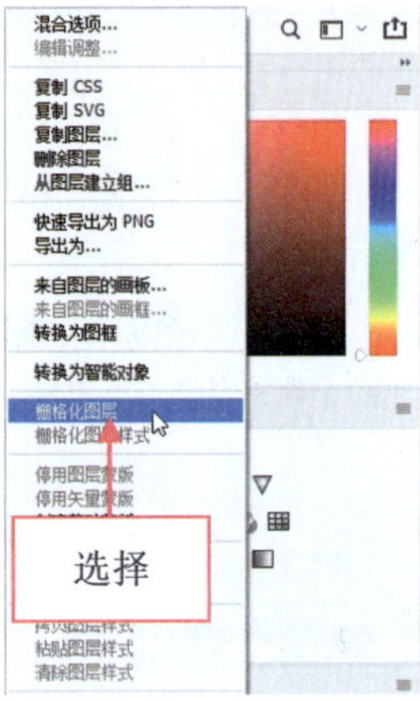

图 6-12　选择“栅格化图层”选项

图 6-13　旋转图像

6.1.3　制作朋友圈封面文案

在制作文案效果的时候，可以将个人的信息写得更全面一些，起到一目了然的效果。下面详细介绍制作朋友圈相册封面的方法。

Step01 选取工具箱中的横排文字工具，在“字符”面板中设置“字体系列”为合适的字体、“字体大小”为 45 点、“设置所选字符的字距调整”为 200、“颜色”为白色（RGB 参数值均为 255），如图 6-14 所示。

Step02 在图像编辑窗口中输入文字，运用移动工具调整文字位置，如图 6-15 所示。

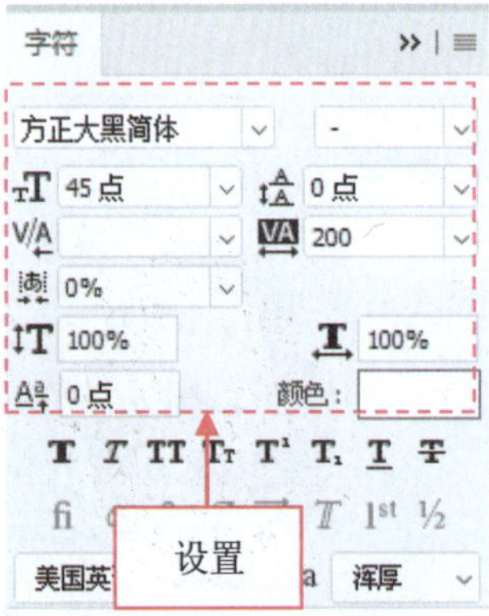

图 6-14　设置参数

图 6-15　输入并调整文字

Step03 在图层面板中，选择文字图层，单击鼠标右键，在弹出的快捷菜单中选择“混合选项”选项，弹出“图层样式”对话框，❶选中“渐变叠加”复选框；❷设置渐变颜色为“橙，黄，橙”；❸设置“样式”，“线性”“角度”为 90 度，如图 6-16 所示。

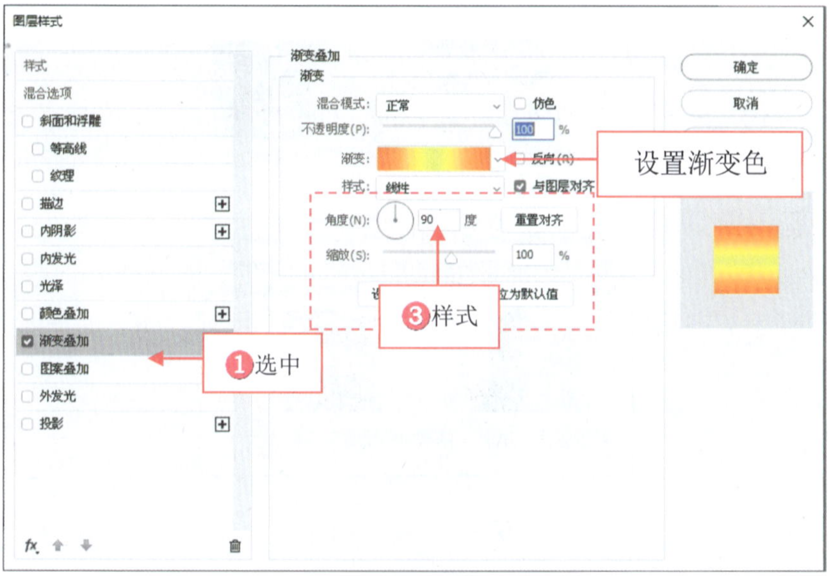

图 6-16　设置图层样式选项

Step 04　单击“确定”按钮，即可应用“渐变叠加”图层样式，效果如图 6-17 所示。

Step 05　按【Ctrl + O】组合键，打开“朋友圈文字.psd”素材图像，运用移动工具将素材图像拖曳至背景图像编辑窗口中，适当调整图像的位置，效果如图 6-18 所示。

图 6-17　应用图层样式效果

图 6-18　拖曳图像

6.2　新媒体名人求关注设计

在制作公众号求关注设计时，运用矩形工具绘制出线框效果，加上适当的装饰性的图形，再放入二维码，配上一些说明性的文字，可以准确地将信息传达给读者，帮助新媒体人和微信公众号获得更好的引流效果。本实例最终效果如图 6-19 所示。

图 6-19　实例效果

6.2.1　制作矩形框背景效果

制作矩形框背景主要运用到矩形工具进行操作。下面介绍制作公众号求关注界面中背景效果的方法。

Step 01 打开 Photoshop 软件，单击“文件”|“新建”命令，弹出“新建”对话框，❶设置“名称”为“公众号求关注设计”“宽度”为 926 像素、“高度”为 976 像素、“分辨率”为 300 像素/英寸、“颜色模式”为“RGB 颜色”“背景内容”为“白色”，如图 6-20 所示，❷单击“创建”按钮，新建一个空白图像。

Step 02 选取工具箱中的矩形工具，在图像编辑窗口中绘制一个矩形框，设置“填充”为白色（RGB 参数值均为 255）、“描边”为灰色（RGB 参数值均为 130）、“描边宽度”为 1 点，效果如图 6-21 所示。

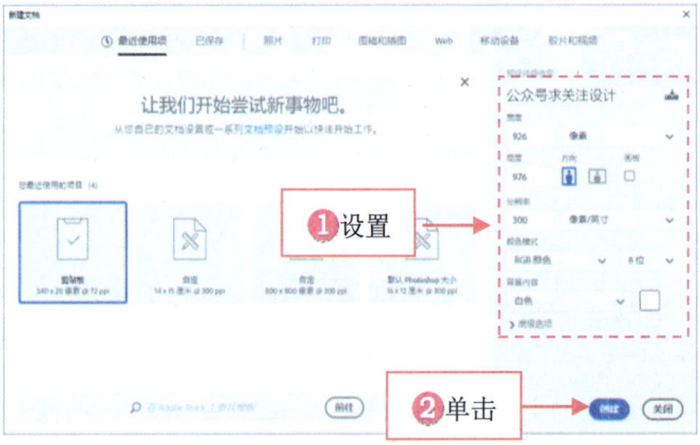

图 6-20　设置各选项

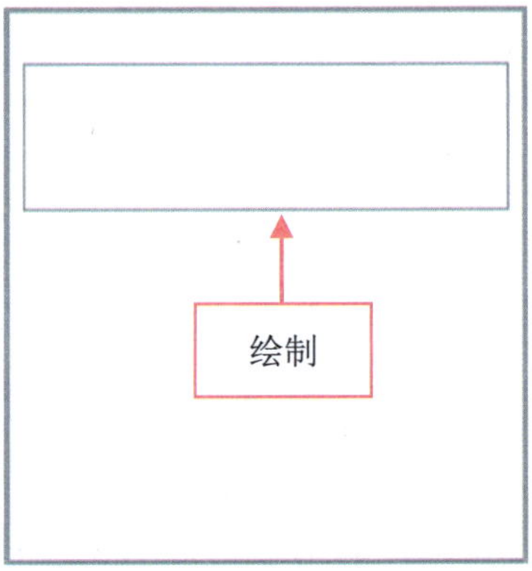

图 6-21　绘制的矩形效果

Step 03 复制“矩形 1”图层，得到“矩形 1 拷贝”图层，如图 6-22 所示。

Step 04 复制矩形框，并适当调整其大小和位置，效果如图 6-23 所示。

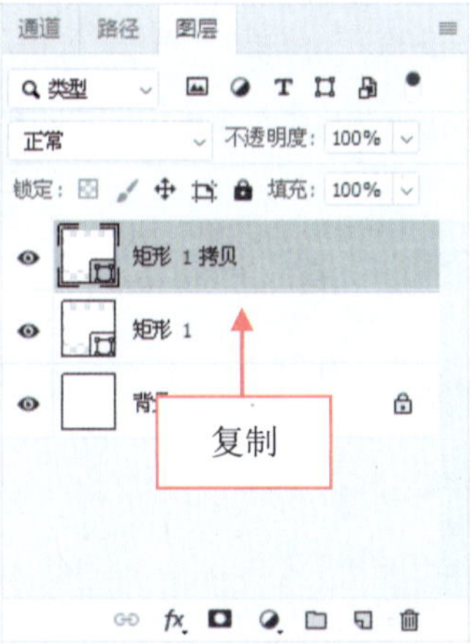

图 6-22　得到拷贝图层

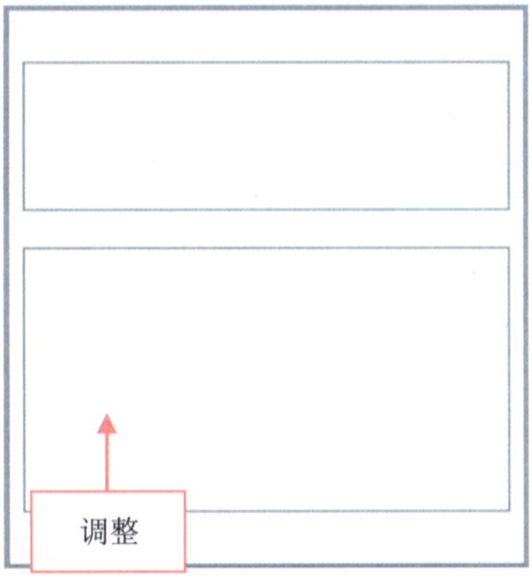

图 6-23　调整大小和位置

6.2.2　制作公众号求关注主体效果

运用文字工具可以制作公众号求关注的主体效果。下面介绍制作公众号求关注主体效果的方法。

Step 01　单击"文件"|"打开"命令，打开"公众号二维码.psd"素材图像，运用移动工具将素材图像拖曳至背景图像编辑窗口中的适当位置，如图 6-24 所示。

Step 02　选取工具箱中的横排文字工具，在"字符"面板中设置"字体系列"为"楷体"，"字体大小"为 10 点，"颜色"为黑色（RGB 参数值均为 0），在图像编辑窗口中输入文字，效果如图 6-25 所示。

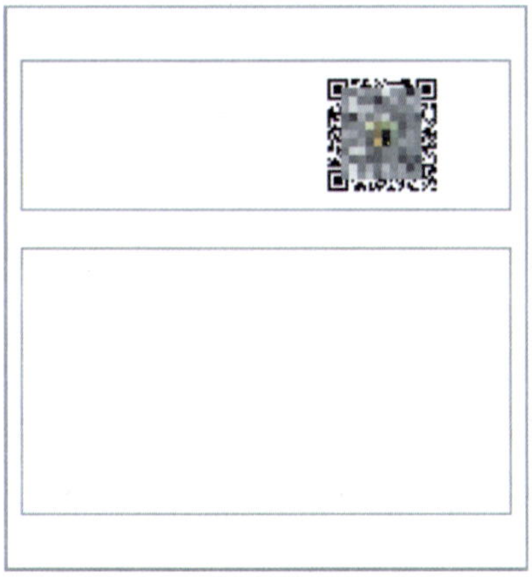

图 6-24　拖曳图像

图 6-25　输入文字

Step 03　用上述同样的方法，输入其他的文字效果，如图 6-26 所示。

Step 04　选取工具箱中的矩形工具，设置"填充"为灰色（RGB 参数值均为 217）、"描边"为无，在图像编辑窗口中绘制一个合适大小的矩形图像，效果如图 6-26 所示。

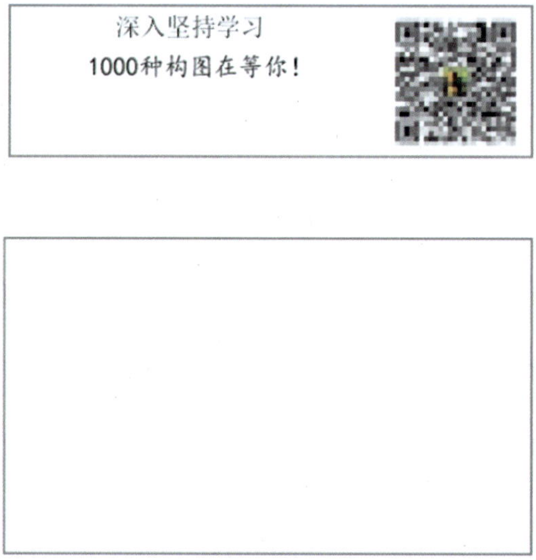

图 6-26　取消选区

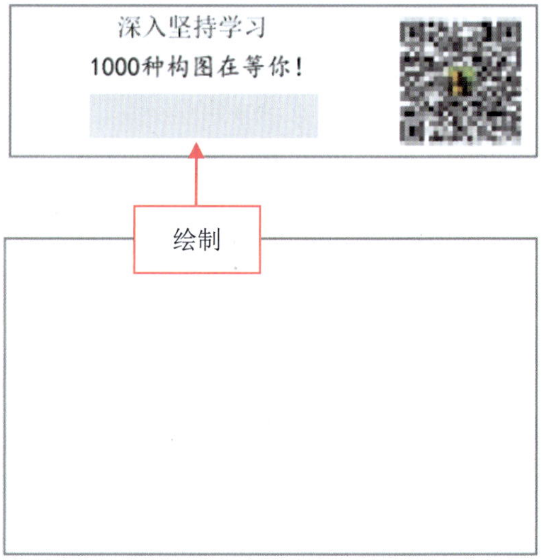

图 6-27　绘制矩形图像

Step 05　选取工具箱中的横排文字工具，在“字符”面板中设置“字体系列”为合适的字体、“字体大小”为 10 点、“颜色”为黑色（RGB 参数值均为 0），在图像编辑窗口中输入相应文字，效果如图 6-28 所示。

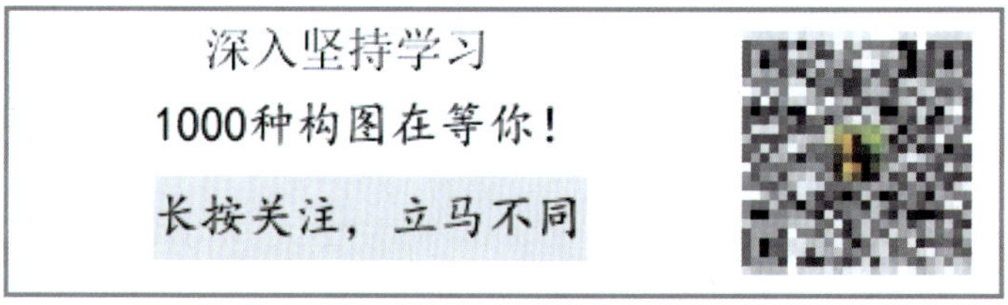

图 6-28　输入相应文字

6.2.3　制作新媒体人求关注主体效果

在制作新媒体求关注界面运用到移动工具。下面介绍制作新媒体人求关注界面主体效果的方法。

Step 01　打开 Photoshop 软件，按【Ctrl + O】组合键，打开“新媒体名人照片.jpg”素材图像，运用移动工具将素材图像拖曳至背景图像编辑窗口中，适当调整图像的位置和大小，效果如图 6-29 所示。

Step 02　按【Ctrl + O】组合键，打开“名人二维码.psd”素材图像，运用移动工具将素材图像拖曳至背景图像编辑窗口中，适当调整图像的位置，效果如图 6-30 所示。

图 6-29　调整图像的位置和大小

图 6-30　调整图像位置

Step 03 选取工具箱中的矩形工具，设置“填充”为灰色（RGB 参数值均为 217）、“描边”为无，在图像编辑窗口中绘制一个合适大小的矩形图像，如图 6-31 所示。

Step 04 复制多个矩形图像，并适当调整其位置，效果如图 6-32 所示。

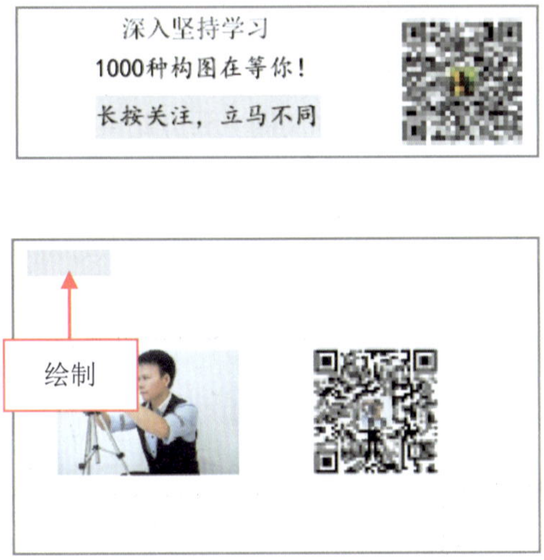

图 6-31　绘制矩形图像

图 6-32　适当调整位置

Step 05 选取工具箱中的横排文字工具，在“字符”面板中设置“字体系列”为合适的字体、“字体大小”为 6.3 点、“颜色”为黑色（RGB 参数值均为 0），激活仿粗体图标**T**，在图像编辑窗口中输入相应文字，效果如图 6-33 所示。

Step 06 按【Ctrl + O】组合键，打开“求关注按钮.psd”素材图像，运用移动工具将素材图像拖曳至背景图像编辑窗口中的合适位置处，最终效果如图 6-34 所示。

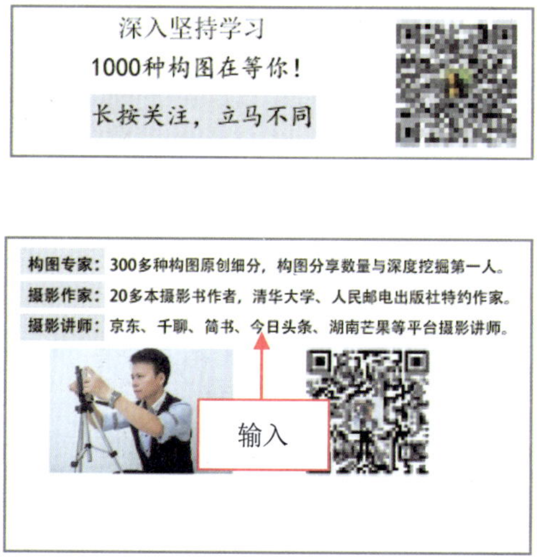

图 6-33　设置文字样式

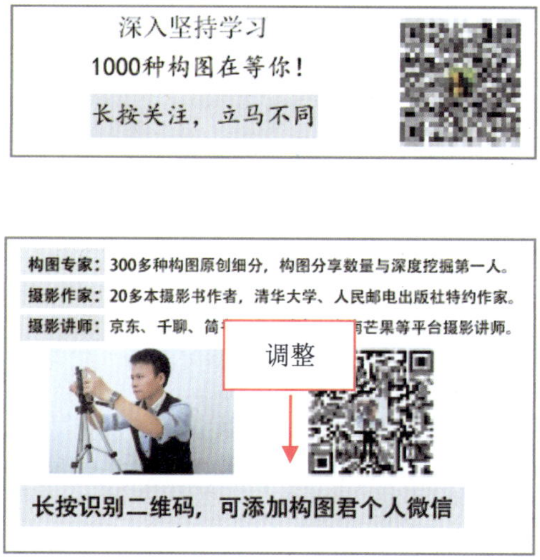

图 6-34　最终效果

6.3　设计公众号封面广告

微信公众号的封面广告是微信文章中非常重要的一部分，一个精美的封面给平台带来的阅读量是不可估量的。图片能够给文字插上飞翔的翅膀，让文字所要传达的情感更加深入人心，运用得当的图片能够成为微信公众号打动读者的有力武器。本实例主要介绍某个销售图书的微信公众号封面广告设计，效果如图 6-35 所示。

图 6-35　某个销售图书的微信公众号封面广告设计

6.3.1　制作公众号封面背景

下面主要运用“描边”命令制作黑色背景边框效果，能够让公众号封面广告的层次感更强。具体操作步骤如下。

Step 01　打开 Photoshop 软件，单击“文件”|“新建”命令，弹出“新建文档”对话框，❶设置“名称”为“公众号封面广告设计”“宽度”为 900 像素、“高度”为 500 像素、“分辨率”为 300 像素/英寸、“颜色模式”为“RGB 颜色”“背景内容”为“白色”；❷单击“创建”按钮，如图 6-36 所示，新建一个空白画布。

Step 02　在“图层”面板中，新建“图层 1”，并填充为白色，如图 6-37 所示。

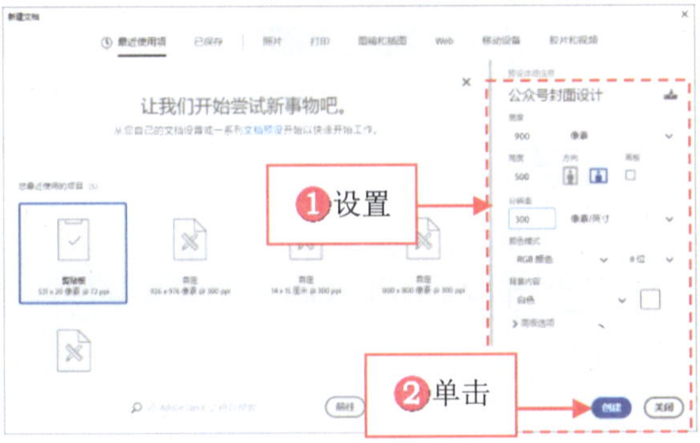

图 6-36　“新建文档”对话框

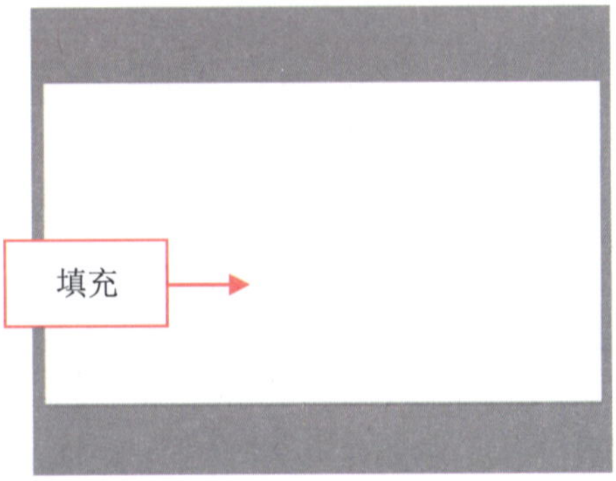

图 6-37　填充为白色

Step 03　单击“编辑”|“描边”命令，弹出“描边”对话框，设置“宽度”为 15 像素、“颜色”为黑色、“位置”为“内部”，如图 6-38 所示。

Step 04　单击“确定”按钮，即可添加描边效果，如图 6-39 所示。

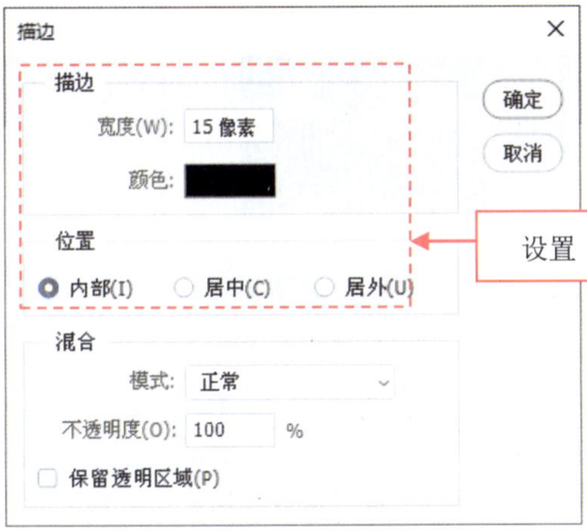

图 6-38　设置“描边”选项

图 6-39　添加描边效果

6.3.2　设计公众号封面主体效果

在制作书籍封面主体的立体效果和倒影效果时，主要运用变换工具和图层蒙版等，会让图像看上去更加真实。具体步骤如下。

Step 01 按【Ctrl + O】组合键，打开“书籍.psd”素材图像，如图 6-40 所示。

Step 02 取工具箱中的矩形选框工具，在书籍封面正面创建一个矩形选区，如图 6-41 所示。

图 6-40　打开素材图像

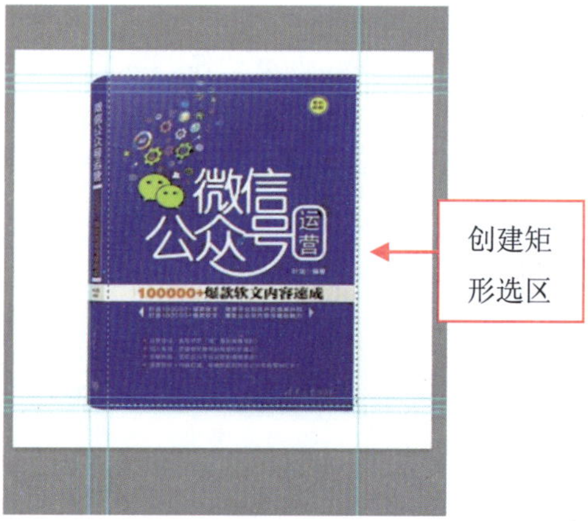

图 6-41　创建矩形选区

Step 03 按【Ctrl + T】组合键，调出变换控制框，在其中单击鼠标右键，在弹出的快捷菜单中选择“扭曲”选项，如图 6-42 所示。

Step 04 按住【Shift】键的同时，依次向下和向上拖曳相应的控制柄，扭曲图像，按【Enter】键，确认变换操作，如图 6-43 所示。

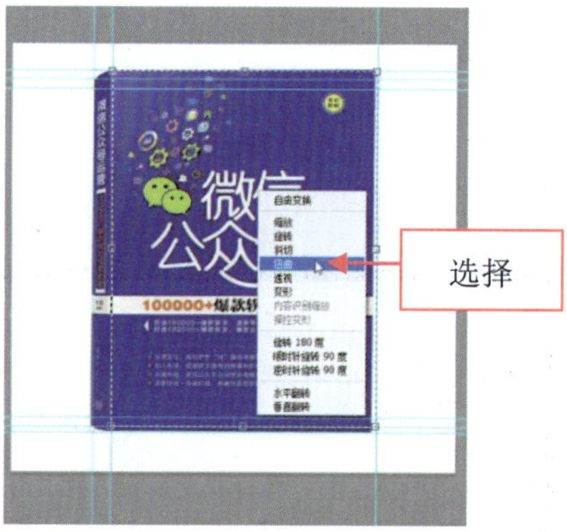

图 6-42　选择“扭曲”选项

图 6-43　扭曲图像

Step 05 ❶按【Ctrl + J】组合键，复制选区内图像内容，得到“图层 2”；❷单击“编辑”|“变换”|“垂直翻转”命令，垂直翻转图像，并将其移至合适位置，效果如图 6-44 所示。

Step 06 单击“编辑”|“变换”|“斜切”命令，调出变换控制框，向上拖曳右侧的控制柄至合适位置，按【Enter】键，确认变换操作，效果如图 6-45 所示。

▶ 专家指点

选区在图像编辑过程中有着重要的位置，限制着图像编辑的范围和区域。灵活而巧妙地应用选区，能得到许多意想不到的效果。

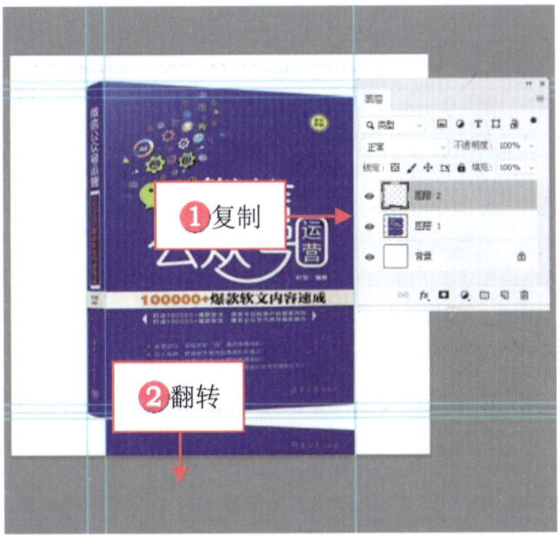

图 6-44　垂直翻转图像

图 6-45　斜切图像

Step 07 ①在“图层”面板中，设置“图层 2”的“不透明度”为 40%；②单击“图层”面板底部的“添加图层蒙版”按钮，添加图层蒙版；③使用渐变工具，在图像编辑窗口中，从下到上拖曳，填充黑色到白色的线性渐变，隐藏部分图像，如图 6-46 所示。

Step 08 用上述同样的方法，制作书籍封面侧面的立体效果，如图 6-47 所示。

图 6-46　隐藏部分图像

图 6-47　制作侧面立体效果

6.3.3　设计公众号封面整体效果

下面主要运用图层样式和文字工具，制作公众号封面广告的整体效果。

Step 01 在“图层”面板中，选择除“背景”图层外的其他所有图层，单击鼠标右键，在弹出的快捷菜单中选择“合并图层”选项，如图 6-48 所示。

Step 02 将合并后图像拖曳至背景图像编辑窗口中，适当调整其大小和位置，效果如图 6-49 所示。

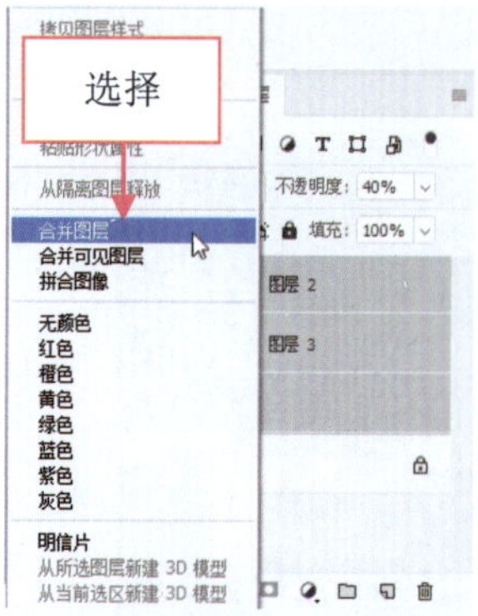

图 6-48　选择“合并图层”选项

图 6-49　适当调整大小和位置

Step 03　双击“图层 2”，弹出“图层样式”对话框，选中“投影”复选框，设置“距离”为 5 像素、“大小”为 15 像素，如图 6-50 所示。

Step 04　单击“确定”按钮，即可添加“投影”图层样式，效果如图 6-51 所示。

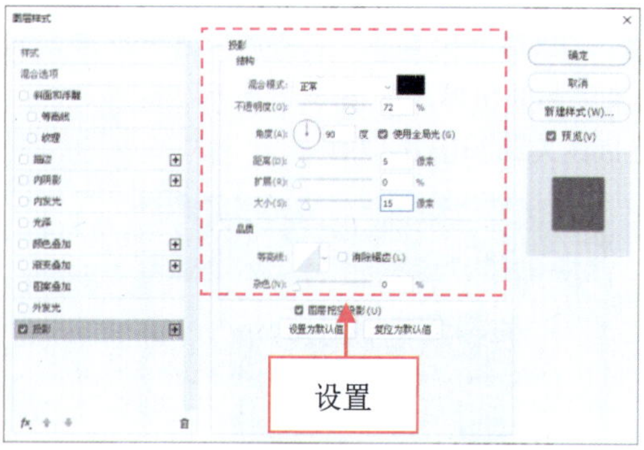

图 6-50　设置“投影”参数

图 6-51　添加“投影”图层样式

Step 05　选取工具箱中的横排文字工具，在“字符”面板中设置“字体系列”为合适的字体、“字体大小”为 10 点、“行距”为 18 点、“字距”为 200、“颜色”为蓝色（RGB 参数值分别为 0、93、185），如图 6-52 所示。

Step 06　运用横排文字工具创建一个文本框，在其中输入相应文字，适当调整文本框的大小和位置，如图 6-53 所示。

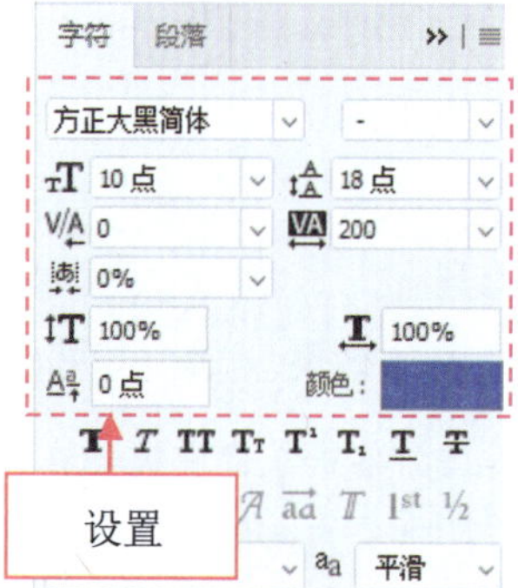

图 6-52　设置字符属性

图 6-53　输入标题文字

Step 07 运用横排文字工具创建一个文本框，输入相应文字，在“字符”面板中设置“字体系列”为“黑体”“字体大小”为 6 点、“行距”为 10 点，并分别为字符和文字设置不同的“颜色”参数，效果如图 6-54 所示。

Step 08 打开“按钮.psd”素材图像，运用移动工具将素材图像拖曳至背景图像编辑窗口中的适当位置，最终效果如图 6-55 所示。

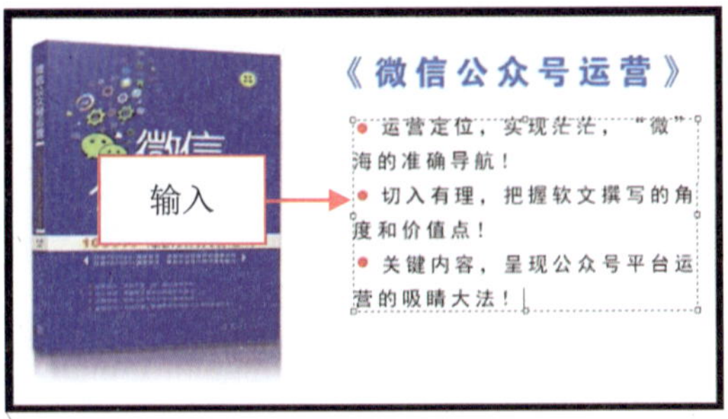

图 6-54　输入宣传文字

图 6-55　最终效果

6.4　设计公众号内容排版

微信公众号是在微信公众平台上申请的应用账号。通过公众号，可在微信平台上实现与特定群体的文字、图片、语音、视频的全方位沟通和互动。一个成功的微信公众号，可以更好地推广自己的产品、服务和理念等内容。微信公众号内容设计实例效果如图 6-56 所示。

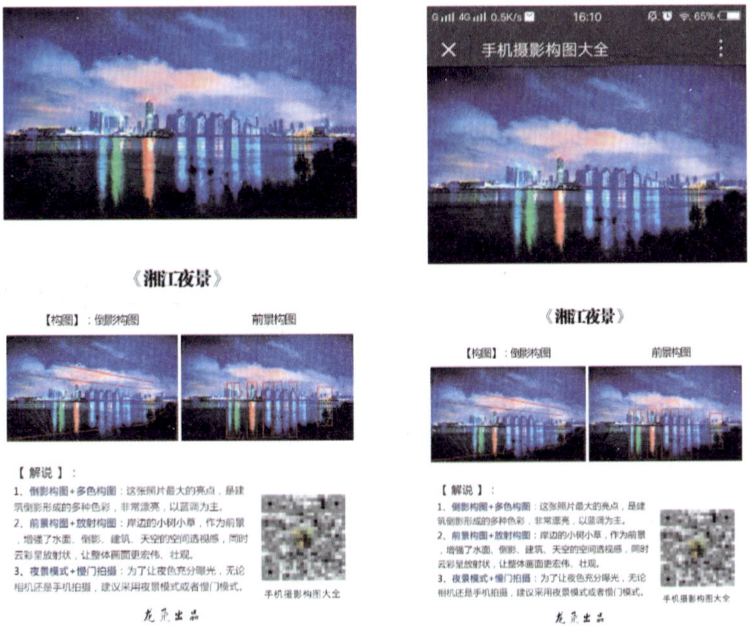

图 6-56　微信公众号内容设计实例效果

6.4.1　制作内容排版主体效果

下面主要运用到移动工具对微信公众号内容进行排版，让版面看起来更加协调。具体步骤如下。

Step 01　打开 Photoshop 软件，单击“文件”|“新建”命令，弹出“新建文档”对话框，❶设置“名称”为“湘江夜景”“宽度”为 1 080 像素、“高度”为 1 920 像素、“分辨率”为 72 像素/英寸、“颜色模式”为“RGB 颜色”“背景内容”为“白色”；❷单击“创建”按钮，如图 6-57 所示，新建一个空白画布。

Step 02　按【Ctrl + O】组合键，打开“照片 1.jpg”素材图像，如图 6-58 所示。

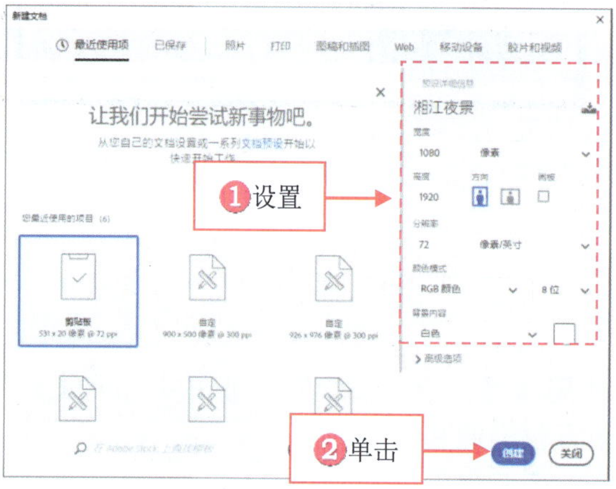

图 6-57　新建文档

图 6-58　打开图片

Step 03　运用移动工具将其拖曳至背景图像编辑窗口中，如图 6-59 所示。

Step 04　按【Ctrl + T】组合键，调出变换控制框，适当调整图像的大小和位置，调整图片效果如图 6-60 所示。

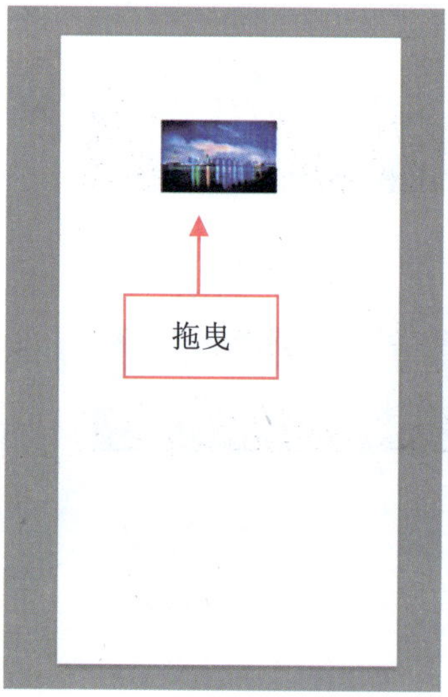

图 6-59　打开素材图像

图 6-60　调整图片效果

Step 05　按【Ctrl + O】组合键，打开“照片 2.jpg”，运用移动工具将其拖曳至背景图像编辑窗口中，适当调整图像的大小和位置，如图 6-61 所示。

Step 06　按【Ctrl + O】组合键，打开“照片 3.jpg”，运用移动工具将其拖曳至背景图像编辑窗口中，适当调整图像的大小和位置，如图 6-62 所示。

图 6-61　调整图片 1

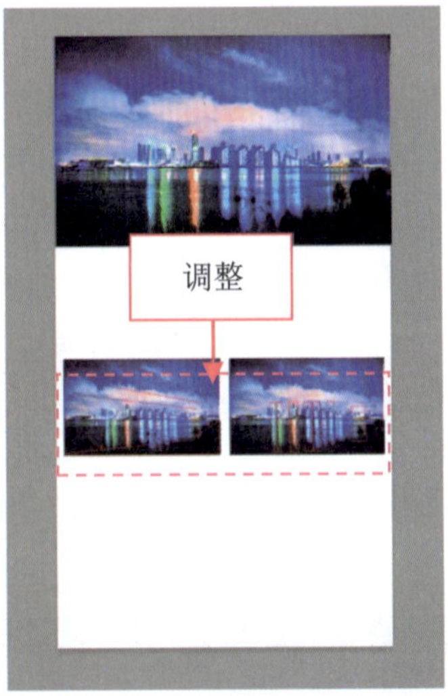

图 6-62　调整图片 2

6.4.2　制作内容排版文字效果

下面介绍运用文字工具对内容进行排版，具体操作步骤如下。

Step 01　在工具箱中选取横排文字工具，在“字符”面板中设置“字体系列”为合适的字体系列、“字体大小”为 55 点、“设置所选字符的字距调整”为-75 点、颜色为黑色，如图 6-63 所示。

Step 02　输入“《湘江夜景》”，拖曳至合适的位置，如图 6-64 所示。

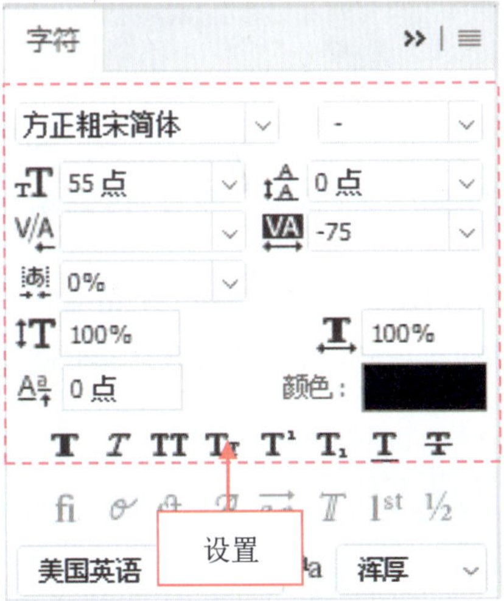

图 6-63　设置字体参数

图 6-64　拖曳至合适的位置

▶ 专家指点

从读者角度出发，新媒体美工可以选择合适的图片，不要让过大的图片消耗读者大量的流量，同时还要耗费图片加载的时间。

Step03 再次运用横排文字工具输入相应的文字，在“字符”面板中设置“字体系列”为“黑体”“字体大小”为 36 点、“行距”为自动、“所选字符的字距调整”为-75 点，然后拖曳至合适的位置，如图 6-65 所示。

Step04 按【Ctrl + O】组合键，打开“文字 2.psd”素材图像，运用移动工具将其拖曳至背景图像编辑窗口中，适当调整图像的大小和位置，如图 6-66 所示。

▶ 专家指点

很多读者在阅读文章的时候希望能有一个轻松、愉快的氛围，不愿在压抑的环境下阅读。所以在选择图片时要注意选择那些色彩明亮的图片，这种类型的图片能给读者带来轻松的阅读氛围。

图 6-65　输入文字

图 6-66　打开素材图像

Step05 按【Ctrl + O】组合键，打开“公众号二维码.psd”素材图像，适当调整图像的大小和位置，如图 6-67 所示。

Step06 在“字符”面板中设置“字体系列”为“华文行楷”“字体大小”为 30 点、“所选字符的字距调整”为-50 点，运用横排文字工具输入相应文字，适当调整文字的位置，如图 6-68 所示。

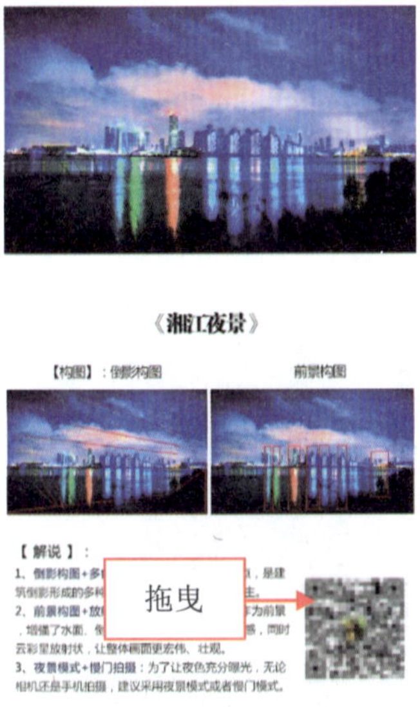

图 6-67　调整素材图像

图 6-68　输入文字

Step 07　在“字符”面板中设置“字体系列”为“华文行楷”“字体大小”为 48 点、“行距”为 60 点，“所选字符的字距调整”为 50 点，如图 6-69 所示。

Step 08　选择工具箱中的“横排文字工具”输入相应文字，适当调整文字的位置，如图 6-70 所示。

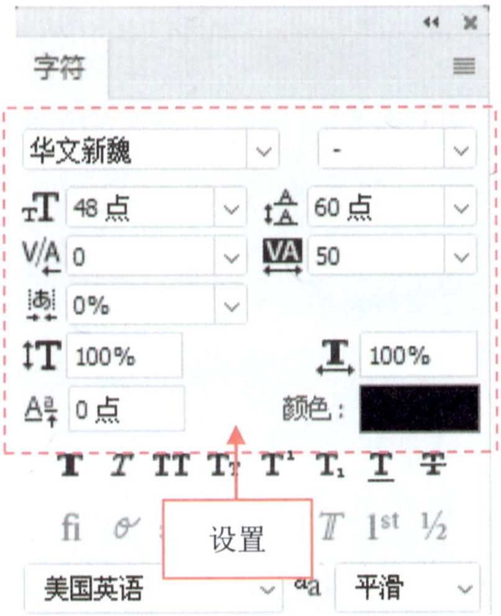

图 6-69　设置字符面板

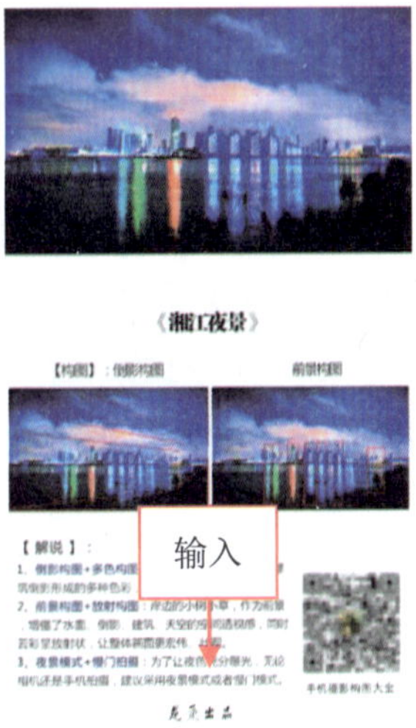

图 6-70　输入文字

> **▶ 专家指点**
>
> 在 Photoshop 软件里，像素是组成图像的最小元素。由于它们都是正方形，所以在创建圆形、多边形等不规则选区时容易产生锯齿，此时可以勾选工具属性栏中的“消除锯齿”复选框 ☑ 消除锯齿。勾选该选项后，会在选区边缘 1 个像素宽的范围内添加与周围图像相近的颜色，使选区看上去更光滑一些。

6.5 设计婚纱摄影小程序界面

在制作婚纱摄影小程序界面时，运用婚纱主题照片来设计程序界面，让人一眼明白页面的经营内容。色彩可以采用各种浅色搭配，营造出浪漫唯美的氛围。本实例最终效果如图 6-71 所示。

图 6-71 实例效果

6.5.1 制作首页广告效果

婚纱摄影小程序的首页一定要大气。下面介绍制作婚纱摄影首页广告效果的方法。

Step 01 打开 Photoshop 软件，按【Ctrl + O】组合键，打开一幅“婚纱摄影小程序背景.jpg”素材图像，如图 6-72 所示。

Step 02 按【Ctrl + O】组合键，打开“婚纱人物.jpg”素材图像，如图 6-73 所示。

图 6-72 打开背景素材图像

图 6-73 打开婚纱素材图像

Step 03 单击“图像”|“调整”|“曲线”命令，弹出“曲线”对话框，在曲线上单击鼠标左键新建一个控制点，在下方设置“输入”为 157、“输出”为 180，如图 6-74 所示，单击“确定”按钮。

Step 04 单击“图像”|“调整”|“自然饱和度”命令，弹出“自然饱和度”对话框，设置“自然饱和度”为 71，单击“确定”按钮，效果如图 6-75 所示。

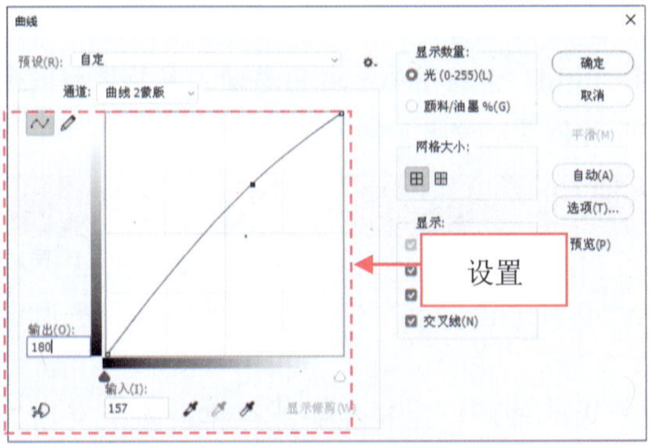

图 6-74　设置各参数

图 6-75　调整饱和度效果

▶ 专家指点

“曲线”命令是功能强大的图像校正命令，可以在图像的整个色调范围内调整不同的色调，还可以对图像中的个别颜色通道进行精确的调整。

按【Ctrl + M】组合键，可以快速弹出“曲线”对话框。另外，按住【Alt】键的同时，在对话框的网格中单击鼠标，网格显示将转换为 10×10 的网格显示比例；再次按住【Alt】键的同时单击鼠标左键，即可恢复至默认的 4×4 的网格显示状态。

Step 05 运用移动工具将素材图像拖曳至背景图像编辑窗口中，如图 6-76 所示，适当调整图像的大小和位置。

Step 06 选取工具箱中的横排文字工具，设置“字体系列”为相应字体、“字体大小”为 50 点、“颜色”为深灰色（RGB 参数值均为 27），并激活仿粗体图标**T**，在图像编辑窗口中输入文字，如图 6-77 所示。

图 6-76　拖曳图像

图 6-77　输入文字

Step 07 选取工具箱中的矩形工具，在工具属性栏中设置“选择工具模式”为“形状”“填充”为无、“描边”为灰色（RGB 参数值均为 151）、“描边宽度”为 2 像素，在图像编辑窗口中的适当位置绘制一个矩形形状，如图 6-78 所示。

Step 08 按【Ctrl + O】组合键，打开“婚纱文字 1.psd”素材图像，运用移动工具将素材图像拖曳至背景图像编辑窗口中，适当调整图像的位置，效果如图 6-79 所示。

> **▶ 专家指点**
>
> 在设计小程序界面时，需要对界面中的各个元素进行恰当的摆放，使画面看上去更有冲击力和美感，这就是构图。构图起初是绘画中的专有术语，后来广泛应用于摄影和平面设计等视觉艺术领域。
>
> 一个成功的小程序界面作品，大多数拥有严谨的构图，这样能够使得作品重点突出、有条有理、富有美感和赏心悦目；而且适当的构图形式还能够提高设计效率。

图 6-78　绘制矩形

图 6-79　添加文字素材

6.5.2 制作服务中心效果

下面介绍制作婚纱摄影小程序客服中心背景效果的方法。

Step 01 新建图层，选取工具箱中的矩形选框工具，在图像编辑窗口中绘制一个矩形选区，如图 6-80 所示。

Step 02 为选区填充灰色（RGB 参数值均为 239），并取消选区，如图 6-81 所示。

Step 03 按【Ctrl + O】组合键，打开“客服中心背景图.jpg”素材图像，运用移动工具将素材图像拖曳至背景图像编辑窗口中，如图 6-82 所示，适当调整图像的位置和大小。

Step 04 按住【Ctrl】键的同时，单击“图层 3”的图层缩览图，载入选区，❶新建一个图层并填充黑色（RGB 参数值为 0）；❷设置图层的“不透明度”为 30%，取消选区，效果如图 6-83 所示。

图 6-80　绘制矩形选区

图 6-81　填充选区

图 6-82　拖入背景素材

图 6-83　图像效果

Step 05 选取工具箱中的圆角矩形工具，在工具属性栏中设置“填充”为浅黄色（RGB 参数值分别为 255、251、203）、“描边”为无、“半径”为 10 像素，在图像编辑窗口中绘制一个圆角矩形，并设置其“不透明度”为 65%，如图 6-84 所示。

Step 06 选取工具箱中的横排文字工具，设置“字体系列”为相应字体、“字体大小”为 40 点、“颜色”为黑色（RGB 参数值均为 0），并激活仿粗体图标**T**，在图像编辑窗口中输入文字，如图 6-85 所示。

Step 07 选择圆角矩形图像和文字图层，复制相应图层，并将其移动至合适位置，如图 6-86 所示。

Step 08 选取工具箱中的圆角矩形工具设置“填充”为蓝色（RGB 参数值分别为 207、245、255），效果如图 6-87 所示。

图 6-84　绘制圆角矩形

图 6-85　输入文字

图 6-49　复制并移动图层

图 6-50　调整填充色

▶ 专家指点

设计优秀的小程序界面，会让界面更好看、更漂亮，同时在视觉上会吸引更多的用户，给小程序带来更多的流量。小程序的配色首先要精简；然后尽可能地反映品牌特性。对于进入小程序的用户来说，首先会被界面中的图片色彩所吸引；然后根据色彩的走向对画面的主次进行逐一的了解。

Step 09 选取工具箱中的横排文字工具，修改文本内容，效果如图 6-88 所示。

Step 10 按【Ctrl + O】组合键，打开“婚纱文字 2.psd”素材图像，运用移动工具将素材图像拖曳至背景图像编辑窗口中，如图 6-89 所示，适当调整图像的位置。

图 6-88　修改文本内容

图 6-89　拖曳图像

6.5.3　制作彩色导航栏

导航栏可以更加快速、精准地帮助用户找到想用的功能。下面介绍制作小程序彩色导航栏的方法。

Step 01　选取工具箱中的直线工具，在工具属性栏中设置“选择工具模式”，参数为“形状”“粗细”为 2 像素、“填充”为灰色（RGB 参数值均为 195），在图像编辑窗口中绘制一个直线形状，如图 6-90 所示。

Step 02　按【Ctrl + O】组合键，打开“导航栏图标.psd”素材图像，运用移动工具将素材图像拖曳至背景图像编辑窗口中，适当调整图像的位置，效果如图 6-91 所示。

图 6-90　绘制直线

图 6-91　拖曳图像

Step 03 单击前景色色块，弹出“拾色器（前景色）”对话框，设置 RGB 参数值分别为 213、161、141，如图 6-92 所示，单击“确定”按钮。

Step 04 选取工具箱中的魔棒工具，在图像编辑窗口中适当位置单击鼠标左键；创建选区，并按【Alt + Delete】组合键为选区填充前景色，如图 6-93 所示，取消选区。

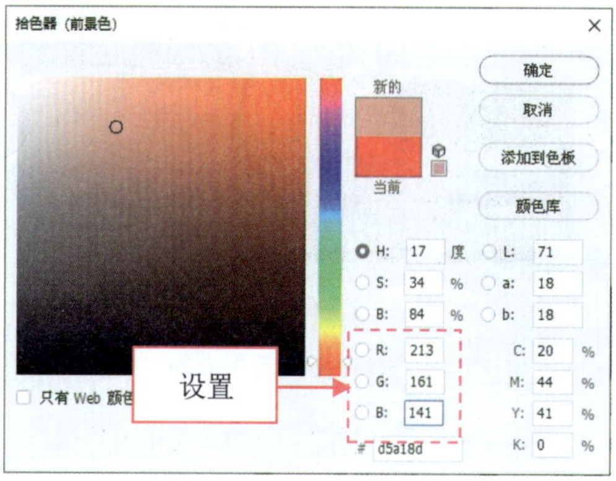

图 6-92　设置前景色

图 6-93　填充选区

Step 05 选取工具箱中的横排文字工具，设置“字体系列”为相应字体、“字体大小”为 25 点、“设置所选字符的字距调整”为-25、“颜色”为深灰色（RGB 参数值均为 34），并激活仿粗体图标，如图 6-94 所示。

Step 06 在图像编辑窗口中输入文字，如图 6-95 所示。

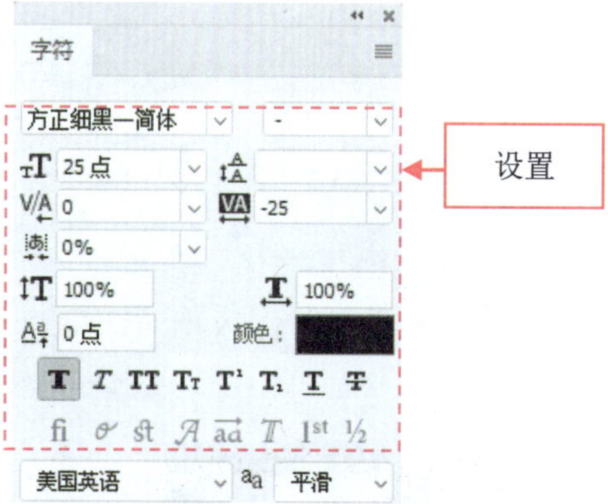

图 6-94　设置文字参数

图 6-95　修改颜色

Step 07 选中相应文字，并修改颜色为棕色（RGB 参数值分别为 179、152、133），如图 6-96 所示。

Step 08 按【Ctrl + Enter】组合键确认输入，效果如图 6-97 所示。

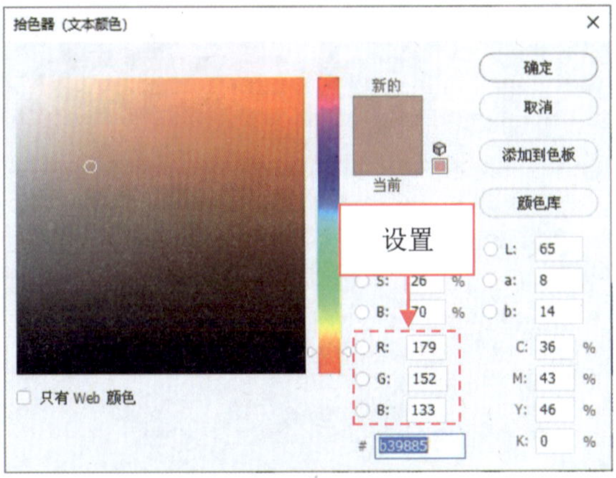

图 6-96　输入文字

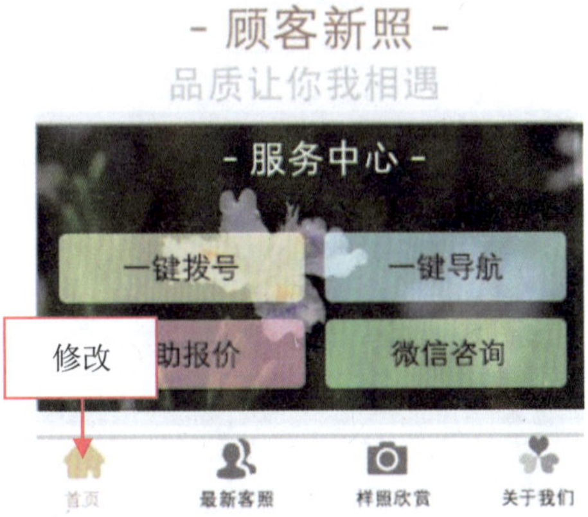

图 6-97　修改颜色

本章小结

本章首先介绍了设计朋友圈背景封面的制作方法，包括制作朋友圈封面背景、头像和文案等内容；然后介绍了新媒体求关注的设计方法，包括制作矩形框背景效果、制作公众号求关注主体效果，以及新媒体求关注主题效果等；接着介绍了设计公众号封面广告和设计公众号内容排版等技巧；最后介绍了设计环设摄影小程序界面，包括制作首页广告效果、服务中心效果，以及彩色导航栏的制作等内容。通过本章的学习，可以帮助读者设计出风格不同的封面广告。

本章习题

1．在 Photoshop 软件中，设计页面时，如何羽化选区？
2．在 Photoshop 软件中，如何对图层进行栅格化？
3．在 Photoshop 软件中，如何快速调出变换控制框？

第 7 章　视频平台的推广设计

本章导读

抖音、快手等短视频的应用和各种直播平台的出现，带动了短视频和直播的爆发，成就了大批的网红，也带来了很多的商业机会。本章主要介绍快手、抖音和直播平台中的视觉设计案例，以便实现更好的引流效果。

本章重点

- 设计快手短视频教程宣传封面
- 设计抖音个人名片
- 设计直播应用宣传页面
- 设计 YY 直播横幅广告
- 设计京东直播课程宣传长页
- 设计虎牙游戏直播封面

7.1　设计快手短视频教程宣传封面

快手短视频最初是一款用来制作和分享 GIF 图片的手机应用，如今已经从纯粹的工具应用转型为短视频社区，成为用户记录和分享生活的平台。当然，各行各业的新媒体达人也利用快手短视频平台，分享自己的特长和技能，成为新媒体引流利器。

本实例主要介绍快手摄影后期达人的短视频教程宣传广告设计，实例效果如图 7-1 所示。

图 7-1　实例效果

7.1.1　制作短视频教程宣传主体效果

快手短视频教程的封面一定要选好看的图片才更具吸引力。下面介绍制作短视频教程宣传广告主体效果的方法。

Step 01　打开 Photoshop 软件，按【Ctrl + O】组合键，打开素材图像，如图 7-2 所示。

Step 02　选取工具箱中的圆角矩形工具，在工具属性栏中选择工具模式为“形状”，设置“半径”为 60 像素、“填充”为无、“描边”为白色、“描边宽度”为 5 像素，绘制一个圆角矩形形状，如图 7-3 所示。

Step 03　双击“圆角矩形 1”图层，弹出“图层样式”对话框，选中“投影”复选框，其他参数设置如图 7-4 所示。

Step 04　单击“确定”按钮，应用“投影”图层样式，效果如图 7-5 所示。

图 7-2　打开素材图像

图 7-3　绘制圆角矩形形状

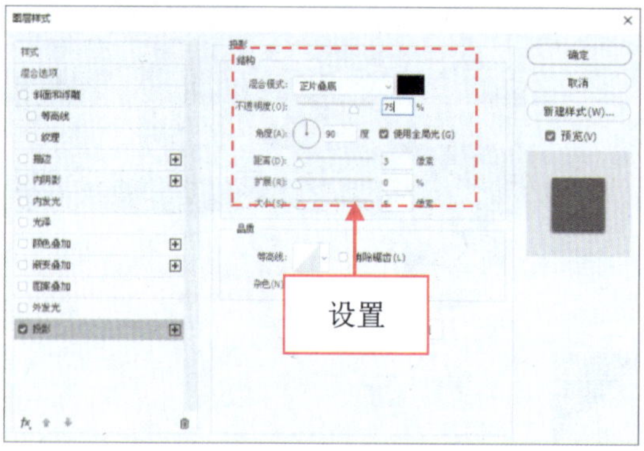

图 7-4　设置“投影”选项

图 7-5　应用“投影”图层样式

Step 05 将“圆角矩形 1”图层栅格化，选取工具箱中的矩形选框工具，在边框上方创建一个矩形选区，如图 7-6 所示。

Step 06 按【Delete】键，删除选区内的图像，并取消选区，效果如图 7-7 所示。

图 7-6　创建矩形选区

图 7-7　删除选区内的图像

Step 07 按【Ctrl + O】组合键，打开“人物 1.jpg”素材图像，如图 7-8 所示。

Step 08 在菜单栏中，单击“选择”|“主体”命令，如图 7-9 所示。

Step 09 执行上述操作后，即可将人物框选起来，创建选区，如图 7-10 所示。

Step 10 选择矩形选框工具，单击“从选区减去”按钮，将图像中多余的选区减去，如图 7-11 所示，然后按【Ctrl + J】组合键，抠取图像。

图 7-8　打开人物素材图像

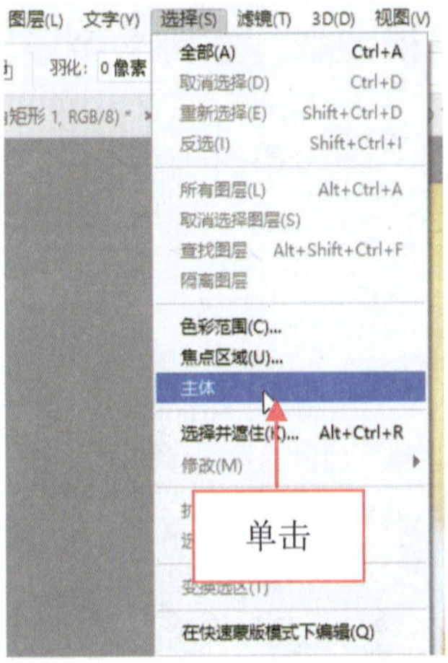

图 7-9　单击“主体”命令

图 7-10　反选选区

图 7-11　减去多余选区

Step 11　运用选择工具将选区内的图像拖曳至背景图像编辑窗口中，适当调整人物素材的大小和位置，效果如图 7-12 所示。

图 7-12　调整人物素材的效果

7.1.2 制作短视频教程宣传文字效果

文字可以将重要信息显示出来。下面介绍制作短视频教程宣传广告文字效果的方法。

Step 01 选取工具箱中的矩形选框工具，在图像中创建一个矩形选区，如图 7-13 所示。

Step 02 单击“选择”|“变换选区”命令，调出变换控制框，如图 7-14 所示。

图 7-13 创建矩形选区

图 7-14 调出变换控制框

Step 03 在变换工具的工具属性栏中，设置“旋转”为 45 度，调整矩形选区的角度，效果如图 7-15 所示。

Step 04 将选区调整至合适位置，并按【Enter】键确认变换操作，效果如图 7-16 所示。

图 7-15 调整选区角度

图 7-16 确认变换

Step 05 展开“图层”面板，创建“图层 2”，如图 7-17 所示。

Step 06 设置前景色为深蓝色（RGB 参数值分别为 0、89、111），如图 7-18 所示。

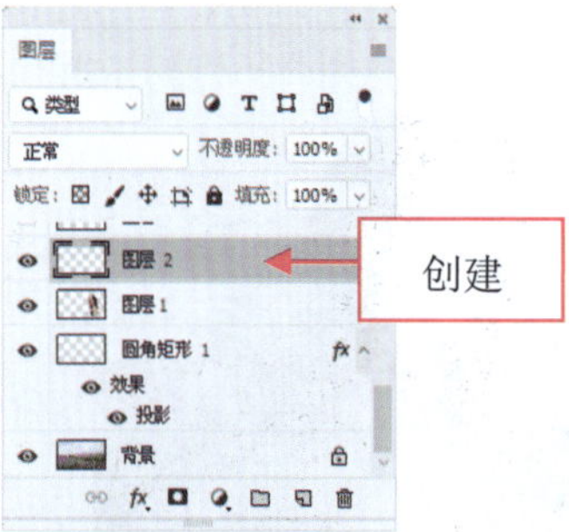

图 7-17 创建图层

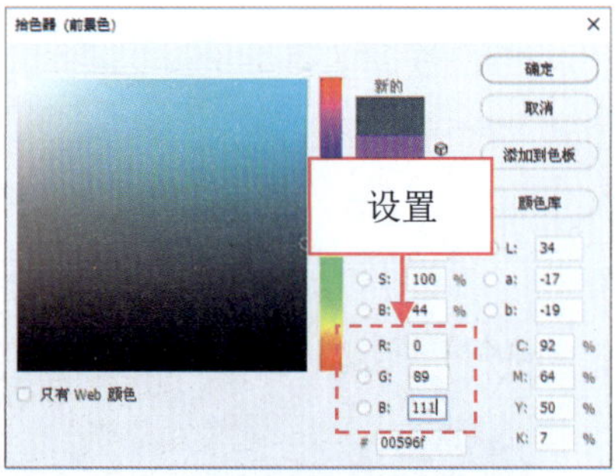

图 7-18 设置前景色

Step 07 为选区填充前景色，并取消选区，效果如图 7-19 所示。

Step 08　选取工具箱中的横排文字工具，在“字符”面板中设置“字体系列”为“黑体”“字体大小”为 12 点、“颜色”为白色，如图 7-20 所示。

图 7-19　填充前景色

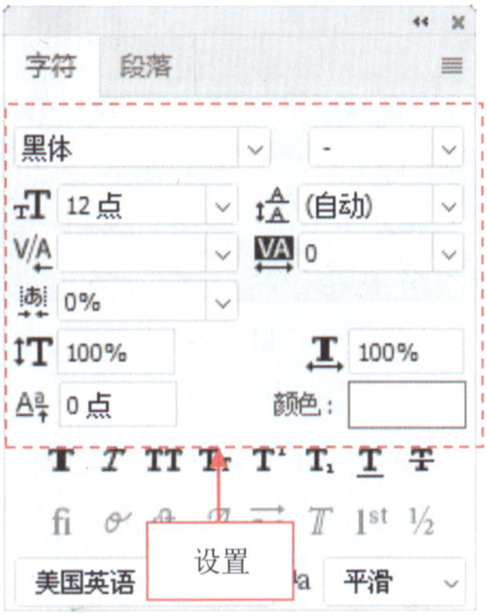

图 7-20　设置字符属性

Step 09　在图像编辑窗口中输入相应文字，如图 7-21 所示。

Step 10　按【Ctrl + T】组合键，调出变换控制框，在变换工具的工具属性栏中，设置“旋转”为 45 度，调整文字的角度，将文字调整至合适位置，并按【Enter】键确认变换操作，效果如图 7-22 所示。

图 7-21　输入相应文字

图 7-22　调整文字角度

Step 11　选取工具箱中的横排文字工具，在“字符”面板中设置“字体系列”为相应字体、“字体大小”为 36 点、“颜色”为白色，输入相应文字，如图 7-23 所示。

Step 12　双击文字图层，弹出“图层样式”对话框，选中“投影”复选框，其他参数设置如图 7-24 所示。

图 7-23　输入相应文字

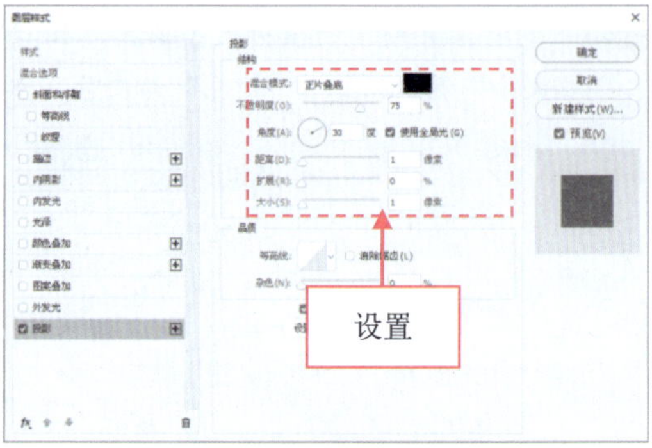

图 7-24　设置“投影”参数

Step 13　单击“确定”按钮，应用“投影”图层样式，效果如图 7-25 所示。

Step 14　选取工具箱中的横排文字工具，在“字符”面板中设置“字体系列”为“黑体”“字体大小”为 25 点、“颜色”为白色，输入相应文字，如图 7-26 所示。

图 7-25　应用“投影”图层样式

图 7-26　输入相应文字

Step 15　打开“文字 1.psd”素材图像，运用移动工具将其拖曳至背景图像编辑窗口中的合适位置处，效果如图 7-27 所示。

Step 16　打开“标志.psd”素材图像，运用移动工具将其拖曳至背景图像编辑窗口中的合适位置处，效果如图 7-28 所示。

图 7-27　拖曳文字素材

图 7-28　拖曳标志素材

7.2　设计抖音个人名片

抖音是一款可以拍短视频的音乐创意社交软件，同时还开通了直播功能，成为了很多新媒体创业者的运营平台。抖音作为新媒体平台运营的重点是：对内提高粉丝活跃和留存；对外则获得传播和转化，主要是为了获得新用户和品牌塑造。

本实例主要介绍抖音个人名片的设计方法，实例效果如图 7-29 所示。

图 7-29　实例效果

7.2.1　制作个人名片背景效果

在制作抖音个人名片背景时，可以根据人物形象选择合适的背景封面。下面介绍制作抖音个人名片背景效果的方法。

Step 01 打开 Photoshop 软件，单击“文件”|“新建”命令，弹出“新建文档”对话框，❶设置相应选项，如图 7-30 所示；❷单击“创建”按钮，新建一个空白图像。

Step 02 新建“图层 1”，设置前景色为浅紫色（RGB 参数值分别为 162、94、181），如图 7-31 所示。

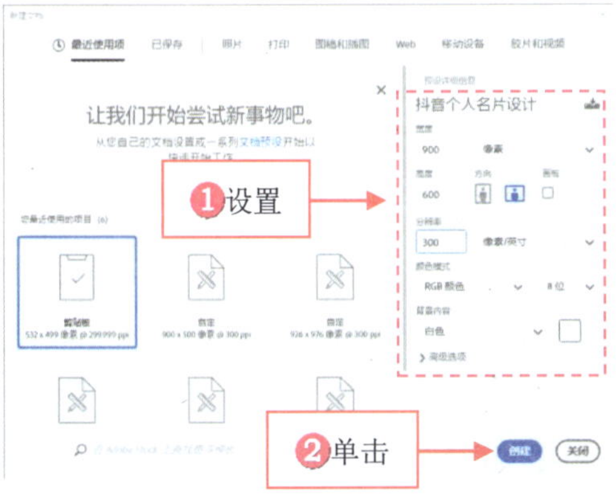

图 7-30　单击“创建”按钮

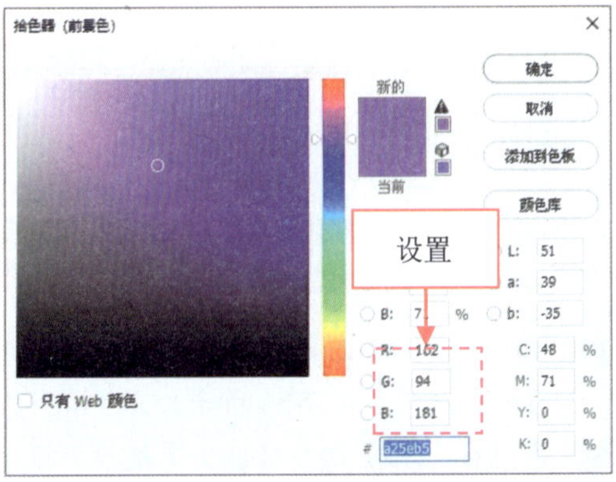

图 7-31　设置前景色

Step 03 为“图层 1”填充前景色，如图 7-32 所示。

Step 04 选取工具箱中的矩形选框工具，创建一个矩形选区，如图 7-33 所示。

图 7-32 填充前景色

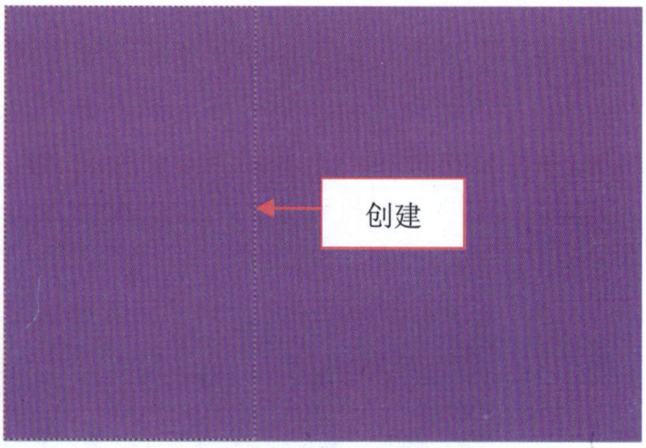

图 7-33 创建矩形选区

Step 05 选取工具箱中的多边形套索工具，在工具属性栏中单击“从选区减去”按钮，减去相应的选区区域，如图 7-34 所示。

Step 06 新建“图层 2”图层，设置前景色为深紫色（RGB 参数值分别为 131、72、173），为选区填充颜色，并取消选区，效果如图 7-35 所示。

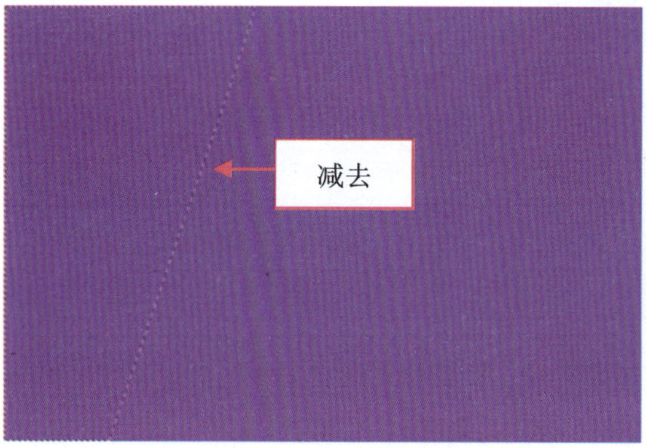

图 7-34 减去选区区域

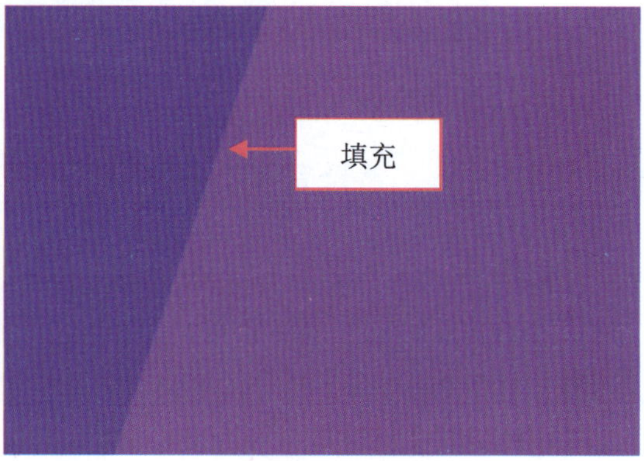

图 7-35 填充颜色

> ▶ 专家指点
>
> 选区具有灵活操作性，可多次对选区进行编辑操作，以便得到满意的选区形状。

7.2.2 制作个人名片主体效果

本实例主要运用移动工具、橡皮擦工具等制作个人名片的主体效果，再置入相应的素材图像，具体操作方法如下。

Step 01 打开“人物 2.jpg”素材图像，运用移动工具将其拖曳至背景图像编辑窗口中的合适位置处，效果如图 7-36 所示。

Step 02 按【Ctrl + T】组合键调出变换控制框，适当调整图像的大小和位置，并按【Enter】键确认，效果如图 7-37 所示。

图 7-36　添加人物素材

图 7-37　调整图像

Step 03 在菜单栏中，单击“选择”|“主体”命令，创建选区，然后按【Ctrl + J】组合键，抠取图像，如图 7-38 所示。

Step 04 打开“彩带.psd”素材图像，运用移动工具将其拖曳至背景图像编辑窗口中的合适位置处，效果如图 7-39 所示。

图 7-38　抠取图像

图 7-39　添加彩带素材

Step 05 将“图层 4”拖曳至“图层 3”下方，调整顺序，效果如图 7-40 所示。

Step 06 选取工具箱中的矩形工具，在工具属性栏中选择工具模式为“形状”，设置“填充”为无、“描边”为白色、“描边宽度”为 5 像素，绘制一个矩形形状，如图 7-41 所示。

图 7-40　调整调整顺序

图 7-41　绘制矩形形状

Step 07 将“矩形 1”图层栅格化，选取工具箱中的橡皮擦工具，擦除右上角的部分边框，效果如图 7-42 所示。

Step 08 选取工具箱中的多边形套索工具，在白色矩形右上角处创建一个多边形选区，如图 7-43 所示。

图 7-42　擦除部分边框

图 7-43　创建多边形选区

Step 09 新建“图层 5”，设置前景色为浅蓝色（RGB 参数值分别为 1、129、230），如图 7-44 所示。

Step 10 为选区填充前景色，并取消选区，效果如图 7-45 所示。

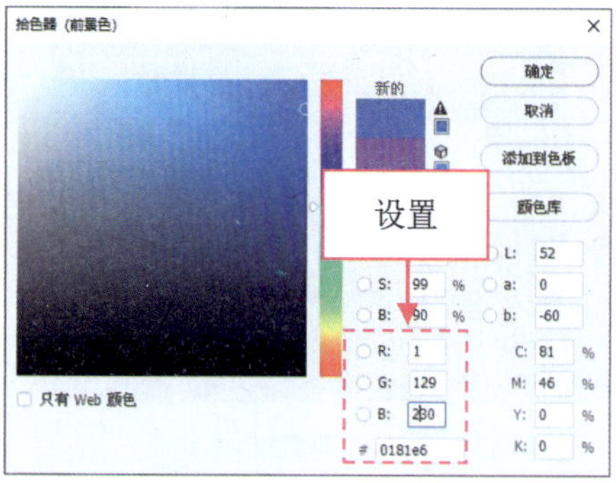

图 7-44　设置前景色

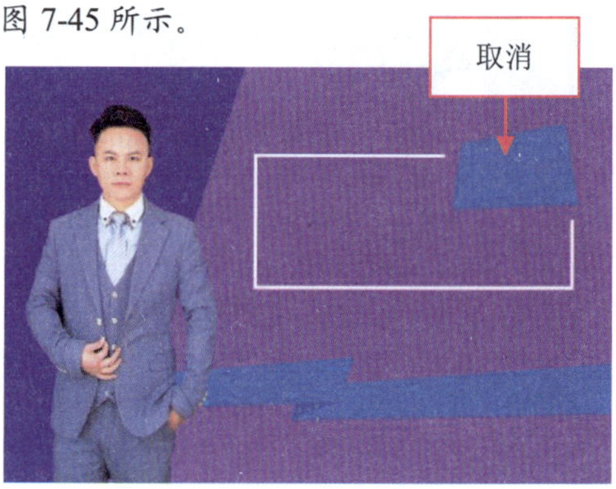

图 7-45　取消选区

Step 11 双击“图层 5”，弹出“图层样式”对话框，选中“投影”复选框，其他参数设置如图 7-46 所示。

Step 12 单击“确定”按钮，应用“投影”图层样式，效果如图 7-47 所示。

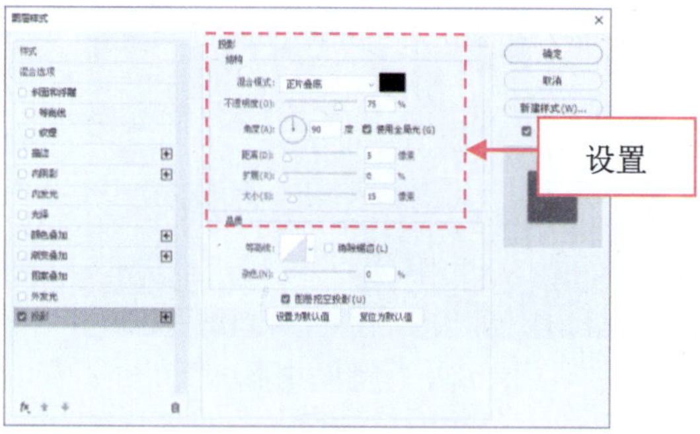

图 7-46　设置“投影”参数

图 7-47　应用“投影”图层样式

7.2.3 制作个人名片文字效果

本实例主要运用横排文字工具、魔棒工具等制作个人名片的文字效果，再置入相应的素材图像，具体操作方法如下。

Step 01 打开“装饰.psd”素材图像，运用移动工具将其拖曳至背景图像编辑窗口中的合适位置处，效果如图 7-48 所示。

Step 02 选取工具箱中的横排文字工具，在“字符”面板中设置“字体系列”为相应字体、“字体大小”为 12 点、“设置行距”为自动、“设置所选字符的字距调整”为 150、“颜色”为白色，如图 7-49 所示。

图 7-48 添加装饰素材

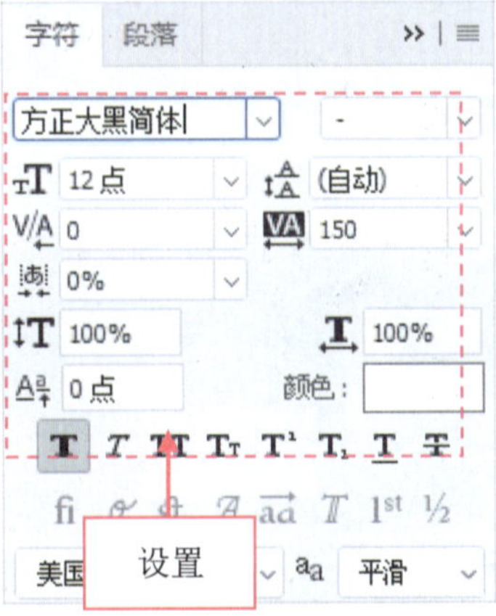

图 7-49 设置字符属性

Step 03 在白色边框内输入相应的文字内容，效果如图 7-50 所示。

Step 04 将文字图层栅格化，选取工具箱中的魔棒工具，在“新”字上创建一个选区，如图 7-51 所示。

图 7-50 输入文字

图 7-51 创建选区

Step 05 按【Ctrl + T】组合键调出变换控制框，适当调整文字图像的大小和位置，并按【Enter】键确认，效果如图 7-52 所示。

Step 06 按【Ctrl + D】组合键，取消选区，效果如图 7-53 所示。

图 7-52　调整文字图像

图 7-53　取消选区

Step 07 选取工具箱中的横排文字工具，在“字符”面板中设置“字体系列”为相应字体、“字体大小”为 8 点、“颜色”为白色，输入相应文字，效果如图 7-54 所示。

Step 08 单击“编辑”|“变换”|“斜切”命令，调出变换控制框，适当调整文字的形状并确认，如图 7-55 所示。

图 7-54　输入文字

图 7-55　调整文字形状

Step 09 选取工具箱中的横排文字工具，在“字符”面板中设置“字体系列”为“黑体”“字体大小”为 5 点、“颜色”为白色，输入相应文字，效果如图 7-56 所示。

Step 10 单击“编辑”|“变换”|“斜切”命令，调出变换控制框，适当调整文字的形状，效果如图 7-57 所示。

图 7-56　输入文字

图 7-57　调整文字形状

Step 11 选取工具箱中的横排文字工具，在“字符”面板中设置“字体系列”为“黑体”“字体大小”为 5 点、“颜色”为白色，输入相应文字，效果如图 7-58 所示。

Step 12　打开“文字 2.psd”素材图像，运用移动工具将其拖曳至背景图像编辑窗口中的合适位置处，效果如图 7-59 所示。

图 7-58　输入文字

图 7-59　拖曳文字素材

7.3　设计直播应用宣传页面

各种直播平台成就了一大批的网络红人，人人都有可能成为爆款 IP。网络主播与新媒体一样，是个人 IP 力量爆发的一种表现，过去人们追求的往往是明星，而如今人们则是将自己追求的对象对准了网络中的“平民英雄”。

本实例介绍的是直播应用的宣传页面，实例效果如图 7-60 所示。

图 7-60　实例效果

7.3.1 制作直播应用背景效果

本实例主要运用反选选区和魔棒工具等制作直播应用的背景效果，再置入相应的素材图像，具体操作方法如下。

Step 01 打开 Photoshop 软件，单击“文件”|“新建”命令，弹出“新建文档”对话框，❶设置相应选项，如图 7-61 所示；❷单击“创建”按钮，新建一个空白图像。

Step 02 新建“图层 1”，设置前景色为橙色（RGB 参数值分别为 255、96、0），如图 7-62 所示。

图 7-61 “新建文档”对话框

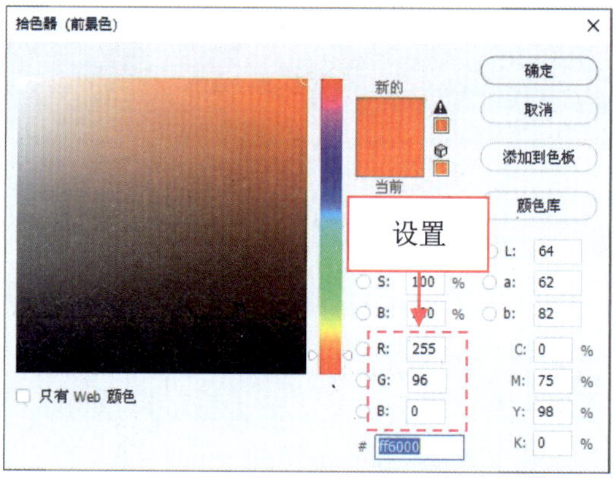

图 7-62 设置前景色

Step 03 为“图层 1”填充前景色，如图 7-63 所示。

Step 04 打开“星形图案.psd”素材图像，运用移动工具将其拖曳至背景图像编辑窗口中的合适位置处，效果如图 7-64 所示。

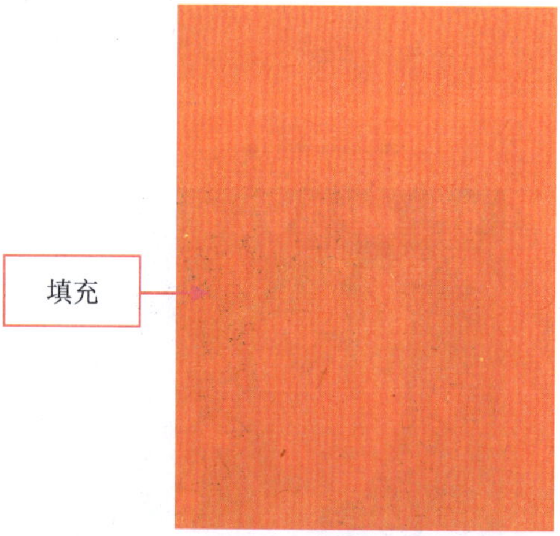

图 7-63 填充前景色

图 7-64 添加星形图案素材

Step 05 在“图层”面板中，设置“星形图案”图层的“不透明度”为 80%，调整图像的不透明度效果，如图 7-65 所示。

Step 06　按【Ctrl + O】组合键，打开“手机.jpg”素材图像，如图 7-66 所示。

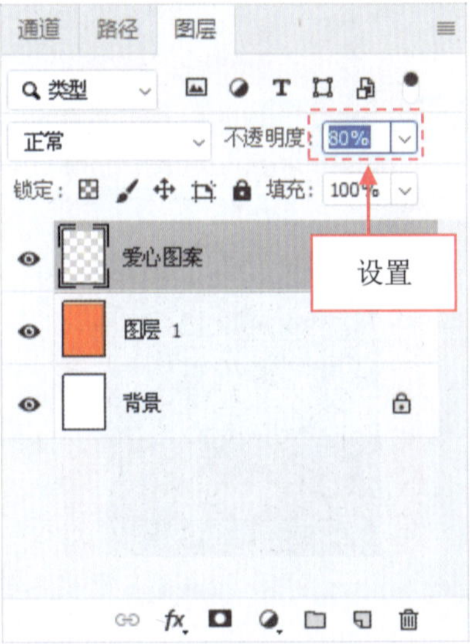

图 7-65　设置不透明度参数

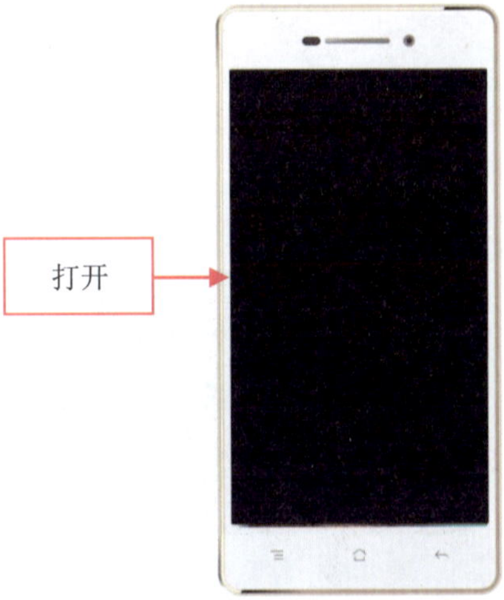

图 7-66　打开素材图像

▶ 专家指点

图层可以看作是一张独立的透明胶片，其中每张胶片上都绘有图像，将所有的胶片按“图层”面板中的排列次序，自上而下进行叠加，最上层的图像遮住下层同一位置的图像，而在其透明区域则可以看到下层的图像，最终通过叠加得到完整的图像。

Step 07　选取工具箱中的魔棒工具，在工具属性栏中设置“容差”为 50，在白色背景上单击创建选区，如图 7-67 所示。

Step 08　单击“选择”|“反选”命令，反选选区，按【Ctrl + C】组合键，复制选区内的图像，如图 7-68 所示。

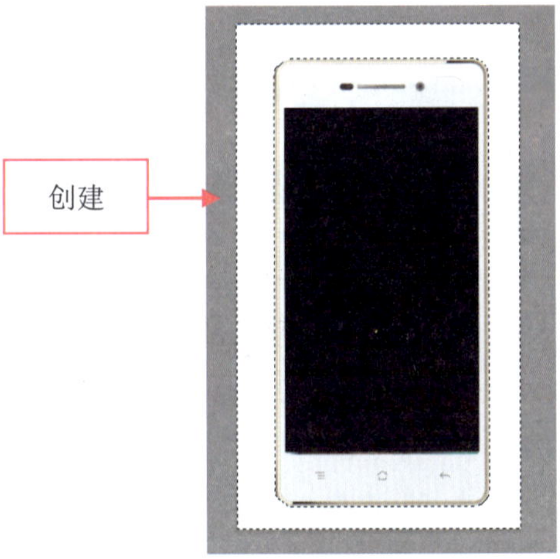

图 7-67　创建选区

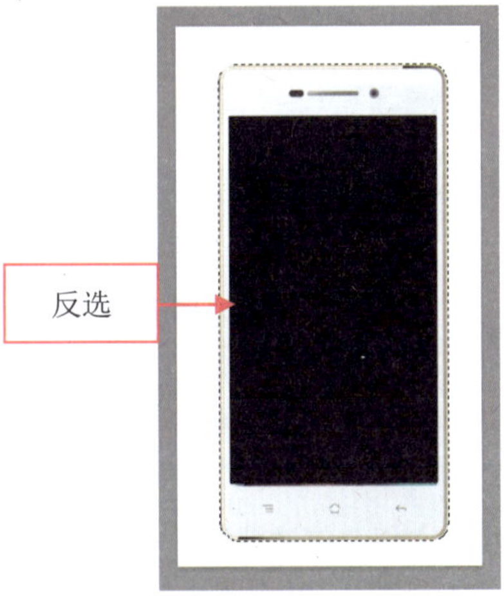

图 7-68　反选选区

Step 09　切换至背景图像编辑窗口中，按【Ctrl + V】组合键粘贴选区内的图像，如图 7-69 所示。

Step 10 按【Ctrl + T】组合键，调出变换控制框，调整图像的大小，并按【Enter】键确认变换操作，效果如图 7-70 所示。

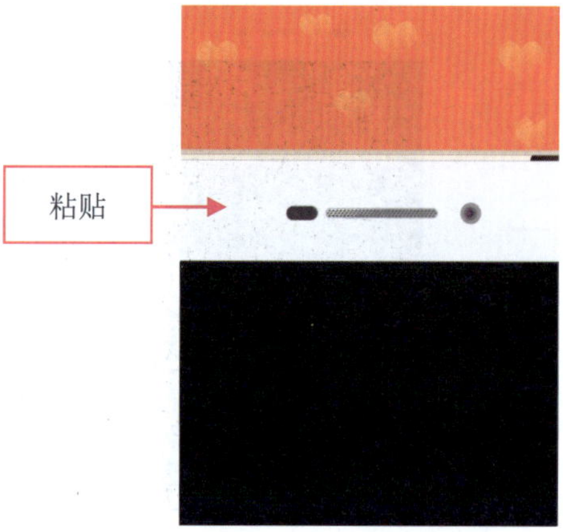

图 7-69 粘贴图像

图 7-70 调整图像

7.3.2 制作直播应用主体效果

下面主要运用魔棒工具和创建剪贴蒙版等操作，制作出直播应用的立体效果。

Step 01 打开“人物 3.jpg”素材图像，运用移动工具将其拖曳至背景图像编辑窗口中，适当调整其大小和位置，效果如图 7-71 所示。

Step 02 隐藏“图层 2”，选取“图层 1”，运用魔棒工具在黑色的手机屏幕上创建选区，如图 7-72 所示。

图 7-71 添加人物素材

图 7-72 创建选区

Step 03 按【Ctrl + J】组合键拷贝选区内图像，并显示“图层 2”，单击鼠标右键，在弹出的快捷菜单中选择“创建剪贴蒙版”选项，如图 7-73 所示。

Step 04 执行上述操作后，即可创建剪贴蒙版，隐藏不需要显示的图像，效果如图 7-74 所示。

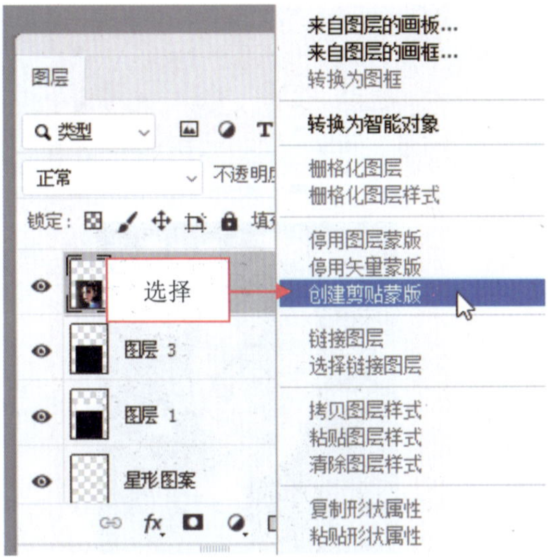

图 7-73　选择“创建剪贴蒙版”选项

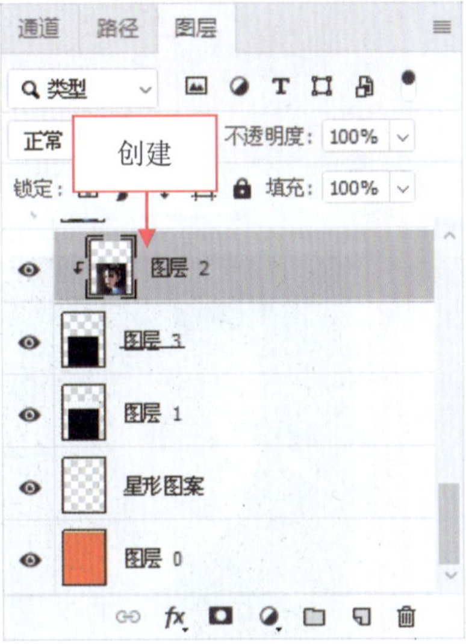

图 7-74　创建剪贴蒙版

Step 05　打开“星光.jpg”素材图像，运用移动工具拖曳至背景图像编辑窗口中，适当调整其大小和位置，效果如图 7-75 所示。

Step 06　设置“图层 4”的混合模式为“滤色”，改变图像效果，如图 7-76 所示。

图 7-75　添加星光素材

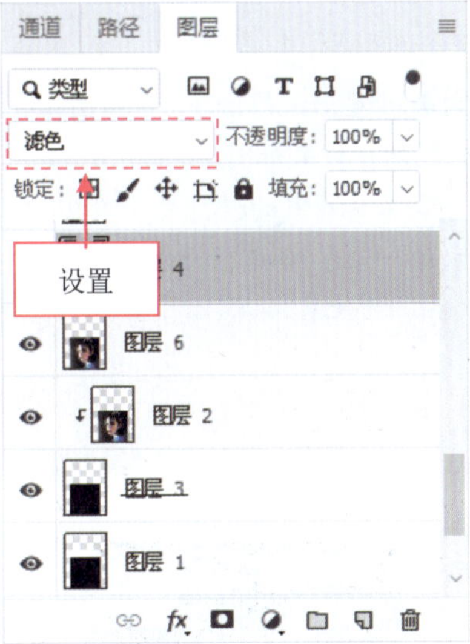

图 7-76　设置混合模式

Step 07　复制多个星光图像，并适当调整各图像的大小和位置，效果如图 7-77 所示。

Step 08　打开“直播元素.psd”素材图像，运用移动工具将其拖曳至背景图像编辑窗口中的合适位置处，效果如图 7-78 所示。

图 7-77　复制并调整星光图像

图 7-78　添加直播元素素材

7.3.3　制作直播应用文字效果

下面主要运用横排文字工具和直线工具等操作，制作直播应用的文字效果，具体步骤如下。

Step 01　打开“星形装饰.psd”素材图像，运用移动工具将其拖曳至背景图像编辑窗口中的合适位置处，效果如图 7-79 所示。

Step 02　选取工具箱中的横排文字工具，在“字符”面板中设置“字体系列”为相应字体、“字体大小”为 20 点、“颜色”为白色，激活仿粗体图标 **T**，如图 7-80 所示。

图 7-79　添加星形装饰素材

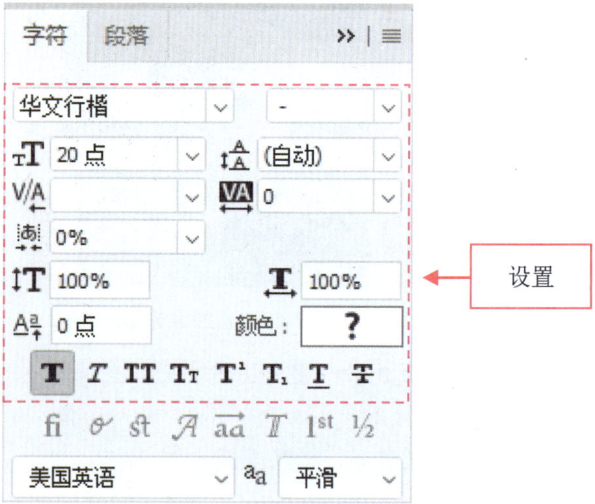

图 7-80　设置字符属性

Step 03　在图像中输入相应的文字内容，效果如图 7-81 所示。

Step 04 选中“性”字，设置文字的“颜色”为黄色（RGB 参数值分别为 255、255、0），效果如图 7-82 所示。

图 7-81　输入文字

图 7-82　设置文字颜色

Step 05 双击文字图层，弹出“图层样式”对话框，选中“投影”复选框，其他参数设置如图 7-83 所示。

Step 06 单击“确定”按钮，应用“投影”图层样式，效果如图 7-84 所示。

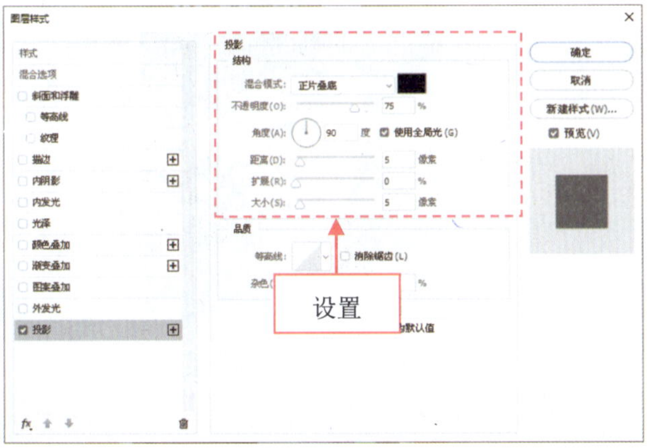

图 7-83　设置“投影”参数

图 7-84　应用“投影”图层样式

Step 07 选取工具箱中的横排文字工具，在“字符”面板中设置“字体系列”为“黑体”“字体大小”为 8 点、“颜色”为白色，激活仿粗体图标 T，如图 7-85 所示。

Step 08 在图像中输入相应的文字内容，效果如图 7-86 所示。

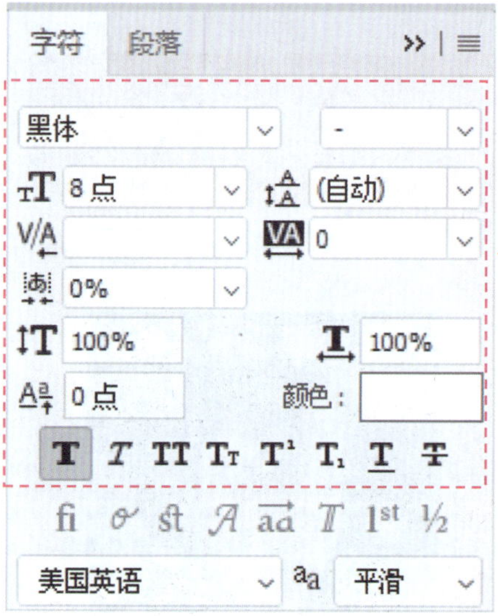

图 7-85 设置字符属性

图 7-86 输入文字

Step 09 选取工具箱中的直线工具，在工具属性栏中选择工具模式为“形状”，设置“粗细”为 3 像素，绘制一条直线形状，效果如图 7-87 所示。

Step 10 复制直线形状，并适当调整其位置，效果如图 7-88 所示。

图 7-87 绘制直线形状

图 7-88 复制直线形状

专家指点

在 Photoshop 中，使用直线工具可以创建直线和带有箭头的线段。在使用直线工具创建直线时，需要在工具属性栏中的“粗细”选项区中设置线的宽度。

7.4 设计 YY 直播横幅广告

YY 直播可以说是国内最早的直播平台之一，现在已经更名为 YY LIVE。随着网络技术的发展，其中的内容形式也在不断的延伸，包括好声音、脱口秀、潮人、燃舞蹈、潮音乐、体育、明星、酷玩、网游、手游等多个模块。

2013 年的游戏直播兴起，互联网上涌现一大批直播平台。如今，直播行业进入了发展的高峰期，同时直播主播类人物 IP 也正式形成一套完善的输出产业链，当然这其中也少不了视觉的包装。例如，本实例介绍的是 YY 直播平台的主播顶部横幅广告设计。本实例最终效果如图 7-89 所示。

图 7-89 实例效果

7.4.1 制作横幅广告主体效果

横幅广告对视觉的体验要求很高，因此在制作时需要选择格外精致的素材图片。下面介绍制作 YY 主播横幅广告主体效果的方法。

Step 01 打开 Photoshop 软件，按【Ctrl + O】组合键，打开“卡通背景.jpg”素材图像，如图 7-90 所示。

Step 02 按【Ctrl + O】组合键，打开“主播人物.psd”素材图像，运用移动工具将素材图像拖曳至背景图像编辑窗口中，适当调整图像的位置，效果如图 7-91 所示。

图 7-90 打开背景素材

图 7-91 添加人物素材

Step 03 移动图像至合适位置，并适当缩放图像，最终效果如图 7-92 所示。

Step 04 按【Ctrl + O】组合键，打开“兔子耳朵.psd”素材图像，运用移动工具将素材图像拖曳至背景图像编辑窗口中，适当调整图像的位置，效果如图 7-93 所示。

图 7-92　调整图像大小和位置

图 7-93　最终效果

7.4.2　制作横幅广告文字效果

下面主要运用横排文字工具、添加图层样式等操作，制作出横幅广告文字效果。具体操作步骤如下。

Step 01 选取工具箱中的横排文字工具，在“字符”面板中设置“字体系列”为相应字体、“字体大小”为 98 点、“设置所选字符的字距调整”为 200、“颜色”为橙色（RGB 参数值分别为 255、128、0），在图像编辑窗口中输入文字，如图 7-94 所示。

Step 02 单击“图层”|“图层样式”|“描边”命令，打开“图层样式”对话框，设置“大小”为 5 像素、“颜色”为白色（RGB 参数值均为 255），如图 7-95 所示。

图 7-94　输入主体文字

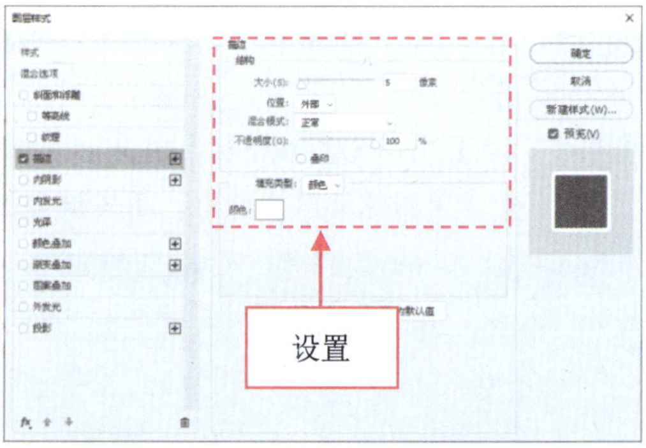

图 7-95　设置“描边”图层样式

Step 03 ❶选中“投影”复选框，❷设置“不透明度”为 66%、“角度”为 90、“距离”为 6 像素、“扩展”为 45%、“大小”为 8 像素，如图 7-96 所示。

Step 04 单击“确定”按钮，即可为文字添加图层样式，效果如图 7-97 所示。

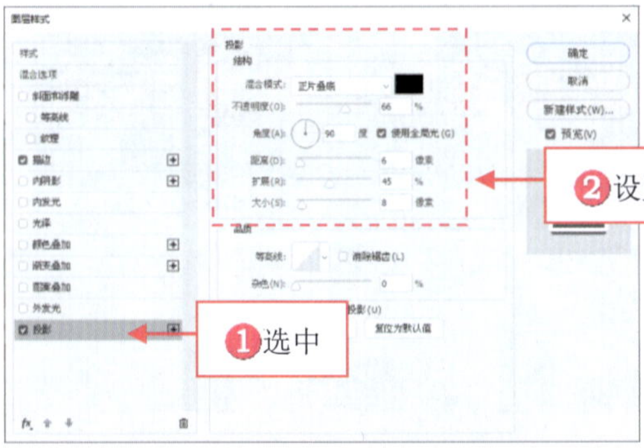

图 7-96　设置“投影”图层样式

图 7-97　添加图层样式效果

▶ 专家指点

“图层样式”可以为当前图层添加特殊效果，如投影、内阴影、外发光以及浮雕等样式。在不同的图层中应用不同的图层样式，可以使整幅图像更加富有真实感和突出性。

Step 05　按住【Ctrl】键的同时单击文字图层的图层缩览图，载入选区，如图 7-98 所示。

Step 06　单击“选择”|“修改”|“扩展”命令，弹出“扩展选区”对话框，设置“扩展量”为 12 像素，单击“确定”按钮，即可扩展选区，如图 7-99 所示。

图 7-98　载入选区

图 7-99　扩展选区

Step 07　设置前景色为深青色（RGB 参数值分别为 7、175、188），新建一个图层，并为选区填充前景色，如图 7-100 所示。

Step 08　按【Ctrl + D】组合键，取消选区，将图层调整至文字图层下方，并适当调整图像的位置，效果如图 7-101 所示。

Step 09　选取工具箱中的横排文字工具，在“字符”面板中设置“字体系列”为相应字体、“字体大小”为 72 点、“设置所选字符的字距调整”为 200、“颜色”为淡黄色（RGB 参数值分别为 250、238、118），在图像编辑窗口中输入文字，如图 7-102 所示。

Step 10　双击文字图层，弹出“图层样式”对话框，选择“投影”选项，设置“不透明度”为 75%、“角度”为 90、“距离”为 4 像素、“扩展”为 0%、“大小”为 4 像素，如图 7-103 所示。

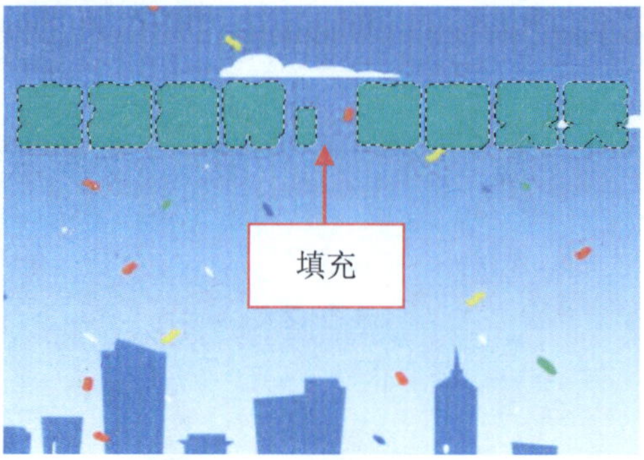

图 7-100　填充前景色

图 7-101　调整图像顺序

图 7-102　输入文字

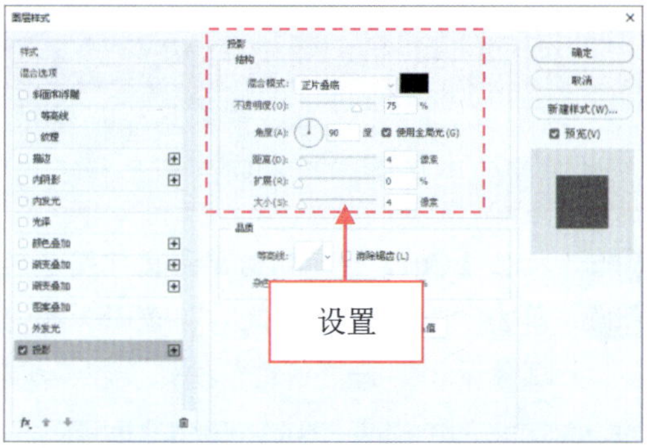

图 7-103　设置“投影”参数

Step 11　选中“描边”复选框，设置“大小”为 2 像素、“颜色”为棕色（RGB 参数值分别为 100、49、0），单击“确定”按钮，即可为文字添加图层样式，如图 7-104 所示。

Step 12　复制刚刚输入的文字，将其移动至合适位置，运用横排文字工具修改文本内容，效果如图 7-105 所示。

图 7-104　添加图层样式效果

图 7-105　修改文本内容

7.5　设计京东直播课程宣传长页

随着互联网科技和视频的不断发展，一种新型的视频方式渐渐出现在人们的视野之中，即视频直播。作为争夺粉丝和流量的有效工具，直播不但拥有视频的直观性特征，而且互动性和即时性更强，能够有效打破时间和空间的阻碍。直播是目前最火爆的社交方式之一，也为企业的营销打开了一条新的道路。

在制作直播宣传长页时，运用矩形框将不同内容分成几个区域，使信息更加清晰明了，采用蓝色为辅助色，让整个画面清爽简洁。本实例最终效果如图 7-106 所示。

图 7-106　实例效果

7.5.1 制作直播讲师信息效果

下面主要运用矩形选框工具、横排文字工具，以及椭圆选框工具等操作，制作出直播讲师的信息效果。具体操作步骤如下。

Step 01 打开 Photoshop 软件，单击“文件”|“新建”命令，弹出“新建文档”对话框，❶设置“名称”为“直播课程宣传长页”“宽度”为 800 像素、“高度”为 5 920 像素、“分辨率”为 300 像素/英寸、“颜色模式”为“RGB 颜色”“背景内容”为“白色”，如图 7-107 所示，❷单击“创建”按钮，新建一个空白图像。

Step 02 选取工具箱中的矩形选框工具，在图像编辑窗口中绘制一个矩形选区，如图 7-108 所示。

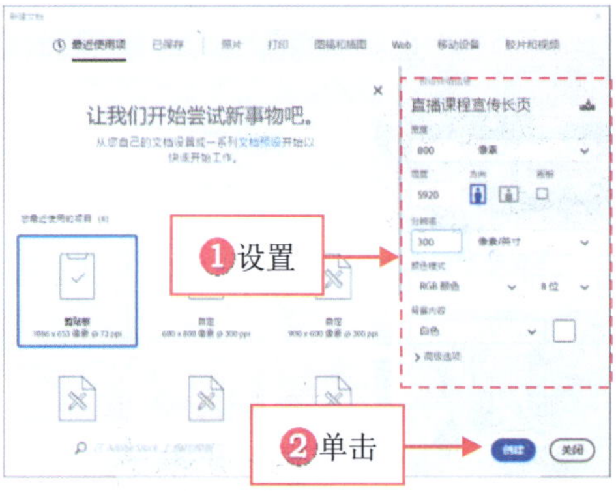

图 7-107　设置各选项

图 7-108　绘制矩形选区

Step 03 设置前景色为粉红色（RGB 参数值分别为 249、155、187），新建一个图层并填充前景色，按【Ctrl + D】组合键，取消选区，如图 7-109 所示。

Step 04 选取工具箱中的横排文字工具，❶在“字符”面板中设置“字体系列”为相应字体、“字体大小”为 7 点、“颜色”为黄色（RGB 参数值分别为 255、255、57），并激活仿粗体图标 **T**；❷在图像编辑窗口中输入文字，如图 7-110 所示。

图 7-109　取消选区

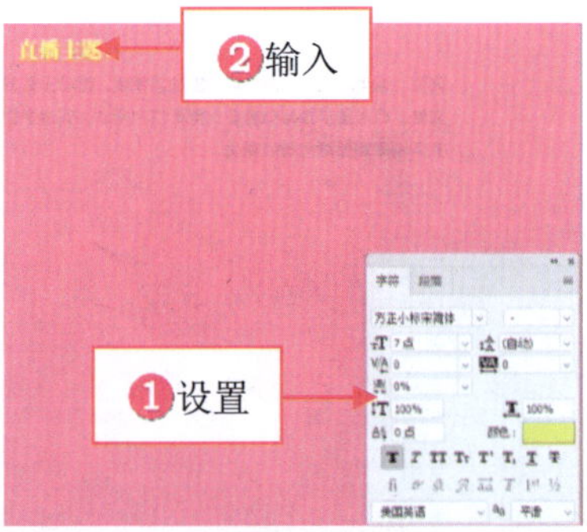

图 7-110　输入文字 1

Step 05 选取工具箱中的横排文字工具，❶在“字符”面板中设置“字体系列”为相应字体、“字体大小”为 12.5 点、“行距”为 17 点、“设置所选字符的字距调整”为-100、“颜色”为白色（RGB 参数值均为 255），并激活仿粗体图标 **T**；❷在图像编辑窗口中输入文字，如图 7-111 所示。

Step 06　按【Ctrl + O】组合键，打开“讲师头像.jpg”素材图像，运用椭圆选框工具在图像编辑窗口中绘制一个正圆选区，如图 7-112 所示。

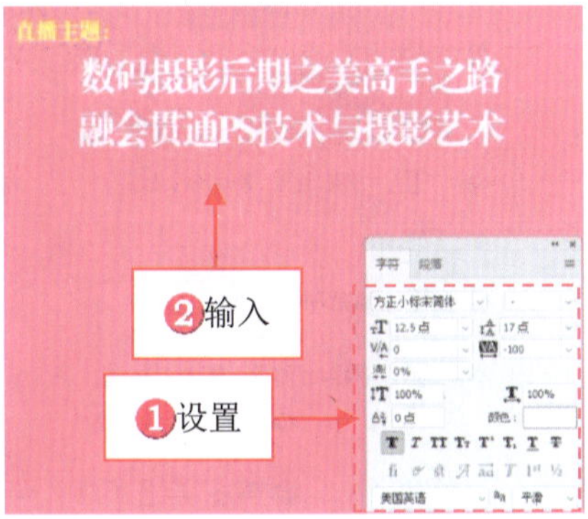

图 7-111　输入文字 2

图 7-112　绘制正圆选区

Step 07　选取工具箱中的移动工具，将选区内的图像拖曳至背景图像编辑窗口中，适当调整图像的位置，效果如图 7-113 所示。

Step 08　按【Ctrl + O】组合键，打开“直播信息.psd”素材图像，运用移动工具将素材图像拖曳至背景图像编辑窗口中，适当调整图像的位置，添加视频课程的直播信息文字，效果如图 7-114 所示。

图 7-113　调整图像

图 7-114　添加直播信息文字

7.5.2　制作讲师简介与课程大纲效果

下面主要运用移动工具和横排文字工具等操作，制作讲师简介与课程大纲效果。具体操作步骤如下。

Step 01　按【Ctrl + O】组合键，打开“讲师简介.psd”素材图像，运用移动工具将素材图像拖曳至背景图像编辑窗口中，适当调整图像的位置，效果如图 7-115 所示。

Step 02　选中“图层”面板中的“1”图层组，复制该图层组，得到“1 拷贝”图层组，重命名为“2”，并将图层组移至图层最上方，如图 7-116 所示。

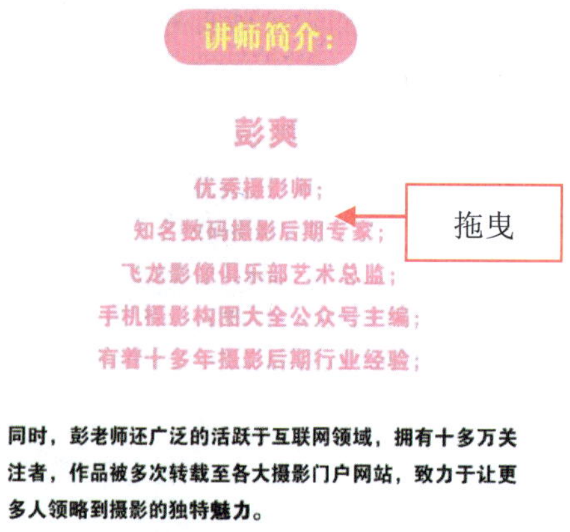

图 7-115　拖曳图像

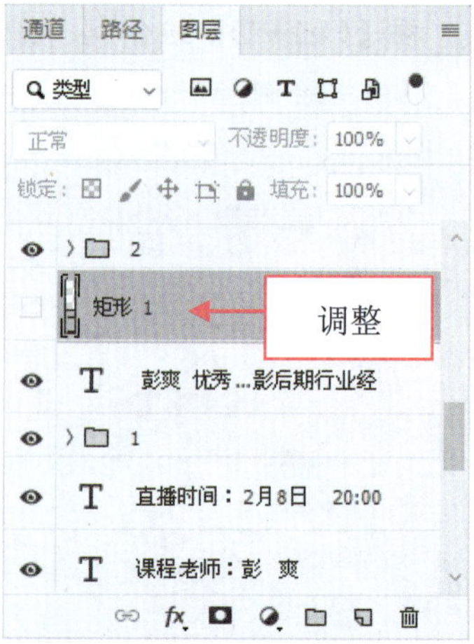

图 7-116　调整图层组顺序

Step03 在图像编辑窗口中将“2”图层组对应的图像移动至合适位置，如图 7-117 所示。

Step04 选取工具箱中的横排文字工具，修改相应文本内容，如图 7-118 所示。

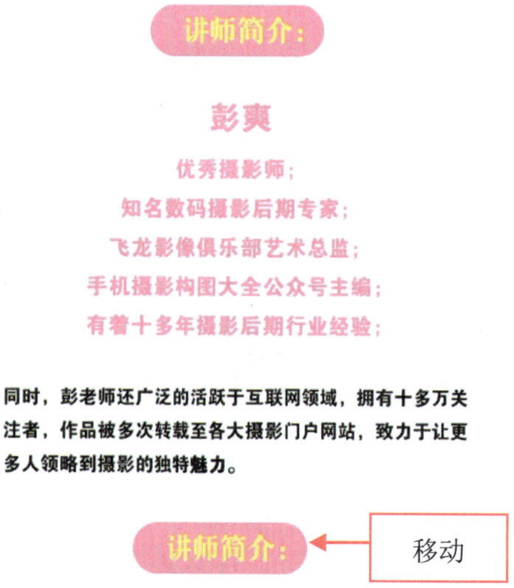

图 7-117　移动图像

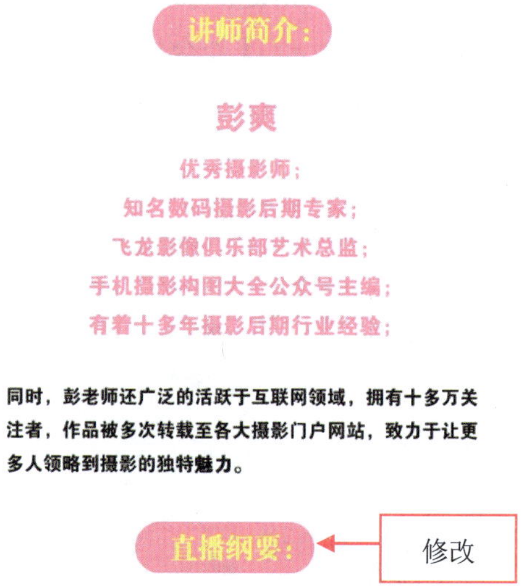

图 7-118　修改相应文本内容

Step05 按【Ctrl + O】组合键，打开“直播纲要文字.psd”素材图像，运用移动工具将素材图像拖曳至背景图像编辑窗口中，如图 7-119 所示，适当调整图像的位置。

Step06 选取工具箱中的矩形工具，在工具属性栏中设置“填充”为无、“描边”为粉红色（RGB 参数值分别为 249、155、187）、“描边宽度”为 4 像素，在图像编辑窗口中的适当位置绘制一个矩形形状，如图 7-120 所示，在“图层”面板中，将“矩形 1”图层调整至“2”图层组的下方。

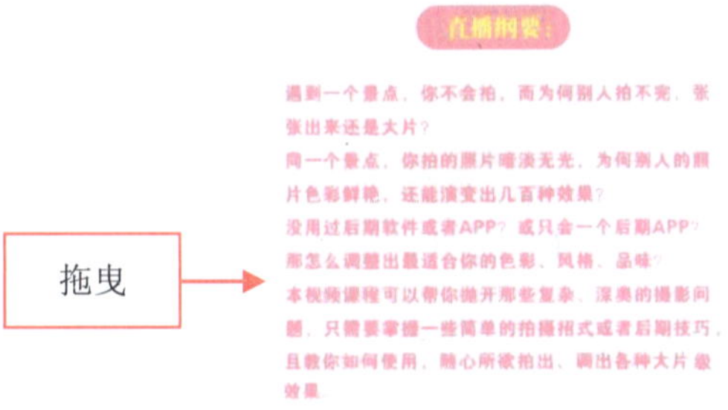

图 7-119　添加直播纲要文字素材　　　图 7-120　绘制矩形边框

7.5.3　制作图书推荐与求关注效果

下面主要通过添加素材图像和移动素材位置等操作，制作出图书推荐与求关注效果。具体操作步骤如下。

Step 01　按【Ctrl + O】组合键，打开“精彩效果.psd”素材图像，运用移动工具将素材图像拖曳至背景图像编辑窗口中，如图 7-121 所示，适当调整图像的位置。

Step 02　复制“2”图层组与“矩形 1”图层，将复制后的图像移动至合适位置，效果如图 7-122 所示。

图 7-121　拖曳图像

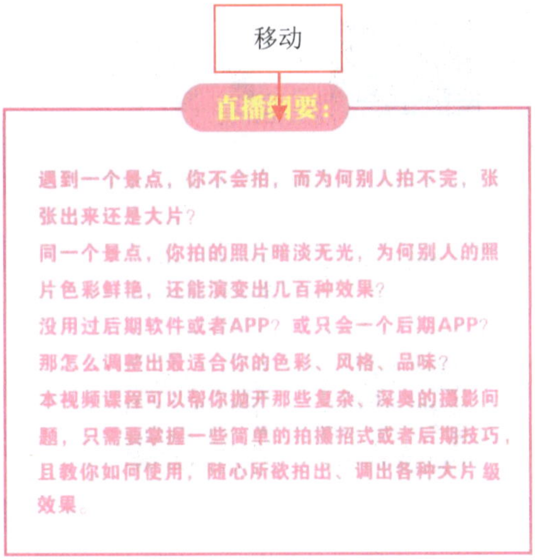

图 7-122　移动图像

Step 03　选中“矩形 1 拷贝”图层，按【Ctrl + T】组合键，调出变换控制框，适当调整图像的大小，并按【Enter】键确认变换，如图 7-123 所示。

Step 04 删除多余的文字内容，并选取工具箱中的横排文字工具，修改相应文本内容，如图 7-124 所示。

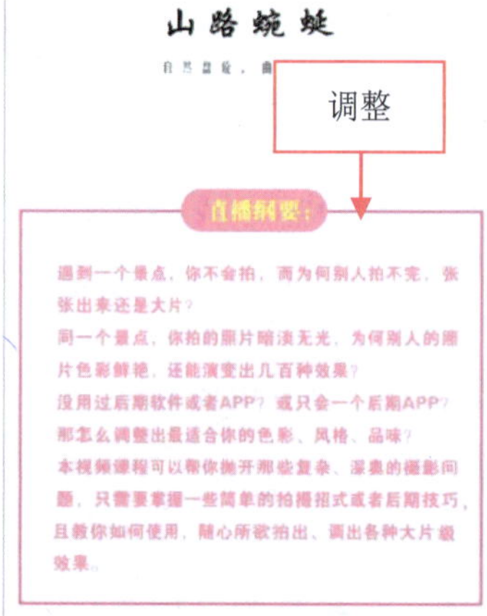

图 7-123　调整图像大小

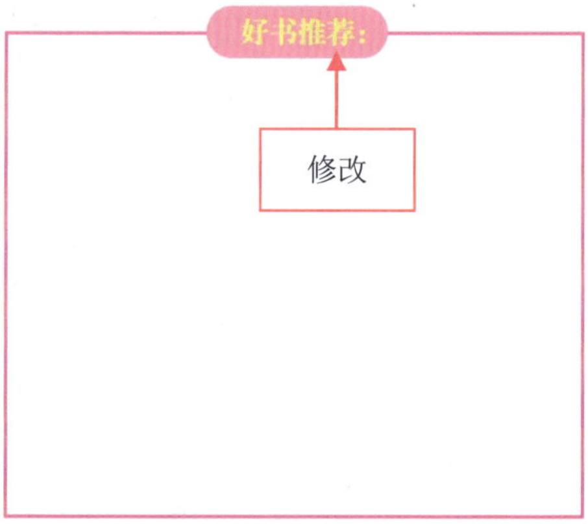

图 7-124　修改相应文本内容

Step 05 按【Ctrl + O】组合键，打开“书籍.psd”素材图像，运用移动工具将素材图像拖曳至背景图像编辑窗口中，如图 7-125 所示，适当调整图像的位置。

Step 06 按【Ctrl + O】组合键，打开“二维码.psd”素材图像，运用移动工具将素材图像拖曳至背景图像编辑窗口中，如图 7-126 所示，适当调整图像的位置。

图 7-125　拖曳书籍素材

图 7-126　拖曳素材图像

7.6　设计虎牙游戏直播封面

在制作游戏直播间时，先运用图层样式制作出紫色立体的边框；再运用椭圆工具绘制出多个圆形，拖入头像与装饰素材；最后添加适当说明性文字，即可完成设计。本实例效果如图 7-127 所示。

图 7-127　实例效果

7.6.1　制作游戏直播间主体效果

下面主要运用填充图层颜色、圆角矩形工具，以及“自然饱和度”命令等操作，制作出游戏直播间的立体效果。具体操作步骤如下。

Step 01　打开 Photoshop 软件，单击“文件”|“新建”命令，弹出“新建文档”对话框，设置“名称”为“游戏直播间”“宽度”为 1 920 像素、“高度”为 1 080 像素、“分辨率”为 300 像素/英寸、“颜色模式”为“RGB 颜色”“背景内容”为“白色”，如图 7-128 所示，单击“创建”按钮，新建一个空白图像。

Step 02　在“图层”面板中新建“图层 1”图层，并为图层填充深蓝色（RGB 参数值分别为 0、53、149），效果如图 7-129 所示。

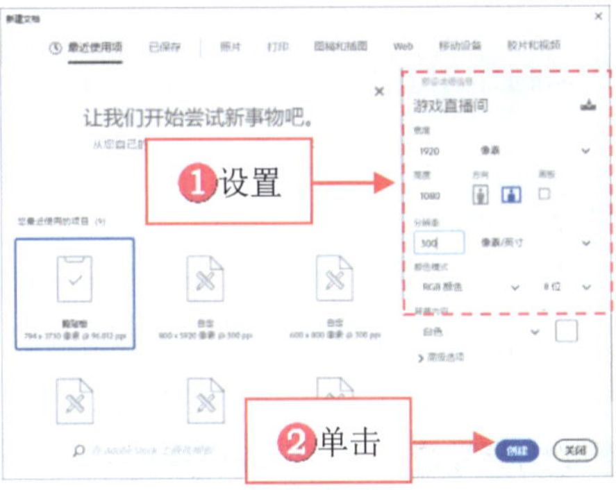

图 7-128　设置各选项

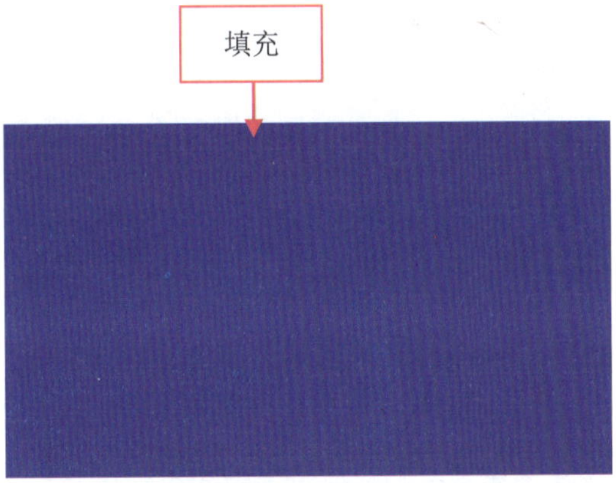

图 7-129　填充深蓝色

Step 03　选取工具箱中的圆角矩形工具，在工具属性栏中设置“选择工具模式”为“形状”“填充”为无、“描边”为黄色（RGB 参数值分别为 255、200、59）、“描边宽度”为 12 像素、“半径”为 20 像素，在图像编辑窗口中绘制一个圆角矩形形状，如图 7-130 所示。

Step 04　双击“圆角矩形 1”图层，打开“图层样式”对话框，选中“投影”复选框，设置“不透明度”为 75%、“角度”为 90、“距离”为 3 像素、“扩展”为 20%、“大小”为 10 像素，单击“确定”按钮，即可添加投影图层样式，如图 7-131 所示。

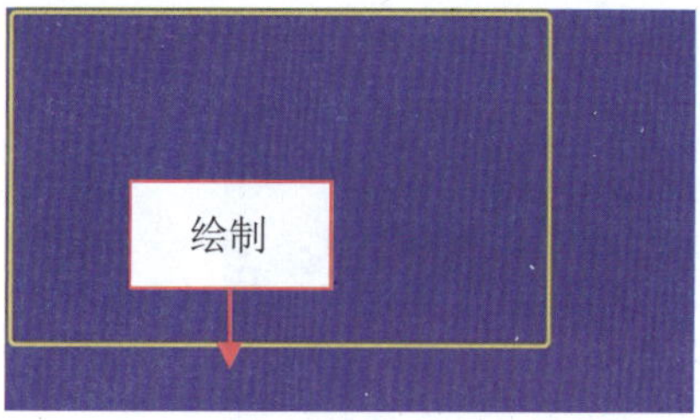

图 7-130　绘制圆角矩形

图 7-131　添加投影图层样式

Step 05　按【Ctrl + O】组合键，打开“游戏界面.jpg”素材图像，运用移动工具将素材图像拖曳至背景图像编辑窗口中，适当调整图像的位置，效果如图 7-132 所示。

Step 06　单击“图像”|“调整”|“自然饱和度”命令，弹出“自然饱和度”对话框，设置“自然饱和度”为 80、“饱和度”为 31，单击“确定”按钮，增加画面的色彩饱和度，效果如图 7-133 所示。

图 7-132　添加游戏界面素材

图 7-133　图像效果

7.6.2　制作游戏直播间细节效果

下面主要运用椭圆工具和横排文字工具等操作，制作出游戏直播间细节效果。具体操作步骤如下。

Step 01　选取工具箱中的椭圆工具，在工具属性栏中设置“填充”为蓝色（RGB 参数值分别为 0、179、227）、“描边”为无，在图像编辑窗口中绘制一个椭圆形状，如图 7-134 所示。

Step 02　复制“椭圆 1”图层，按【Ctrl + T】组合键，调出变换控制框，按住【Shift + Alt】组合键的同时拖曳控制框四周的控制柄，从中心等比例缩图像，如图 7-135 所示。

图 7-134　绘制椭圆选框

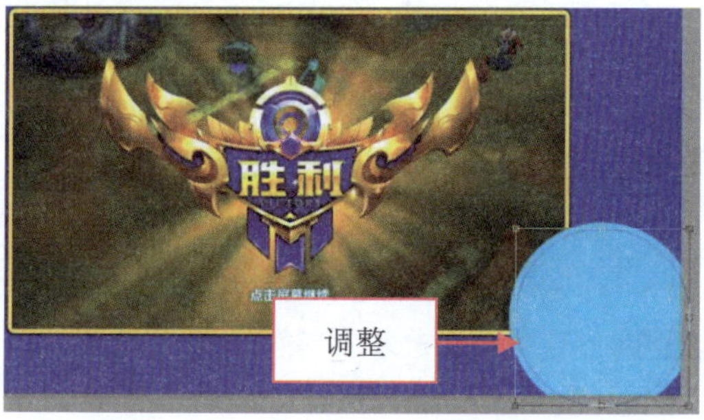

图 7-135　从中心等比例缩图像

Step03 按【Enter】键确认变换，展开“属性”面板，设置“填充”为浅蓝色（RGB 参数值分别为 108、197、233），效果如图 7-136 所示。

Step04 按【Ctrl + O】组合键，打开“主播头像.psd”素材图像，运用移动工具将其拖曳至背景图像编辑窗口中，适当调整图像的大小与位置，效果如图 7-137 所示。

图 7-136　设置“填充”颜色

图 7-137　添加主播头像素材

Step05 选取工具箱中的横排文字工具，①在“字符”面板中设置“字体系列”为“黑体”“字体大小”为 14 点、“颜色”为玫红色（RGB 参数值分别为 231、39、241），选中“椭圆 1 拷贝”图层，图像中会显示“椭圆 1 拷贝”的路径，在合适位置单击鼠标左键，确定插入点；②输入相应文字，并按【Ctrl + Enter】组合键确认输入，如图 7-138 所示。

Step06 双击文字图层，打开“图层样式”对话框，①选中“描边”复选框；②设置“大小”为 5 像素、“颜色”为白色（RGB 参数值均为 255），如图 7-139 所示。

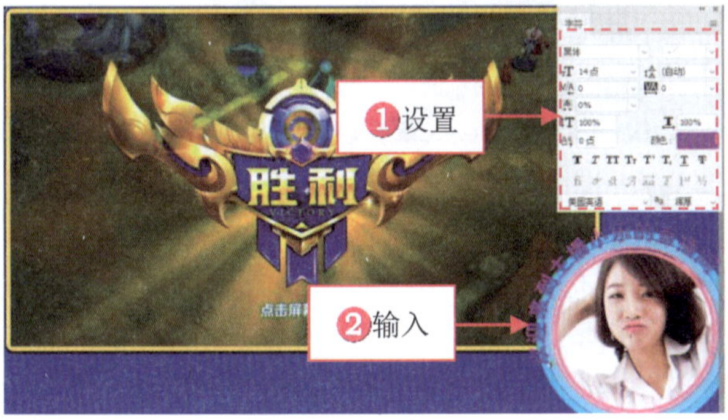

图 7-138　输入文字

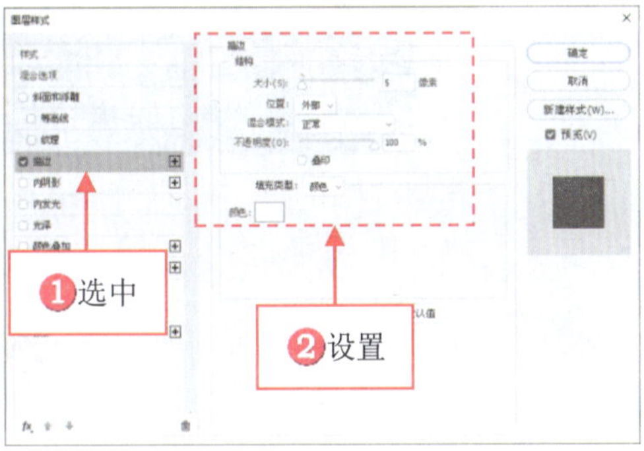

图 7-139　设置“描边”参数

Step07 选中“斜面和浮雕”复选框，保持默认设置即可，单击“确定”按钮，为文字添加相应图层样式，效果如图 7-140 所示。

Step08 按【Ctrl + O】组合键，打开“直播间文字.psd”素材图像，运用移动工具将素材图像拖曳至背景图像编辑窗口中，适当调整图像的位置，效果如图 7-141 所示。

▶ 专家指点

在 Photoshop 中，文字具有特殊属性。当用户输入相应文字后，文字表现为一个文字图层，文字图层具有普通图层不一样的可操作性。例如，在文字图层中无法使用画笔工具、铅笔工具、渐变工具等工具，只能对文字进行变换、改变颜色等有限的操作，当用户对文字图层使用上述工具操作时，则需要将文字栅格化后再进行下一步操作。

图 7-140　添加相应图层样式

图 7-141　适当调整图像位置

本章小结

本章首先介绍了设计快手短视频教程宣传封面的方法和设计抖音个人名片的方法；然后介绍了设计直播应用宣传页面的方法；接着介绍了设计 YY 直播横幅广告和设计京东直播课程宣传长图的方法；最后介绍了设计虎牙游戏直播封面的方法。通过本章的学习，可以帮助读者提升引流效果。

本章习题

1．在 Photoshop 软件中如何快速将素材图像中的人物抠取出来？

2．请认真学习本章内容，制作一张自己的短视频宣传封面。

第 8 章　音频平台的用户体验

本章导读

音频是一种解放新媒体的表现方式，不需要一字一字的紧盯着看，甚至不需要用到眼睛，只需要在音频界面轻触一下，就可以闭上眼睛，用耳朵倾听。当然，也需要利用各种音频新媒体平台进行相关的宣传和视觉设计，为用户带来更好的视听感受，才能吸引更多用户关注和倾听。

本章重点

- 设计千聊 Live 直播封面
- 设计荔枝微课主图
- 设计喜马拉雅 FM 主页封面

8.1 设计千聊 Live 直播封面

千聊是一个专注于知识分享的平台，通过直播的形式让用户直接找到各个领域的专家、老师和达人。千聊的直播形式主要是通过上传录音与分享图文为主，让直播变得更加简单。本实例主要介绍制作摄影音频直播课程的宣传封面，封面内容主要包括直播人、课程主题、开课时间，以及直播室二维码等，便于用户第一时间了解直播的动态。本实例效果如图 8-1 所示。

图 8-1 实例效果

> **专家指点**
>
> 从音频的内容来说，必须要让听众听到有价值的音频，或是能逗乐，或是能启发。做音频一定要宁缺毋滥，不能拿新媒体的声誉和形象去挑战听众的底线。

8.1.1 制作千聊直播封面主体效果

下面主要运用移动工具和椭圆形选框工具等操作，制作千聊直播封面主体效果。具体操作步骤如下。

Step 01 打开 Photoshop 软件，单击“文件”|“新建”命令，弹出“新建文档”对话框，❶设置“名称”为“音频直播封面”“宽度”为 720 像素、“高度”为 450 像素、“分辨率”为 300 像素/英寸、“颜色模式”为“RGB 颜色”“背景内容”为“白色”，如图 8-2 所示，❷单击“创建”按钮，新建一个空白图像。

Step 02　在“图层”面板中，新建“图层 1”，并填充蓝色（RGB 参数值为 108、197、233），如图 8-3 所示。

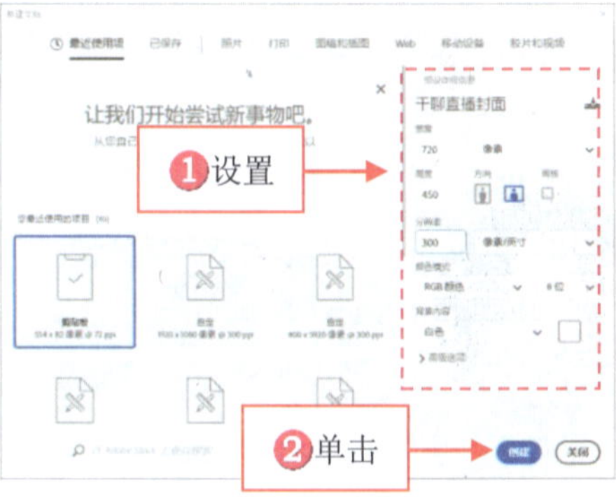

图 8-2　设置各选项

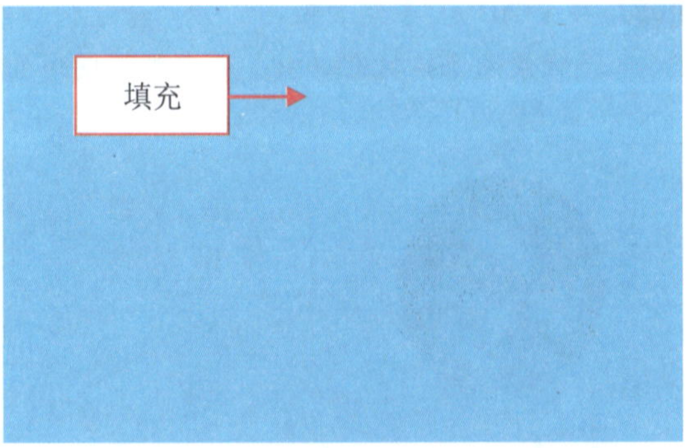

图 8-3　新建图层并填色

Step 03　设置“图层 1”图层的“不透明度”为 50%，效果如图 8-4 所示。

Step 04　按【Ctrl + O】组合键，打开“主讲人.jpg”素材图像，运用移动工具将素材图像拖曳至背景图像编辑窗口中，如图 8-5 所示，适当调整图像的位置。

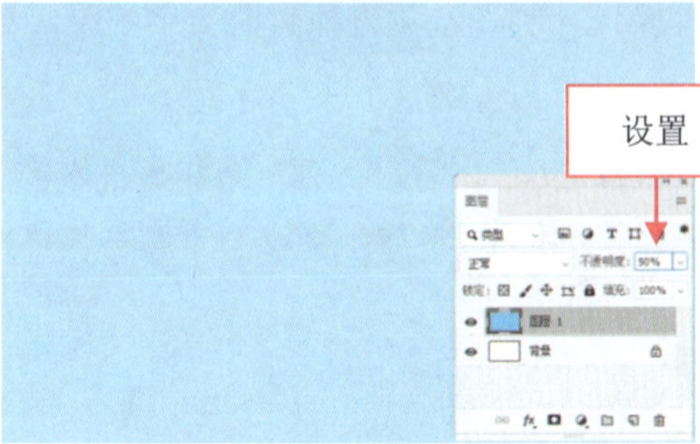

图 8-4　设置不透明度效果

图 8-5　添加人物素材

Step 05　运用椭圆选框工具在图像编辑窗口中绘制一个正圆选区，如图 8-6 所示。

Step 06　反选选区，并【Delete】键删除选区内的图像，然后按【Ctrl + D】组合键，取消选区，效果如图 8-7 所示。

图 8-6　绘制正圆选区

图 8-7　删除部分图像

Step 07 按【Ctrl + T】组合键调出变换控制框，适当调整图像的大小和位置，并按【Enter】键确认变换操作，如图 8-8 所示。

Step 08 按【Ctrl + O】组合键，打开“分享按钮.psd”素材图像，运用移动工具将素材图像拖曳至背景图像编辑窗口中，适当调整图像的位置，效果如图 8-9 所示。

图 8-8 调整图像大小

图 8-9 拖曳素材

8.1.2 制作千聊直播封面文字效果

下面主要运用横排文字工具和圆角矩形工具等操作，制作音频直播封面文字效果。具体操作步骤如下。

Step 01 选取工具箱中的横排文字工具，在“字符”面板中设置“字体系列”为相应字体、“字体大小”为 5 点、“颜色”为蓝色（RGB 参数值分别为 1、79、255），并激活仿粗体图标 **T**，如图 8-10 所示。

Step 02 在图像编辑窗口中输入文字，如图 8-11 所示。

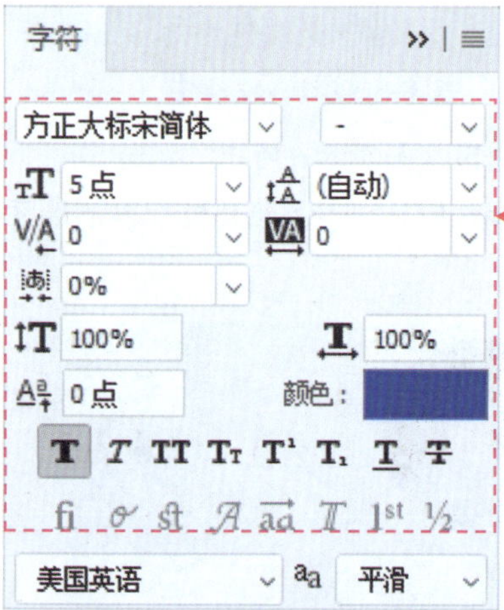

图 8-10 设置文字参数

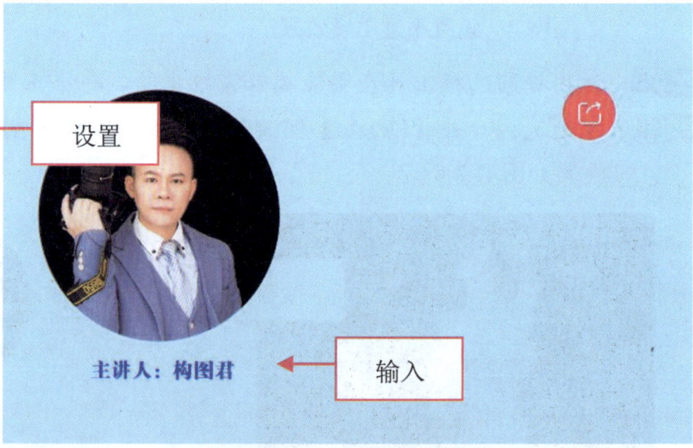

图 8-11 输入文字

Step 03 ❶复制输入的文本，并修改文字内容和调整文本位置；❷在“字符”面板中设置“大小”为 6 点，效果如图 8-12 所示。

Step 04 ❶再次复制文本，并修改文字内容和调整文本位置；❷在“字符”面板中设置“大小”为 10 点、“行距”为 12 点，效果如图 8-13 所示。

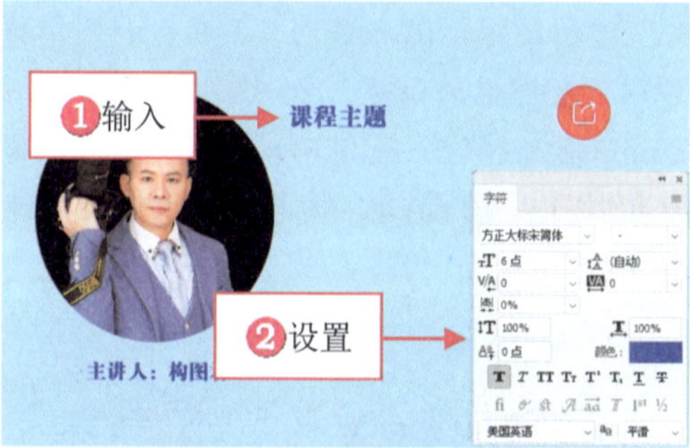

图 8-12　复制并修改文字 1

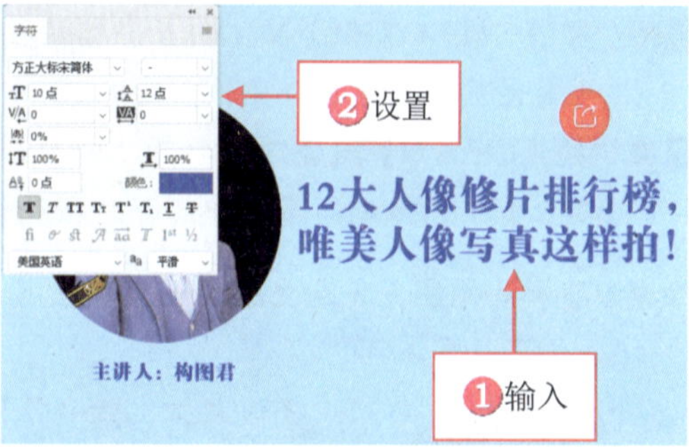

图 8-13　复制并修改文字 2

Step 05　选取工具箱中的圆角矩形工具，在工具属性栏中设置“填充”为蓝色（RGB 参数值为 1、79、255）、“描边”为无、“半径”为 5 像素，在图像编辑窗口中绘制一个圆角矩形，效果如图 8-14 所示。

Step 06　选取工具箱中的横排文字工具，在“字符”面板中设置“字体系列”为相应字体、“字体大小”为 4 点、“颜色”为白色（RGB 参数值均为 255），并激活仿粗体图标 **T** ，在图像编辑窗口中输入文字，效果如图 8-15 所示。

图 8-14　绘制圆角矩形 1

图 8-15　输入文字

Step 07　选取工具箱中的圆角矩形工具，在工具属性栏中设置“填充”为粉色（RGB 参数值为 243、98、121）、“描边”为无、“半径”为 20 像素，在图像编辑窗口中绘制一个圆角矩形，效果如图 8-16 所示。

Step 08　设置“圆角矩形 2”图层的“不透明度”为 50%，效果如图 8-17 所示。

图 8-16　绘制圆角矩形 2

图 8-17　设置不透明度效果

Step 09　按【Ctrl＋O】组合键，打开“播放按钮.psd”素材图像，运用移动工具将素材图像拖曳至背景图像编辑窗口中，如图 8-18 所示，适当调整图像的位置。

Step 10　按【Ctrl＋O】组合键，打开“分享二维码.jpg”素材图像，运用移动工具将素材图像拖曳至背景图像编辑窗口中的合适位置处，并将其调整至“图层 1”图层的下方，效果如图 8-19 所示。

图 8-18　拖曳“播放按钮”素材

图 8-19　添加二维码素材

8.2　设计荔枝微课主图

荔枝微课是一个基于微信在线培训直播平台，支持 PPT+视频同步、语音+图文直播、录制音频、视频回放等直播形式，让知识传递更便捷。本实例主要是制作养猫教程的音频课堂主图效果，采用漂亮的小猫图片作为背景，让课程内容一目了然，同时制作精美的文字边框来突出课堂主题。本实例最终效果如图 8-20 所示。

图 8-20　实例效果

8.2.1　制作课堂主图背景效果

下面主要运用裁剪工具、新建“自然饱和度 1”调整图层等操作，制作音频课堂主图背景效果的方法。具体操作步骤如下。

Step 01　打开 Photoshop 软件，按【Ctrl + O】组合键，打开“音频课堂主图背景.jpg”素材图像，如图 8-21 所示。

Step 02　❶选取工具箱中的裁剪工具，❷在工具属性栏中设置裁剪比例为 720 × 410，如图 8-22 所示。

图 8-21　打开素材图像

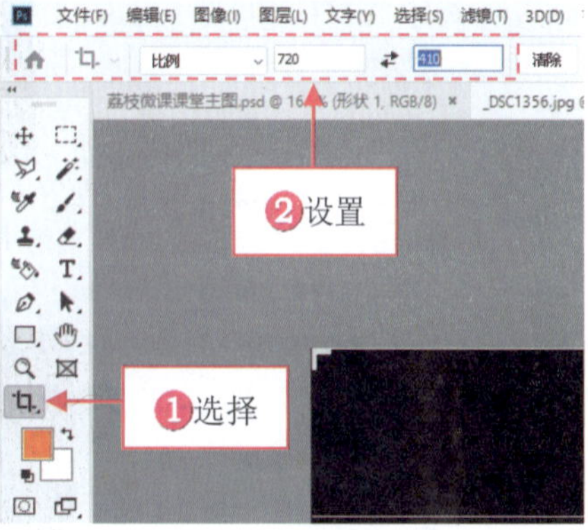

图 8-22　设置裁剪比例

Step 03　在图像编辑窗口中调出裁剪控制框，移动图像调整裁剪区域，如图 8-23 所示。

Step 04　按【Enter】键，确认裁剪操作，使图像比例适合音频课堂主图背景的大小，如图 8-24 所示。

图 8-23　调整裁剪区域

图 8-24　裁剪图像

Step 05　新建“亮度/对比度 1”调整图层，在“属性”面板中设置“亮度”为 12、“对比度”为 25，如图 8-25 所示。

Step 06　执行上述操作后，即可增强画面的亮度与对比度，效果如图 8-26 所示。

Step 07　新建“自然饱和度 1”调整图层，在“属性”面板中设置“自然饱和度”为 62、“饱和度”为 26，如图 8-27 所示。

Step 08　执行上述操作后，即可增强画面的色彩饱和度，效果如图 8-28 所示。

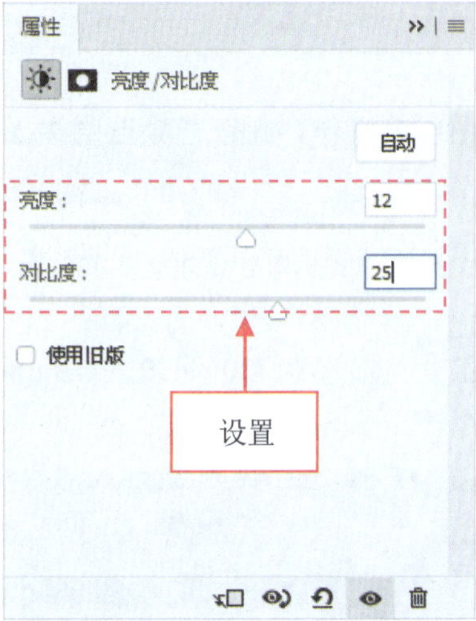

图 8-25　设置亮度/对比度参数

图 8-26　调整亮度/对比度效果

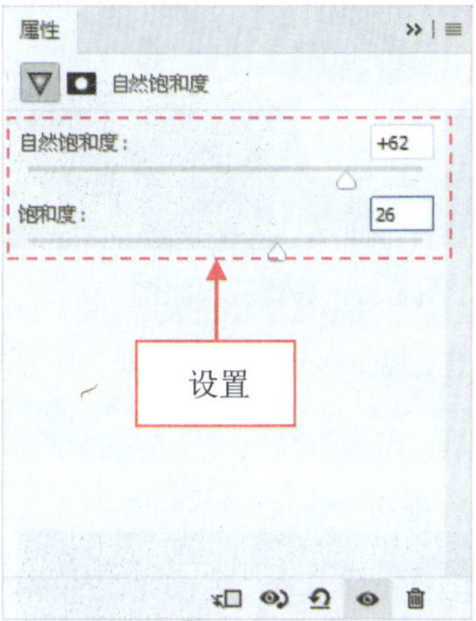

图 8-27　设置自然饱和度参数

图 8-28　增强画面的色彩饱和度

8.2.2　制作课堂主图文字效果

下面主要运用矩形工具、椭圆工具以及直线工具等操作，制作音频课堂主图文字效果的方法。具体操作步骤如下。

Step 01　选取工具箱中的矩形工具，在工具属性栏中设置“填充”为无、“描边”为黄色（RGB 参数值为 249、231、71）、“描边宽度”为 40 像素，在图像编辑窗口中绘制一个矩形形状，效果如图 8-29 所示。

Step 02　选取工具箱中的椭圆工具，在工具属性栏中设置“填充”为橙色（RGB 参数值为 255、106、16）、“描边”为无，在图像编辑窗口中绘制一个圆形，如图 8-30 所示。

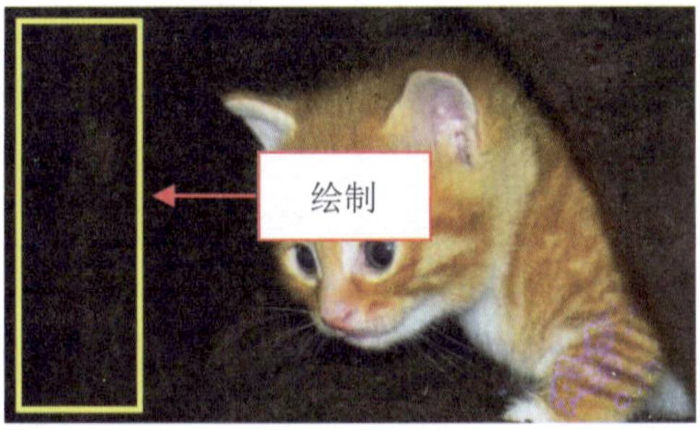

图 8-29　绘制矩形形状

图 8-30　绘制椭圆形状

Step03 ❶新建“图层 1”，选取工具箱中的直线工具，在工具属性栏中设置“填充”为白色（RGB 参数值均为 255）、“描边”为无、“粗细”为 10 像素；❷在图像编辑窗口中绘制一个直线形状，同时图层名称自动变为“形状 1”，效果如图 8-31 所示。

Step04 双击“形状 1”图层，弹出“图层样式”对话框，❶选中“描边”复选框；❷设置“大小”为 15 像素、“颜色”为橙色（RGB 参数值为 255、106、16），如图 8-32 所示。

图 8-31　绘制直线形状

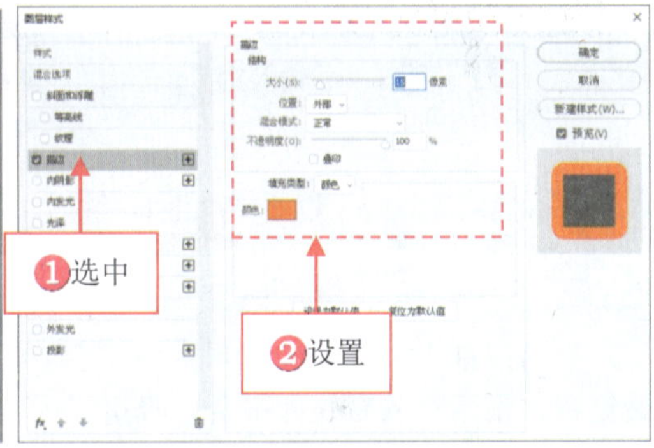

图 8-32　设置“描边”参数

Step05 单击“确定”按钮，即可应用“描边”图层样式，效果如图 8-33 所示。

Step06 选取工具箱中的横排文字工具，在“字符”面板中设置“字体系列”为“楷体”“字体大小”为 200 点、“设置所选字符的字据调整”为-75、“颜色”为黑色（RGB 参数值均为 0），并激活仿粗体图标，在图像编辑窗口中输入文字，效果如图 8-34 所示。

图 8-33　应用“描边”图层样式效果

图 8-34　输入文字 1

Step 07 选取工具箱中的直排文字工具，在“字符”面板中设置“字体系列”为相应字体、“字体大小”为 200 点、“设置所选字符的字据调整”为 75、“颜色”为白色（RGB 参数值均为 255），并激活仿粗体图标 **T**，在图像编辑窗口中输入文字，效果如图 8-35 所示。

Step 08 选取工具箱中的直排文字工具，在“字符”面板中设置“字体系列”为相应字体、“字体大小”为 160 点、“设置所选字符的字据调整”为 75、“颜色”为橙色（RGB 参数值分别为 237、120、0），并激活仿粗体图标 **T**，在图像编辑窗口中输入相应文字，效果如图 8-36 所示。

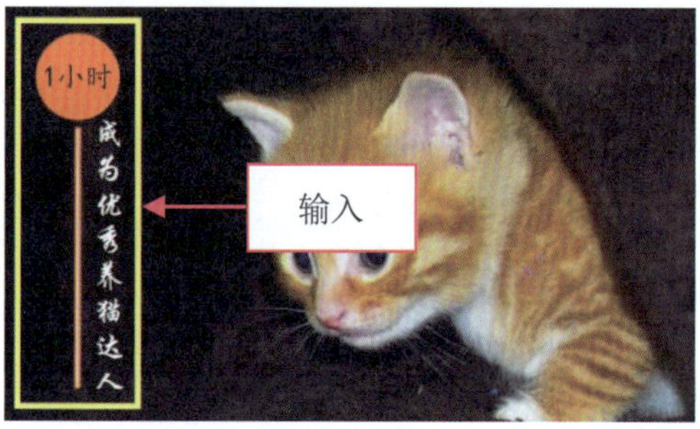

图 8-35　输入文字 2

图 8-36　输入文字 3

8.3　设计喜马拉雅 FM 主页封面

喜马拉雅 FM 是一个音频分享平台，除了拥有海量的音频节目外，也成为了音频创作者最集中、最活跃的新媒体平台，吸引了大量热爱用声音传递和分享。本实例主要是制作手机摄影书籍的音频播放主页封面效果，通过新媒体音频平台来推广书籍，可以通过试听的形式吸引读者关注，并将主要的卖点展现出来。本实例效果如图 8-37 所示。

图 8-37　实例效果

8.3.1　制作播放主页封面背景效果

下面主要运用填充图层和“Camera Raw 滤镜”命令等操作，制作播放主页封面背景效果。具体操作步骤如下。

Step 01 打开 Photoshop 软件，单击“文件”|“新建”命令，弹出“新建文档”对话框，❶设置“名称”为“播放主页封面”“宽度”为 720 像素、“高度”为 720 像素、“分辨率”为 300 像素/英寸、“颜色模式”为“RGB 颜色”“背景内容”为“白色”，如图 8-38 所示，❷单击“创建”按钮，新建一个空白图像。

Step 02 在“图层”面板中，新建“图层 1”图层，并填充黑色（RGB 参数值均为 0），如图 8-39 所示。

图 8-38　设置各选项

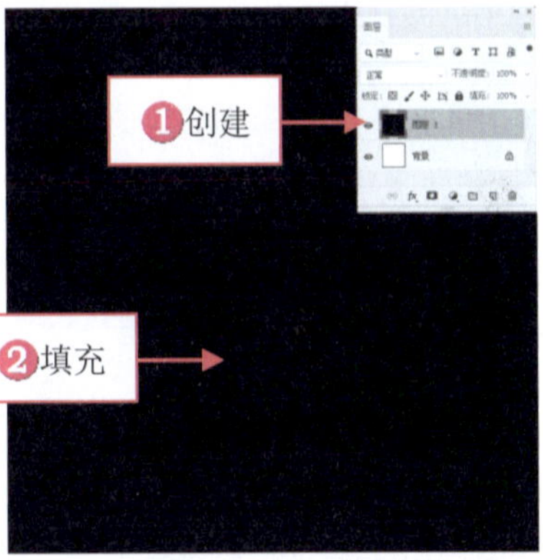

图 8-39　新建图层并填色

Step 03 按【Ctrl + O】组合键，打开“封面背景.jpg”素材图像，运用移动工具将素材图像拖曳至背景图像编辑窗口中，适当调整图像的大小和位置，效果如图 8-40 所示。

Step 04 单击“滤镜”|“Camera Raw 滤镜”命令，弹出“Camera Raw”对话框，如图 8-41 所示。

图 8-39　添加背景素材

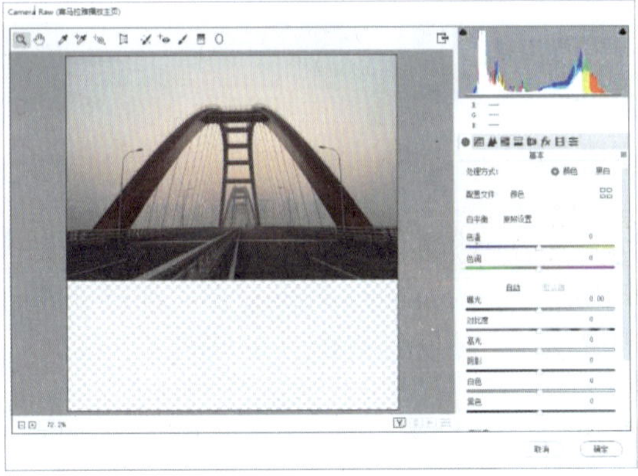

图 8-40　弹出“Camera Raw”对话框

Step 05 在右侧的“基本”面板中，设置“色温”为 10、“色调”为 18，调整画面的白平衡，效果如图 8-42 所示。

Step 06 继续设置“曝光”为-0.8、“对比度”为28、“高光”为-49、“阴影”为49、“白色”为36、“黑色”为-60，调整画面的明暗对比效果，如图8-43所示。

图8-41 调整画面的白平衡

图8-42 调整画面的明暗对比效果

Step 07 继续设置“清晰度”为-11、“自然饱和度”为58、“饱和度”为17，降低画面的清晰度，并增强色彩浓度，效果如图8-44所示。

Step 08 ①切换至“镜头校正”面板，在“晕影”选项区中设置“数量”为-38，为画面增加暗角效果，如图8-45所示。

图8-43 增强画面色彩

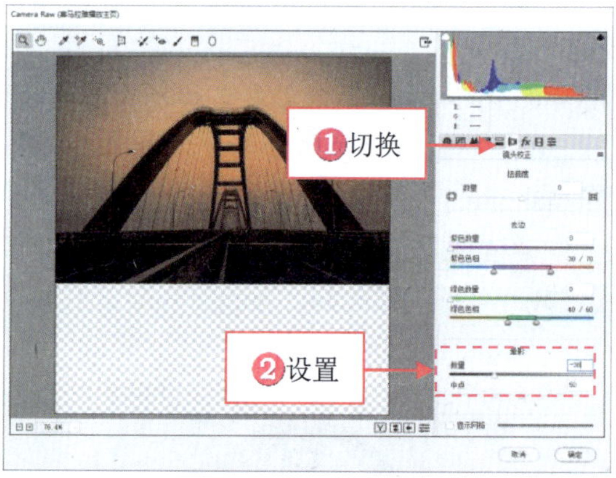

图8-44 增加暗角效果

▶ 专家指点

在Photoshop的Camera Raw插件中拥有者强大的RAW编辑工具，运用这些工具的编辑功能，可以改进影像的画质。

Step 09 ①切换至“分离色调”面板；在“高光”选项区中②设置“色相”为60、“饱和度”为30，调整高光区域的色彩，如图8-46所示。

Step 10 单击“确定”按钮，应用Camera Raw滤镜，效果如图8-47所示。

图 8-46　调整高光区域的色彩

图 8-47　图像效果

8.3.2　制作播放主页封面主体效果

下面主要运用矩形工具、渐变工具，以及直排文字工具等操作，制作播放主页封面的主体效果。具体操作步骤如下。

Step 01　选取工具箱中的矩形工具，在工具属性栏中设置“填充”为无、“描边”为白色（RGB 参数值均为 255）、“描边宽度”为 5 像素，在图像编辑窗口中绘制一个矩形形状，效果如图 8-48 所示。

Step 02　按【Ctrl + O】组合键，打开“书籍.jpg”素材图像，运用移动工具将素材图像拖曳至背景图像编辑窗口中，适当调整图像的大小和位置，效果如图 8-49 所示。

图 8-48　绘制矩形形状

图 8-49　添加书籍素材

Step 03　运用魔棒工具在书籍图像的白色背景上创建选区，如图 8-50 所示。

Step 04　按【Delete】删除选区内的图像，并取消选区，效果如图 8-51 所示。

图 8-50　创建选区

图 8-51　删除多余图像并取消选区

Step 05　运用矩形选框工具选择并复制书籍正面图像，❶向下调整至合适位置，按【Ctrl + T】组合键调出变换控制框，❷在框内单击鼠标右键，在弹出的快捷菜单中选择“垂直翻转”选项，如图 8-52 所示。

Step 06　垂直翻转图像后，在变换控制框内单击鼠标右键，在弹出的快捷菜单中选择“斜切”选项，调整图像的角度，效果如图 8-53 所示，按【Enter】键确认变换。

图 8-52　选择“垂直翻转”选项

图 8-53　调整图像的角度

Step 07　在“图层”面板中，❶设置“图层 4”图层的“不透明度”为 50%，❷并添加图层蒙版，如图 8-54 所示。

Step 08　选取工具箱中的渐变工具，在蒙版中从下至上填充黑色到白色的线性渐变，制作倒影效果，如图 8-55 所示。

图 8-54　添加图层蒙版

图 8-55　制作倒影效果

Step 09　用同样的方法制作书籍左侧的倒影效果，如图 8-56 所示。

Step 10　选取工具箱中的直排文字工具，在“字符”面板中设置“字体系列”为相应字体、“字体大小”为 12 点、“设置行距”为 17.5 点、“颜色”为白色（RGB 参数值均为 255），并激活仿粗体图标，在图像编辑窗口中输入相应文字，效果如图 8-57 所示。

图 8-56　制作左侧倒影效果

图 8-57　输入相应文字

Step 11　新建一个“分割线”图层，选取工具箱中的直线工具，在工具属性栏中设置“填充”为白色（RGB 参数值均为 255）、“描边”为无、“粗细”为 1 像素，在图像编辑窗口中绘制一个直线形状，如图 8-58 所示。

Step 12　设置“分割线”图层的“不透明度”为 50%，效果如图 8-59 所示。

图 8-58　绘制直线形状

图 8-59　设置不透明度效果

Step 13　①复制两根直线，并调整至合适位置处，②然后将所有的直线形状图层合并为“分割线”图层，效果如图 8-60 所示。

Step 14　按【Ctrl + O】组合键，打开“封面文字.psd”素材图像，运用移动工具将素材图像拖曳至背景图像编辑窗口中，适当调整图像的位置，最终效果如图 8-61 所示。

图 8-60　合并图层

图 8-61　最终效果

本章小结

本章首先介绍了设计千聊 Live 直播间封面的方法，包括制作千聊直播封面主体效果和文字效果等内容；然后介绍了设计荔枝微课主图的方法，包括制作课堂主图背景效果和文字效果等内容；最后介绍了设计喜马拉雅主页封面的方法，包括制作播放主页封面背景效果和主体效果等内容。通过本章的学习，可以帮助读者设计出更多美观的新媒体平台封面。

本章习题

1．在 Photoshop 软件中，如何按比例裁剪图像？

2．在 Photoshop 软件中，如何调出 Camera Raw 对话框里的图像色彩？

第9章　制作电商平台广告封面

本章导读

随着新媒体和内容营销的迅速崛起，如何在电商运营中利用视觉营销提高品牌、店铺和产品的知名度、创造利益。这些都是淘宝、天猫、微店和微商店铺运营者们关注的重点，同样也是难点。本章主要介绍电商平台的新媒体美工设计案例。

本章重点

- 设计淘宝美妆网店首页
- 设计天猫厨具网店主图
- 设计图书微店界面
- 设计微商朋友圈广告
- 设计元旦商场活动页面
- 设计双十一促销活动页面
- 设计新品上市特价秒杀页面

9.1　设计淘宝美妆网店首页

本案例是为美妆网店设计的销售首页，在画面的配色中借鉴商品的色彩，并通过大小和外形不同的文字来表现店铺的主题内容，使用同一色系的颜色来提升画面的品质，让设计的整体效果更加协调统一。本实例效果如图 9-1 所示。

图 9-1　实例效果

9.1.1　制作纯色渐变效果

下面主要介绍运用渐变工具填充图层颜色，制作首页的纯色渐变背景效果的方法。

Step 01　打开 Photoshop 软件，单击“文件”|“新建”命令，弹出“新建文档”对话框，❶设置“名称”为“美妆网店首页设计”“宽度”为 800 像素、“高度”为 500 像素、“分辨率”为 300 像素/英寸、“颜色模式”为“RGB 颜色”“背景内容”为“白色”；❷单击“创建”按钮，新建一个空白图像，如图 9-2 所示。

Step 02　选取工具箱中的渐变工具，设置渐变色为白色到绿色（RGB 参数值分别为 34、221、135），如图 9-3 所示。

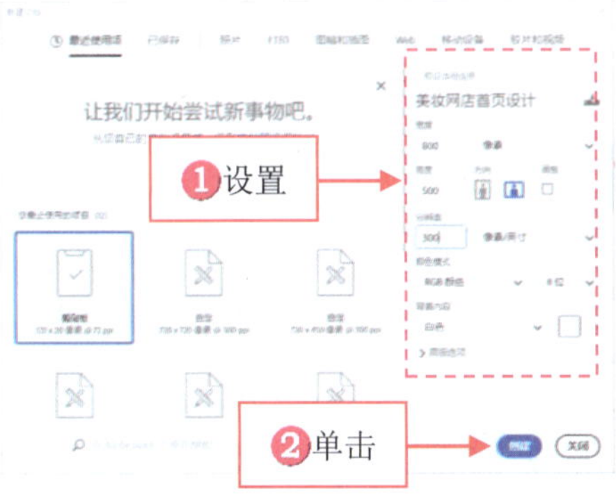

图 9-2　单击“创建”按钮

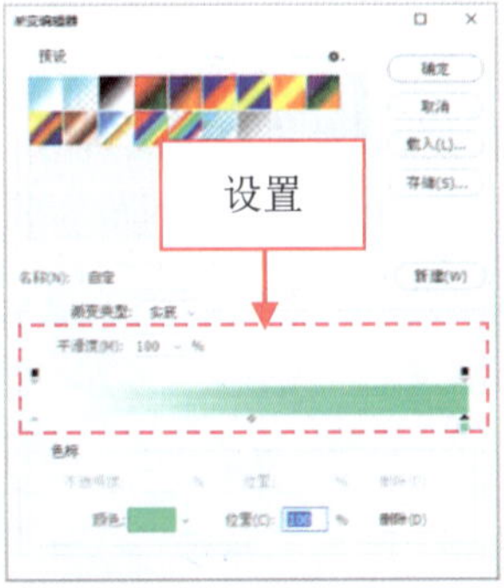

图 9-3　设置渐变色

Step 03　在“图层”面板中，新建“图层 1”，如图 9-4 所示。

Step 04　在工具属性栏中单击“径向渐变”按钮，在图像上拖曳鼠标填充渐变色，如图 9-5 所示。

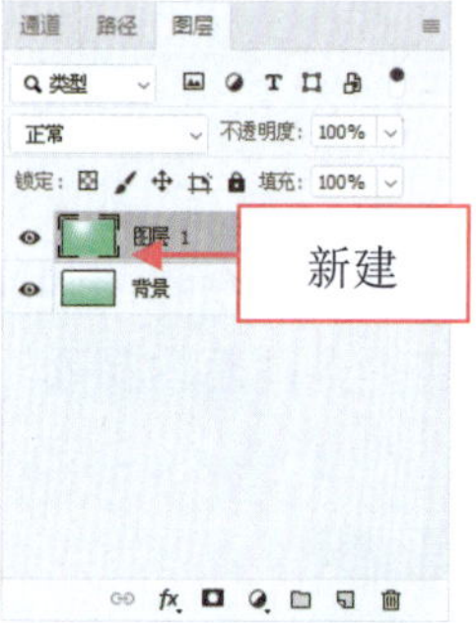

图 9-4　新建“图层 1”

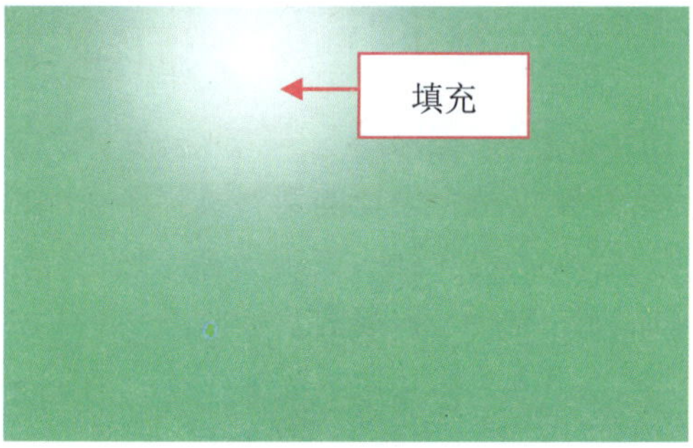

图 9-5　填充渐变色

9.1.2　调整商品图像亮度

下面主要运用“自然饱和度”命令、添加图层蒙版等操作，调整商品图像亮度，具体步骤如下。

Step 01　打开“护肤品.psd”素材图像，运用移动工具将素材图像拖曳至背景图像编辑窗口中的合适位置处，如图 9-6 所示。

Step 02　单击“图像”|“调整”|“自然饱和度”命令，弹出“自然饱和度”对话框，设置“自然饱和度”为 12、“饱和度”为 38，单击“确定”按钮，效果如图 9-7 所示。

图 9-6　添加商品素材

图 9-7　调整自然饱和度效果

Step 03　复制“图层 2”，将其进行垂直翻转并调整至合适位置处，效果如图 9-8 所示。

Step 04　为拷贝的图层添加图层蒙版，并填充黑色到白色的线性渐变，设置图层的“不透明度”为 30%，制作倒影效果，如图 9-9 所示。

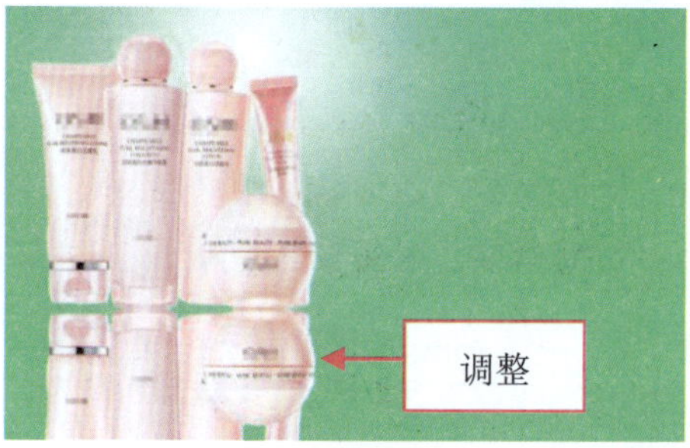

图 9-8　复制并调整素材图像

图 9-9　制作倒影效果

9.1.3　制作文案与图层样式

网店卖家使用横排文字工具给商品添加解释说明，让买家更能了解商品的功能和价格等信息。下面介绍制作美妆网店首页文案的方法。

Step 01 打开“装饰.psd”素材图像，运用移动工具将素材图像拖曳至背景图像编辑窗口中的合适位置处，如图 9-10 所示。

Step 02 为“装饰”图层添加默认的“外发光”图层样式，效果如图 9-11 所示。

图 9-10　拖曳素材

图 9-11　添加“外发光”图层样式

Step 03 运用横排文字工具在图像编辑窗口上输入相应文字，如图 9-12 所示，设置“字体系列”为相应字体、“字体大小”为 6 点、“颜色”为白色，激活仿粗体图标。

Step 04 运用横排文字工具在图像上输入相应文字，设置“字体系列”为“黑体”“字体大小”为 6 点、“颜色”为白色，并激活“删除线”图标 T，效果如图 9-13 所示。

图 9-12　输入文字 1

图 9-13　输入文字 2

Step 05 打开“文字 1.psd”素材图像，运用移动工具将素材图像拖曳至背景图像编辑窗口中的合适位置处，如图 9-14 所示。

Step 06 打开“购买按钮.psd”素材图像，运用移动工具将素材图像拖曳至背景图像编辑窗口中的合适位置处，如图 9-15 所示。

图 9-14　拖曳素材图像

图 9-15　移动素材图像

9.2　设计天猫厨具网店主图

本案例是为某品牌的厨具店铺设计平底锅商品主图，在制作的过程中使用充满鲜艳的背景图片进行修饰，添加“赠品”促销方案，以及简单的广告词来突出产品优势。本实例效果如图 9-16 所示。

图 9-16　实例效果

9.2.1　制作网店主图主体效果

下面主要介绍运用魔棒工具和移动工具等操作，制作厨具网店主图主体效果的方法。

Step 01　打开 Photoshop 软件，按【Ctrl + O】组合键，打开素材图像，如图 9-17 所示。

Step 02　打开“电饭煲.jpg”素材图像，运用移动工具将图像拖曳背景图像编辑窗口中，如图 9-18 所示。

Step 03　运用魔棒工具，在商品图像的白色区域创建选区，如图 9-19 所示。

Step 04　按【Delete】键删除选区内的图形，并取消选区，如图 9-20 所示。

图 9-17　打开素材图像

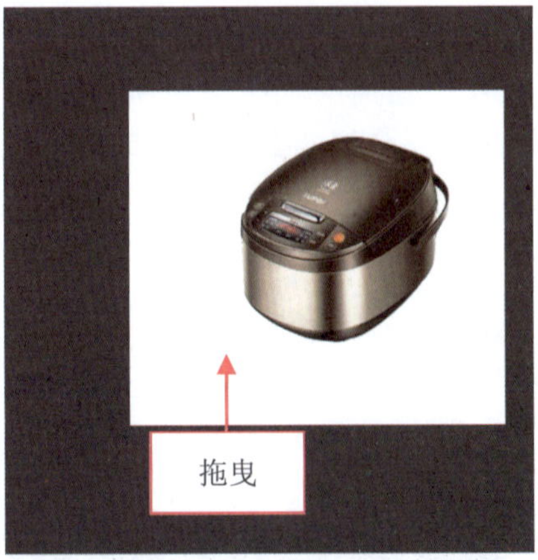

图 9-18　拖曳素材

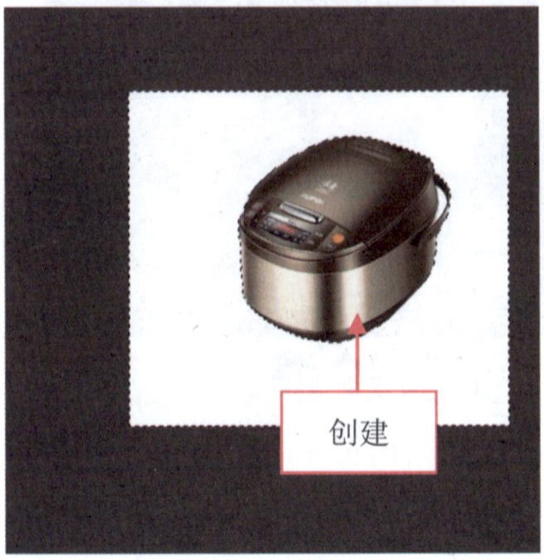

图 9-19　创建选区

图 9-20　删除选区内的图形

Step 05　按【Ctrl + T】组合键调出变换控制框，适当调整商品图像的大小、角度和位置，使主体图像更加突出，如图 9-21 所示。

Step 06　打开“商品 2.psd”素材图像，运用移动工具将其拖曳背景图像编辑窗口中，并调整图像大小和位置，如图 9-22 所示。

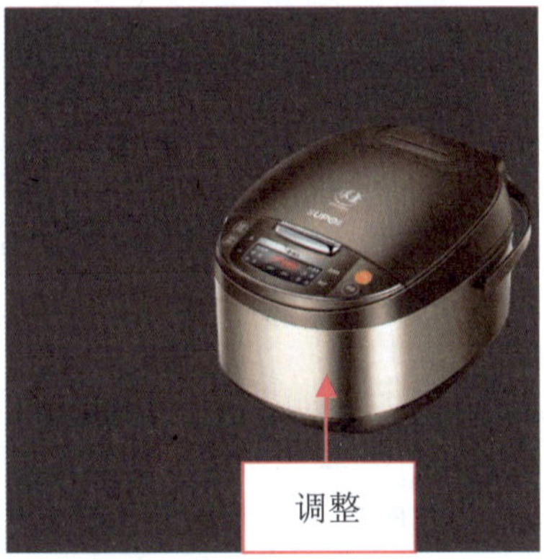

图 9-21　调整角度

图 9-22　调整图像大小和位置

9.2.2 制作网店主图文案效果

给商品主图添加文字说明，加深用户的印象。下面介绍制作厨具网店主图文案效果的方法。

Step 01 打开“价格标签.psd”素材图像，运用移动工具将其拖曳背景图像编辑窗口中的合适位置处，如图 9-23 所示。

Step 02 选取工具箱中的横排文字工具，输入文字，展开“字符”面板，设置“字体系列”为相应字体、“字体大小”为 80 点、“颜色”为棕色（RGB 参数为 241、191、154），激活仿粗体图标 **T**，根据需要适当地调整文字的位置，效果如图 9-24 所示。

图 9-23　添加价格标签

图 9-24　输入文字

Step 03 双击文字图层，弹出“图层样式”对话框，选中“渐变叠加”复选框，设置“混合模式”为“叠加”，相应参数如图 9-25 所示。

Step 04 单击“确定”按钮，即可为文字添加图层样式，效果如图 9-26 所示。

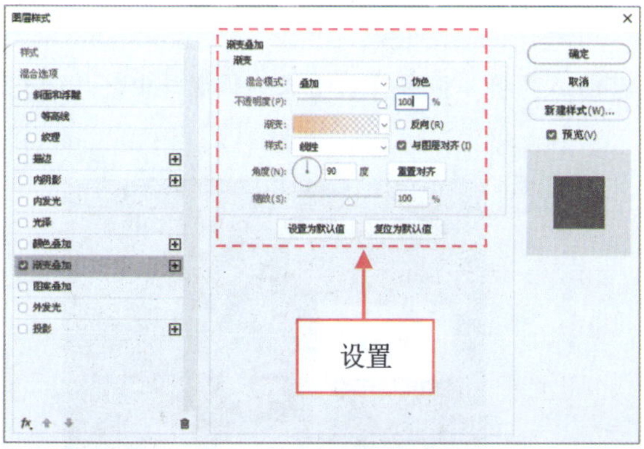

图 9-25　设置“描边”参数

图 9-26　添加“描边”图层样式

Step 05 选取工具箱中的横排文字工具，输入文字，展开“字符”面板，设置“字体系列”为相应字体、“字体大小”为 50 点、“颜色”为棕色（RGB 参数为 241、191、154），根据需要适当地调整文字的位置，效果如图 9-27 所示。

Step 06　打开“赠送标签.psd”素材图像，运用移动工具将其拖曳背景图像编辑窗口中的合适位置处，如图 9-28 所示。

图 9-27　输入文字

图 9-28　添加赠送标签

9.3　设计图书微店界面

在制作手机摄影图书微店首页时，利用字体样式制作出顶部的横幅广告，再用多张精美的图片制作出展示区，并加上说明性文字，即可完成设计。本实例效果如图 9-29 所示。

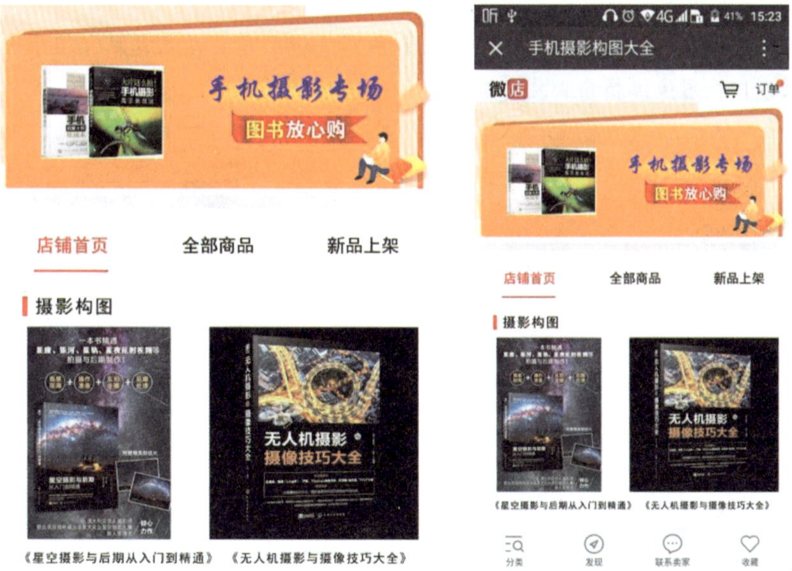

图 9-29　实例效果

9.3.1 制作微店横幅广告效果

下面主要介绍运用横排文字工具和椭圆形工具等操作，制作微店横幅广告效果的方法。

Step 01 打开 Photoshop 软件，单击“文件”|“新建”命令，弹出“新建文档”对话框，设置各选项如图 9-30 所示，单击“创建”按钮，新建一个空白图像。

Step 02 按【Ctrl＋O】组合键，打开“横幅广告背景.jpg”素材图像，运用移动工具将素材图像拖曳至背景图像编辑窗口中，适当调整图像的大小和位置，效果如图 9-31 所示。

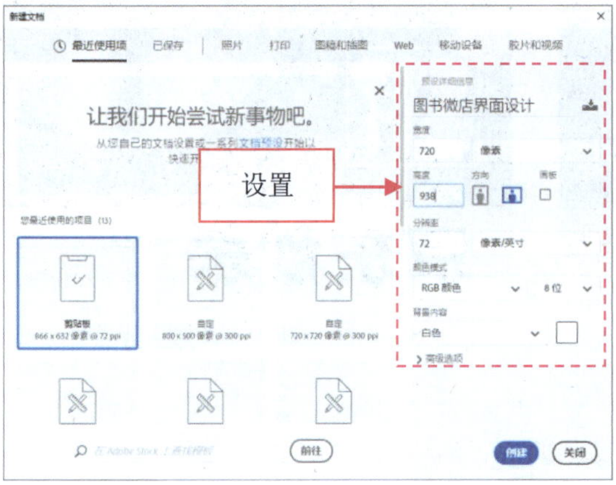

图 9-30 设置各选项

图 9-31 拖曳图像

Step 03 选取工具箱中的横排文字工具，❶在“字符”面板中设置“字体系列”为相应字体、“字体大小”为 50 点、“颜色”为紫色（RGB 参数值分别为 96、0、255）；❷在图像编辑窗口中输入文字，如图 9-32 所示。

Step 04 在“图层 1”上方新建一个图层，选取椭圆选框工具，在工具属性栏中设置“羽化”为 10 像素，在图像编辑窗口中绘制一个椭圆选框，效果如图 9-33 所示。

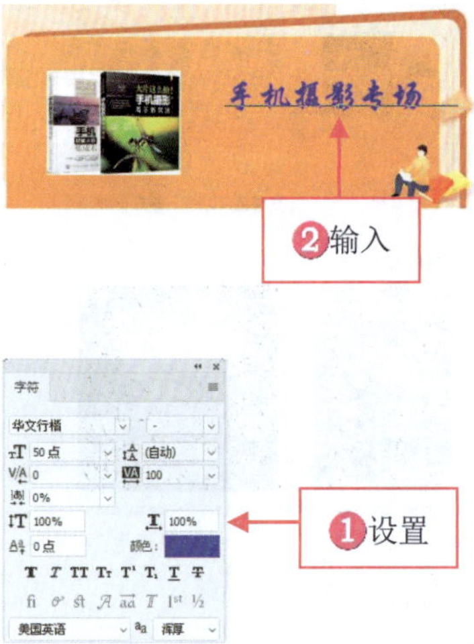

图 9-32 输入文字

图 9-33 绘制椭圆选框

Step 05　设置前景色为黄色（RGB 参数值分别为 255、215、0），为选区填充前景色并取消选区，效果如图 9-34 所示。

Step 06　按【Ctrl + O】组合键，打开“微店装饰.psd”素材图像，运用移动工具将素材图像拖曳至背景图像编辑窗口中，效果如图 9-35 所示，适当调整图像的位置和大小。

图 9-34　取消选区

图 9-35　拖曳装饰素材

9.3.2　制作店铺商品展示效果

下面主要介绍运用矩形工具和横排文字工具等操作，介绍制作店铺商品展示效果的方法，具体步骤如下。

Step 01　选取工具箱中的矩形工具，设置“填充”为浅灰色（RGB 参数值均为 238），绘制一个矩形形状，效果如图 9-36 所示。

Step 02　选取工具箱中的横排文字工具，在“字符”面板中设置“字体系列”为“黑体”“字体大小”为 30 点、“颜色”为黑色，在图像编辑窗口中输入文字，效果如图 9-37 所示。

图 9-36　绘制矩形

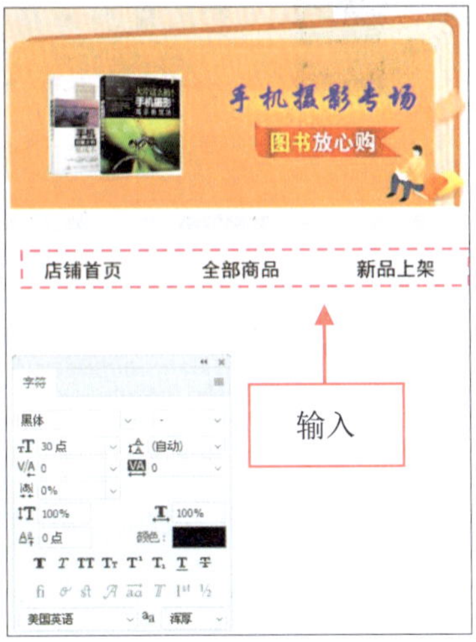

图 9-37　输入文本

Step03 运用横排文字工具选择“店铺首页”文字，在“字符”面板中设置“颜色”为红色（RGB参数值分别为235、35、35），效果如图9-38所示。

Step04 选取工具箱中的直线工具，设置“填充”为红色（RGB参数值分别为235、35、35）、“粗细”为3像素，绘制一条直线形状，效果如图9-39所示。

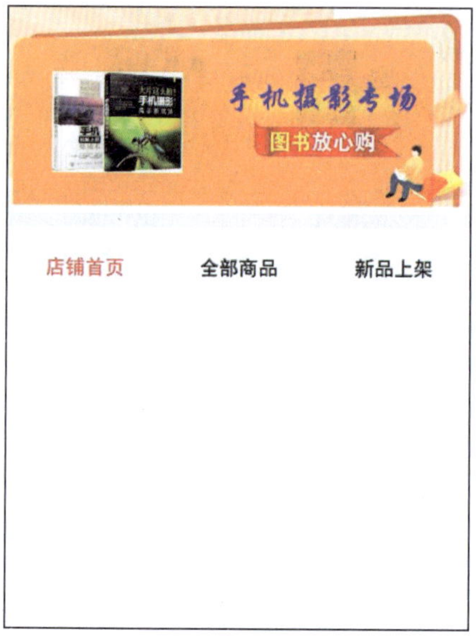

图9-38　调整文字颜色

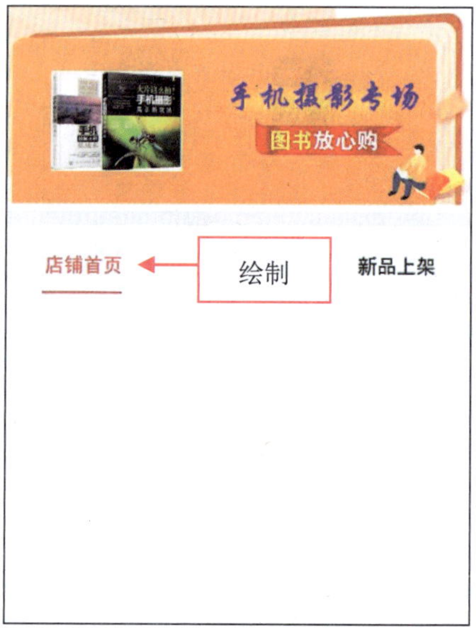

图9-39　绘制直线

Step05 选取工具箱中的直线工具，设置“填充”为红色（RGB参数值分别为235、35、35）、“粗细”为8像素，绘制一条竖直的直线形状，效果如图9-40所示。

Step06 按【Ctrl + O】组合键，打开“商品展示区.psd”素材图像，运用移动工具将素材图像拖曳至背景图像编辑窗口中，适当调整图像的位置，效果如图9-41所示。

图9-40　绘制直线

图9-41　拖曳素材

> ▶ 专家指点
>
> 微店想要吸引顾客，必须从店铺装修入手，优化店铺界面。漂亮的店铺可以让消费者在购物的同时，享受精美的界面带来的愉悦感；同时让消费者能较长时间地停留在店铺，增加购买的可能性，打造销量猛增的微店旺铺。

9.4　设计微商朋友圈广告

本案例是针对微商朋友圈平台设计的高跟鞋广告，在制作的过程中使用充满活力感的强对比色背景图片进行修饰，添加促销方案，以及简单的广告词来突出产品优势。本实例最终效果如图 9-42 所示。

图 9-42　实例效果

9.4.1　制作微商朋友圈广告背景效果

下面主要介绍运用裁剪工具、“亮度/对比度”命令来制作微商朋友圈广告的背景效果的方法。

Step 01　打开 Photoshop 软件，按【Ctrl + O】组合键，打开一幅素材图像，如图 9-43 所示。

Step 02　在工具箱中，选取裁剪工具，如图 9-44 所示。

图 9-43　打开素材图像

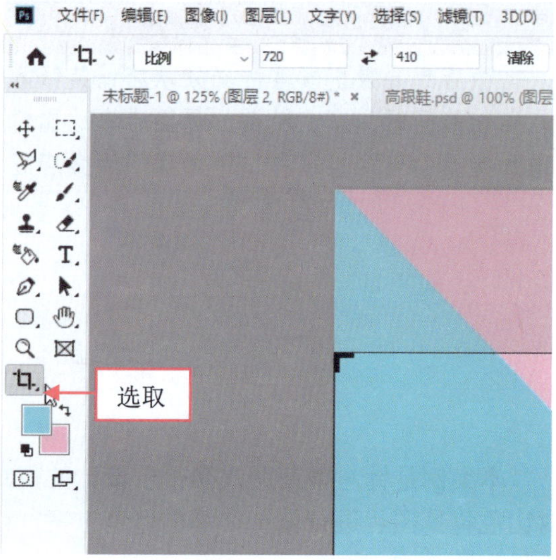

图 9-44　选取裁剪工具

Step 03　在工具属性栏中的“选择预设长宽比或裁剪尺寸”列表框中选择“1:1（方形）”选项，如图 9-45 所示。

Step 04　执行上述操作后，在图像中会显示 1:1 的方形裁剪框，如图 9-46 所示。

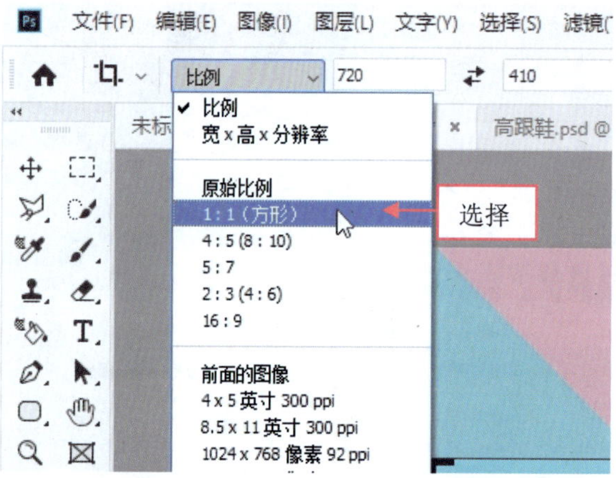

图 9-45　选择“1:1（方形）”选项

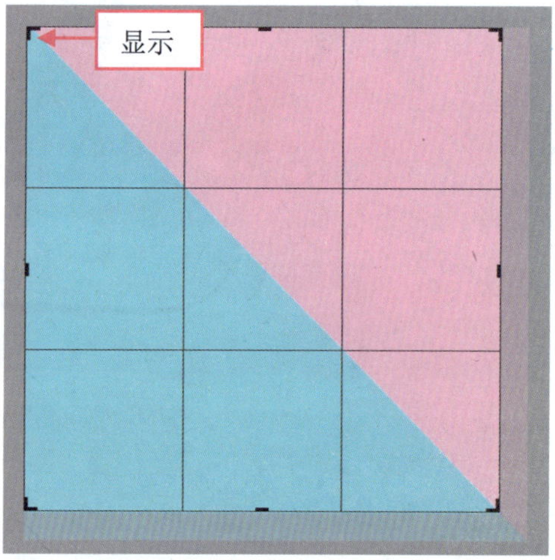

图 9-46　显示方形裁剪框

Step 05　调整裁剪的区域，按【Enter】键确认裁剪图像，如图 9-47 所示。

Step 06　单击“图像”|“调整”|“亮度/对比度”命令，弹出“亮度/对比度”对话框，设置“亮度”为 10、“对比度”为 15，单击“确定”按钮，即可增强主图背景的对比效果，效果如图 9-48 所示。

图 9-47　裁剪图像

图 9-48　增强主图背景的对比效果

9.4.2　制作微商朋友圈广告商品效果

下面主要介绍运用移动工具、复制图层、魔棒工具，以及旋转命令等，制作高跟鞋网店主图的商品图像效果的方法。

Step 01　打开 Photoshop 软件，按【Ctrl + O】组合键，打开商品素材图像，如图 9-49 所示。

Step 02　在工具箱中，选取移动工具，将鞋子图像拖曳至背景图像的编辑窗口中，如图 9-50 所示。

图 9-49　打开素材图像

图 9-50　拖曳图像

Step 03　按【Ctrl + T】组合键，调出变换控制框，如图 9-51 所示。

Step 04　适当调整图像的大小和位置，按【Enter】键确认，效果如图 9-52 所示。

图 9-51　调处变换控制框

图 9-52　适当调整图像大小和位置

9.4.3　制作微商朋友圈广告文案效果

下面主要介绍运用矩形工具、横排文字工具、图案叠加设置，以及投影设置，制作高跟鞋主图的文案效果的方法。

Step 01　在“图层”面板下方，单击“创建新图层”按钮，新建“图层 2”，如图 9-53 所示。

Step 02　在工具箱中选取矩形工具，在工具属性栏中设置“拾色器（填充颜色）”为黄色（RGB 参数值分别为 247、227、53），如图 9-54 所示。

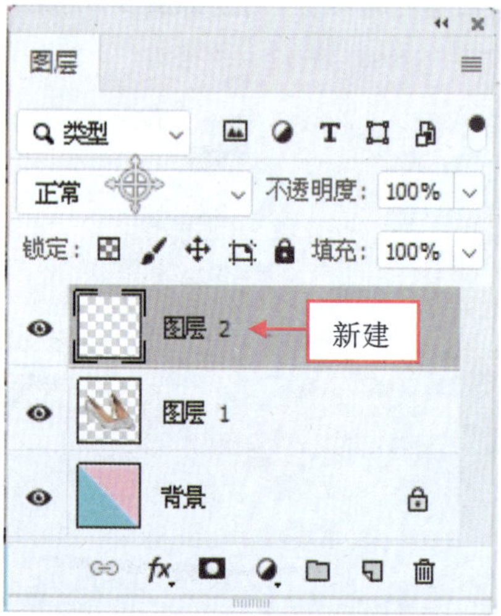

图 9-53　新建图层

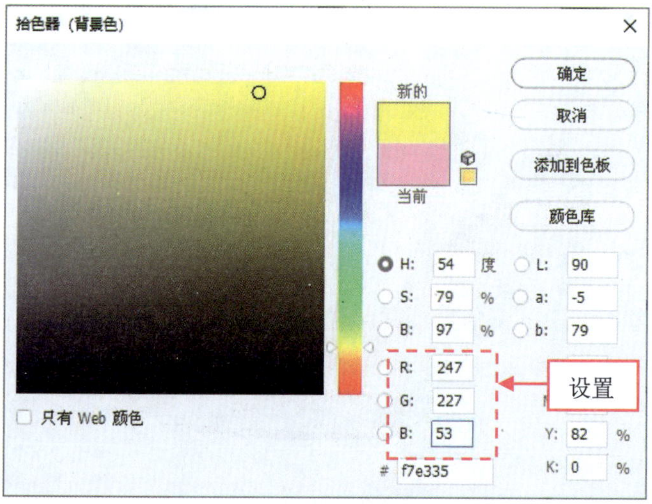

图 9-54　设置填充颜色

Step 03　在绿色背景部分的合适位置，绘制一个矩形图像，如图 9-55 所示。

Step 04　在“图层”面板中，使用鼠标左键双击“矩形 1”图层，弹出“图层样式”对话框，选中“投影”复选框，设置“不透明度”为 29%、“距离”为 3 像素、“大小”为 3 像素，如图 9-56 所示。

图 9-55　绘制矩形

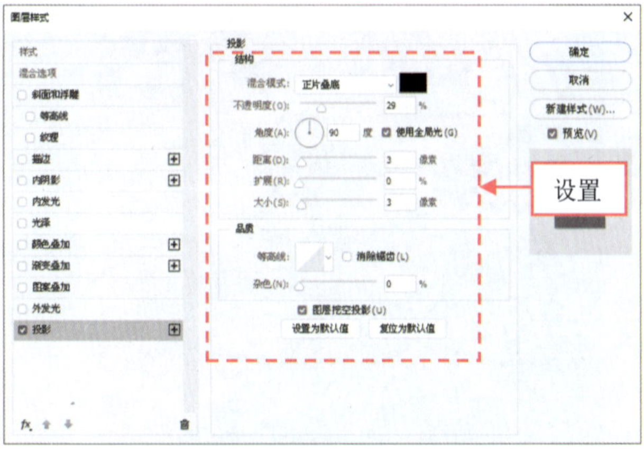

图 9-56　设置参数

Step 05　单击“确定”按钮，即可为矩形添加投影效果，如图 9-57 所示。

Step 06　在工具箱中选取横排文字工具，设置“字体”为相应字体、“字体大小”为 5 点、“颜色”为蓝色（RGB 参数值为 96、209、224），并激活仿粗体图标 **T**，如图 9-58 所示。

图 9-57　添加投影效果

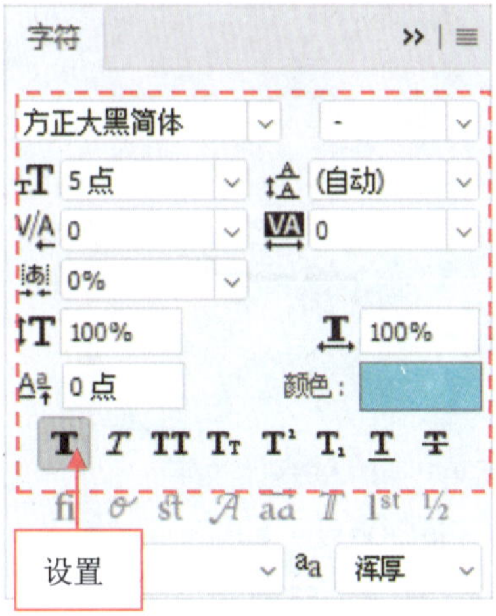

图 9-58　设置参数

Step 07　输入文字，按【Ctrl + Enter】组合键确认输入，切换至移动工具，根据需要适当地调整文字的位置，效果如图 9-59 所示。

Step 08　新建一个图层，在工具箱中选取横排文字工具，设置“字体”为合适的字体、“字体大小”为 12 点、“颜色”为白色（RGB 参数值均为 255），并激活仿粗体图标 **T**，如图 9-60 所示。

Step 09　输入文字“全国包邮”，按【Ctrl + Enter】组合键确认输入，切换至移动工具，根据需要适当地调整文字的位置，效果如图 9-61 所示。

Step 10　双击“全国包邮”文字图层，弹出“图层样式”对话框，选中“图案叠加”复选框，选择叠加图案，如图 9-62 所示。

图 9-59　输入并调整文字

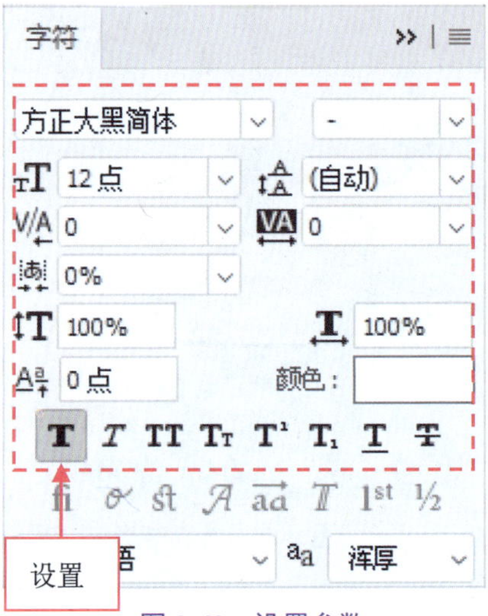

图 9-60　设置参数

图 9-61　输入并调整文字

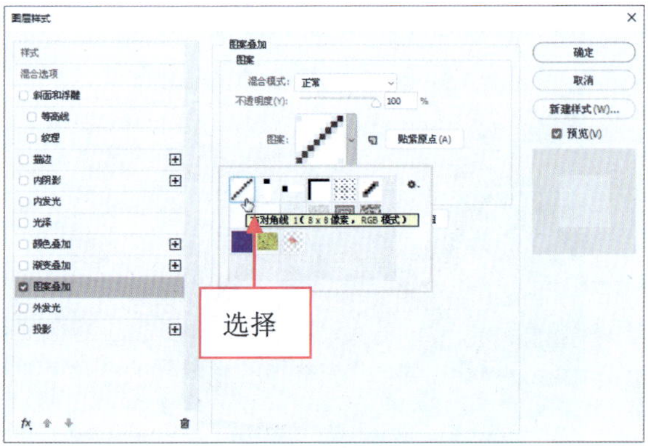

图 9-62　选择叠加图案

Step 11　选中“投影”复选框，设置“不透明度”为 37%、“距离”为 5 像素、“大小”为 5 像素，如图 9-63 所示。

Step 12　单击“确定”按钮，即可完成对文字的设置，如图 9-64 所示。

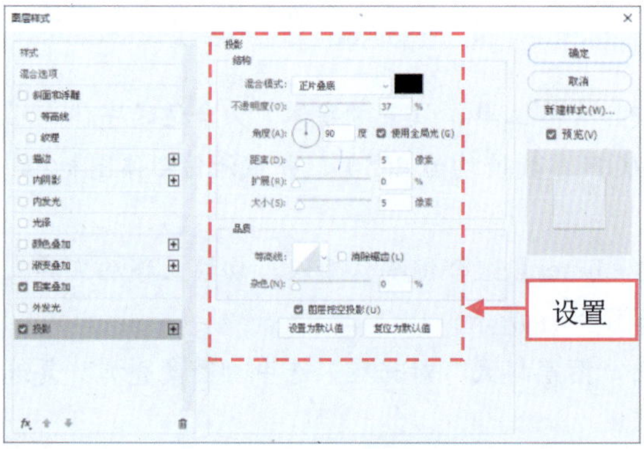

图 9-63　设置参数

图 9-64　查看效果

Step 13　按【Ctrl + O】组合键，打开“文字 2.psd”素材图像，运用移动工具将其拖曳至背景图像编辑窗口中的合适位置处，效果如图 9-65 所示。

Step 14　按【Ctrl + O】组合键，打开“斜线.psd”素材图像，运用移动工具将其拖曳至背景图像编辑窗口中的合适位置处，效果如图 9-66 所示。

图 9-65　拖曳文字素材

图 9-66　拖曳斜线素材

9.5　设计元旦商场活动页面

节假日一直都是企业开展活动的最好时机，新媒体运营者也需要掌握节假日活动的要点，只有这样才能巧妙的借助节假日，顺势实现活动的目的。本实例效果如图 9-67 所示。

图 9-67　实例效果

9.5.1　制作商场活动页面主体效果

下面主要介绍运用魔棒工具和添加图层样式等操作，制作商场折扣活动页面主体效果的方法。

Step 01 打开 Photoshop 软件，按【Ctrl + O】组合键，打开“活动背景.jpg”素材图像，如图 9-68 所示。

Step 02 按【Ctrl + O】组合键，打开“礼品.JPG”素材图像，运用移动工具将商品图像拖曳至背景图像编辑窗口中，如图 9-69 所示。

图 9-68 打开素材图像

图 9-69 添加礼品素材

Step 03 选取工具箱中的魔棒工具，设置“容差”为 50，选中礼品图像的白色区域创建选区，如图 9-70 所示。

Step 04 按【Delete】键删除选区内的图形，继续创建其他选区并删除选区内的图形，并取消选区，如图 9-71 所示。

图 9-70 创建选区

图 9-71 删除选区内的图形

Step 05 按【Ctrl + T】组合键调出变换控制框，适当调整礼品图像的大小和位置，效果如图 9-72 所示。

Step 06 双击“图层 1”，弹出“图层样式”对话框，选中“外发光”复选框，设置参数如图 9-73 所示。

图 9-72　调整礼品图像

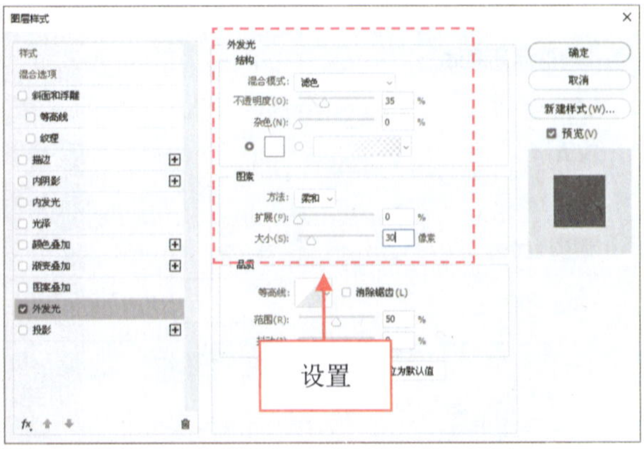

图 9-73　设置“外发光”参数

Step 07　单击“确定”按钮，添加“外发光”图层样式，效果如图 9-74 所示。

Step 08　打开“光点.psd”素材图像，运用移动工具将其拖曳至背景图像编辑窗口中，如图 9-75 所示。

图 9-74　添加图层样式

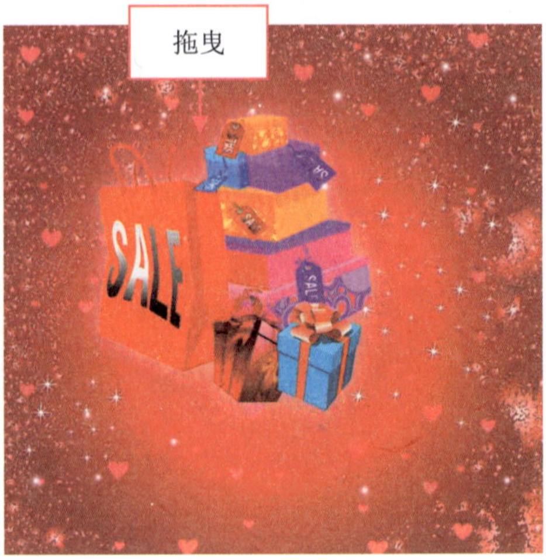

图 9-75　添加光点素材

9.5.2　制作商场活动页面文字效果

下面主要介绍运用横排文字工具和移动工具等操作，制作商场折扣活动页面文字效果的方法。

Step 01　选取工具箱中的横排文字工具，在“字符”面板中设置“字体系列”为相应字体、“字体大小”为 56 点、“颜色”为白色，如图 9-76 所示。

Step 02　将鼠标移动至图像编辑窗口中单击鼠标左键，输入文字，按【Ctrl + Enter】组合键确认输入，选取工具箱中的移动工具，将文字移动至合适位置，效果如图 9-77 所示。

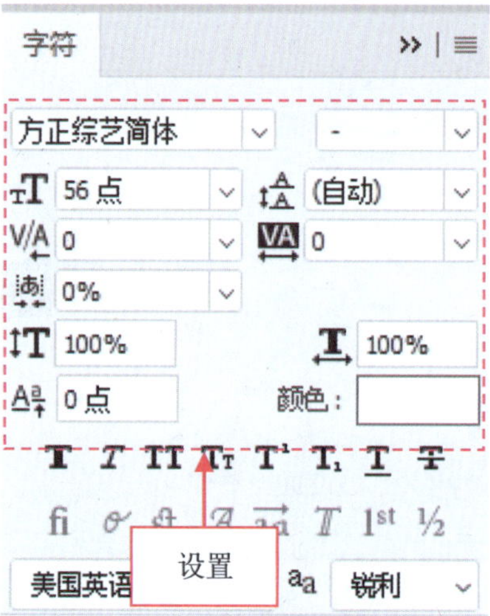

图 9-76　设置“字符”属性

图 9-77　输入文字

Step 03　双击“文字”图层，弹出“图层样式”对话框，选中“渐变叠加”复选框，设置“角度”为 90 度，单击“渐变”色块，即可弹出“渐变编辑器”对话框，设置渐变颜色 0%位置为大红色（RGB 参数值分别为 220、0、0）、100%位置为淡红色（RGB 参数值分别为 254、74、93），如图 9-78 所示。

Step 04　单击“确定”按钮即可返回“图层样式”对话框，选中“描边”复选框，设置“大小”为 8 像素、“颜色”为白色，各选项设置如图 9-79 所示。

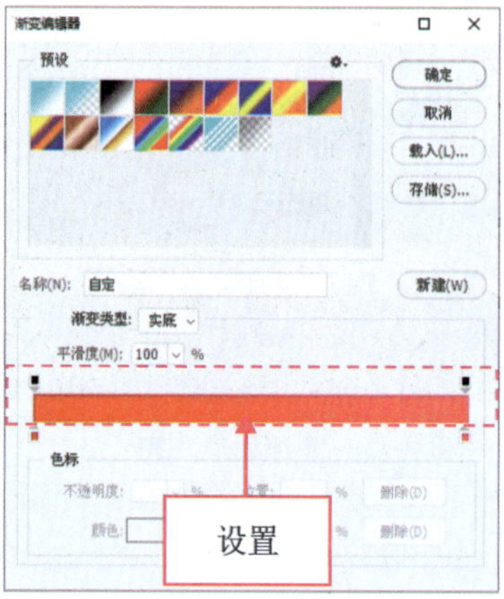

图 9-78　设置“渐变编辑器”参数

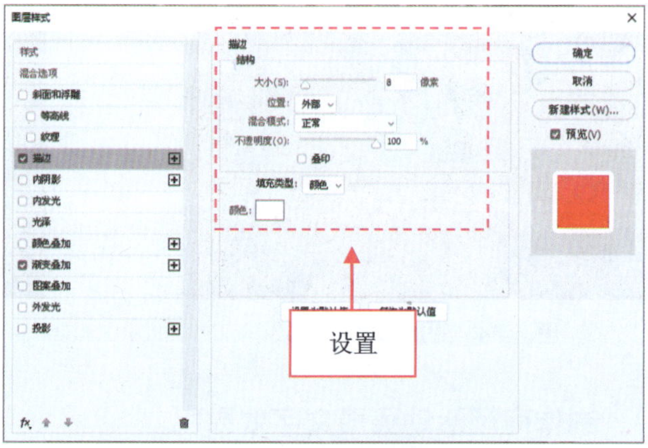

图 9-79　设置“描边”参数

Step 05　单击“确定”按钮，即可应用“渐变叠加”和“描边”样式，如图 9-80 所示。

Step 06　打开“文字 3.psd”素材图像，运用移动工具将其拖曳至背景图像编辑窗口中的合适位置处，效果如图 9-81 所示。

图 9-80 添加图层样式

图 9-81 添加文字素材

9.6 设计双十一促销活动页面

每年的双十一期间，各个电商企业的设计师们可谓卯足了劲儿，设计各种宣传海报。双十一促销活动页面不仅要传递商品信息，还要运用到文字效果。如果利用好这两点就是一幅成功的活动海报。本实例效果如图 9-82 所示。

图 9-82 实例效果

9.6.1 制作双十一促销活动页面主体效果

下面主要介绍运用自定形状工具和移动工具等操作，制作双十一促销活动页面主体效果的方法。

Step 01 打开 Photoshop 软件，按【Ctrl + O】组合键，打开“促销活动背景.jpg”素材图像，如图 9-83 所示。

Step 02 选取工具箱中的自定形状工具，在工具属性栏中设置“填充”为黄色（RGB 参数值分别为 247、227、53）、“描边”为无、“形状”为“会话 12”，如图 9-84 所示。

图 9-83　打开素材图像

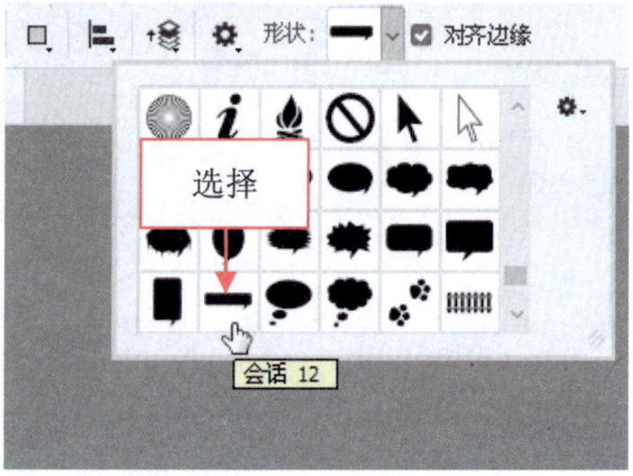

图 9-84　选择相应形状

Step 03　在图像编辑窗口中单击鼠标左键，即可弹出"创建自定形状"对话框，设置"宽度"为 420 像素、"高度"为 130 像素，如图 9-85 所示。

Step 04　单击"确定"按钮，即可创建自定形状，效果如图 9-86 所示。

Step 05　在菜单栏中单击"编辑"|"变换路径"|"旋转 180 度"命令，即可翻转形状，如图 9-87 所示。

Step 06　选取工具箱中的移动工具，将形状移动至合适位置，如图 9-88 所示。

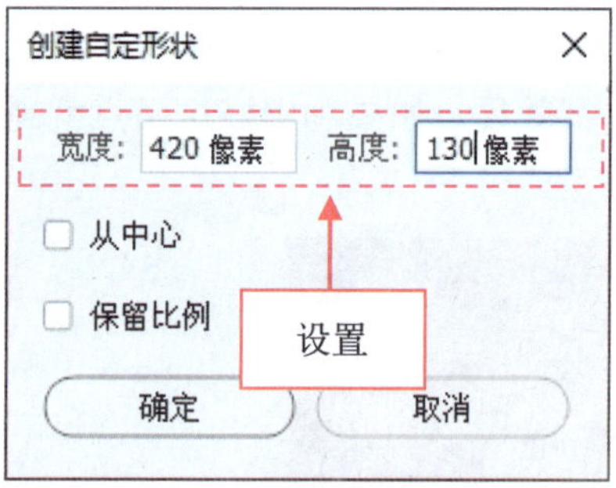

图 9-85　设置"创建自定形状"参数

图 9-86　创建自定形状

图 9-87　翻转形状

图 9-88　调整位置

9.6.2　制作双十一促销活动页面文字效果

下面介绍运用横排文字工具和移动等操作，制作双十一促销活动页面文字效果的方法。

Step 01 展开“字符”面板，设置“字体系列”为“黑体”“字体大小”为 30 点、“设置行距”为 30 点、“颜色”为白色，并激活仿粗体图标，如图 9-89 所示。

Step 02 选取工具箱中的横排文字工具，输入文字，选取工具箱中的移动工具，将文字移动至合适位置，效果如图 9-90 所示。

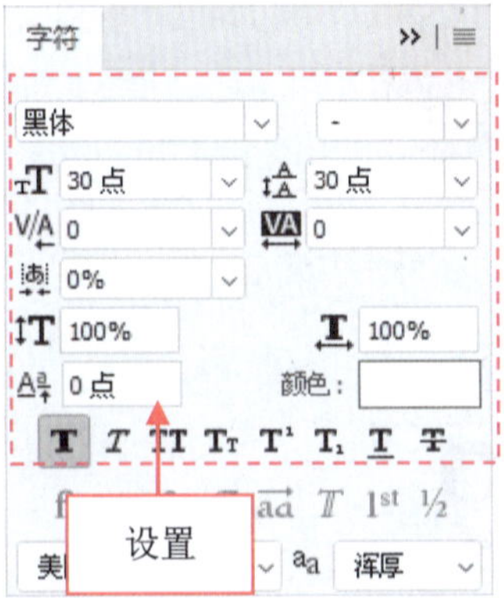

图 9-89 设置“字符”属性

图 9-90 输入文字

Step 03 按【Ctrl + O】组合键，打开“文字 4.psd”素材图像，运用移动工具将素材图像拖曳至背景图像编辑窗口中的合适位置，效果如图 9-91 所示。

Step 04 按【Ctrl + O】组合键，打开“文字 5.psd”素材图像，运用移动工具将素材图像拖曳至背景图像编辑窗口中的合适位置，效果如图 9-92 所示。

图 9-91 添加文字素材

图 9-92 添加文字素材

9.7 设计新品上市特价秒杀页面

新品发布活动的主要目的是引起顾客对新产品、新店铺等产生兴趣，从而实现将产品卖出去，这也是最为常规的营销方式。在制作新产品推广活动页面时，通常可以结合各种促销手段来增加活动吸引力，从而快速获取优质用户。本实例效果如图 9-93 所示。

图 9-93　实例效果

9.7.1　制作特价秒杀页面主体效果

下面主要介绍运用魔棒工具和移动等操作，制作特价秒杀页面主体效果的方法。

Step 01　打开 Photoshop 软件，按【Ctrl + O】组合键，打开“特价秒杀背景.jpg”图像，如图 9-94 所示。

Step 02　按【Ctrl + O】组合键，打开“商品.jpg”素材图像，运用移动工具将商品图像拖曳至背景图像编辑窗口中，如图 9-95 所示。

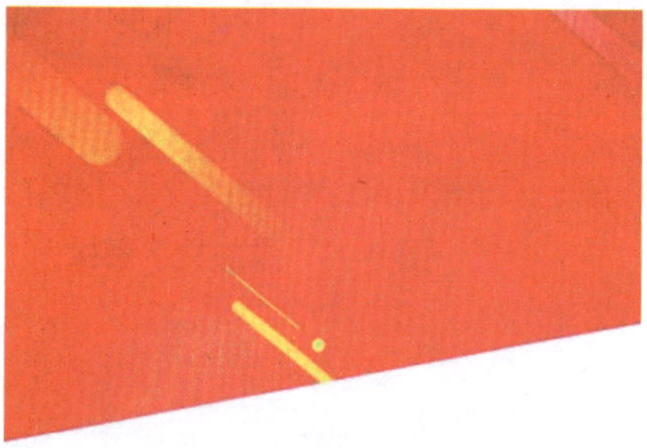

图 9-94　打开素材图像

图 9-95　添加商品素材

Step 03　运用魔棒工具，选中商品图像的白色区域创建选区，如图 9-96 所示。

Step 04　按【Delete】键删除选区内的图形，并取消选区，适当调整商品图像的大小和位置，如图 9-97 所示。

图 9-96　创建选区

图 9-97　删除选区内的图形

9.7.2　制作特价秒杀页面文案效果

下面主要介绍运用移动工具和横排文字工具等操作，制作特价秒杀页面文案效果的方法。

Step 01　按【Ctrl + O】组合键，打开“价格.psd”素材图像，运用移动工具将其拖曳至背景图像编辑窗口中的合适位置处，如图 9-98 所示。

Step 02　选取工具箱中的横排文字工具，展开“字符”面板，设置“字体系列”为“黑体”“字体大小”为 96 点、“设置行距”为 100 点、“颜色”为白色，并激活仿粗体图标，输入文字，根据需要适当地调整文字的位置，效果如图 9-99 所示。

图 9-98　添加价格标签

图 9-99　输入文字

Step 03　双击“文字”图层，弹出“图层样式”对话框，选中“描边”复选框，设置“大小”为 2 像素、“位置”为“外部”“混合模式”为“正常”“颜色”为黑色，效果如图 9-100 所示。

Step 04 单击“确定”按钮，即可为文字添加“描边”图层样式，效果如图 9-101 所示。

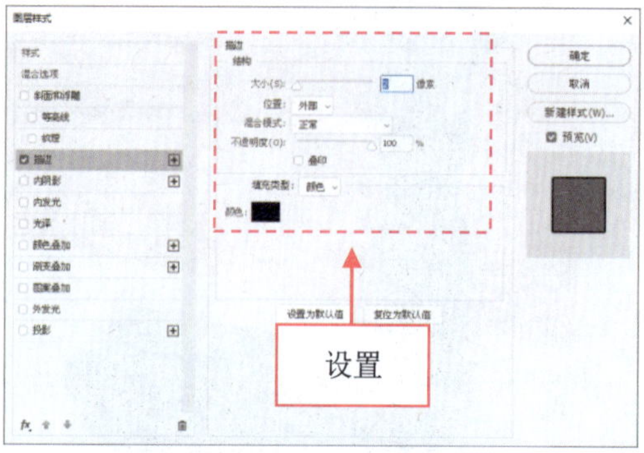

图 9-100　设置“描边”参数

图 9-101　添加图层样式

Step 05 打开“线条和文字.psd”素材图像，运用移动工具将其拖曳至背景图像编辑窗口中的合适位置处，效果如图 9-102 所示。

Step 06 打开“矩形和文字.psd”素材图像，运用移动工具将其拖曳至背景图像编辑窗口中的合适位置处，如图 9-103 所示。

图 9-102　添加线条和文字素材

图 9-103　添加矩形和文字素材

本章小结

本章首先介绍了设计淘宝美妆网店首页的方法，包括制作纯色渐变效果、调整商品图像亮度，以及制作文案与图层样式等；然后介绍了天猫厨具网店主图的方法、设计图书微店界面的方法，以及设计微商朋友圈广告的方法等；接着介绍了设计元旦商场活动页面的方法和设计双十一促销活动页面的方法等；最后介绍了设计新品上市特价秒杀页面的方法。通过本章的学习，可以帮助读者设计出高端的电商平台封面。

本章习题

1．在 Photoshop 软件中，如何将“电饭煲.jpg”素材图像中的白色背景消除？

2．在 Photoshop 软件中，如何使礼品图像发光？

3．请认真学习本章内容，制作一张电商平台的广告封面。

第 10 章　设计线下平面宣传广告

本章导读

平面广告设计是将广告的主题、创意、语言文字、形象，以及衬托等要素进行组合构图，通过广告来达到吸引用户为目的，从而实现引流吸粉、推广产品和品牌。本章主要介绍海报、宣传册和画册等广告设计案例。

本章重点

- 设计百货商场广告
- 设计珠宝画册广告
- 设计电子产品广告
- 设计手提袋包装
- 设计礼盒包装

10.1　设计百货商场广告

本实例设计的是一幅百货商场购物中心的公众号宣传海报，海报是一种比较直接、灵活性的广告宣传形式，是产品销售活动中的最后一个环节，能在商品销售的现场营造出良好的商业气氛，引起消费冲动，产生购买欲。本实例效果如图 10-1 所示。

图 10-1　实例效果

10.1.1　制作商场海报背景效果

本实例以紫色为整体色调，在其中添加各种装饰素材，为商场海报制作背景效果。具体操作方法如下。

Step 01　打开 Photoshop 软件，按【Ctrl＋O】组合键，打开“百货商场广告设计.jpg”素材图像，效果如图 10-2 所示。

Step 02　打开“枫叶.JPG”素材图像，运用移动工具将其拖曳至背景图像编辑窗口中的合适位置处，如图 10-3 所示。

图 10-2　打开素材文件

图 10-3　拖入素材图像

Step 03 在“图层”面板中，设置“图层 1”的混合模式，参数为“溶解”、“不透明度”为 5%，效果如图 10-4 所示。

Step 04 为“图层 1”添加一个图层蒙版，并填充黑色，隐藏部分图像效果，如图 10-5 所示。

图 10-4　图像效果

图 10-5　添加图层蒙版

Step 05 打开“光带.psd”素材图像，运用移动工具将其拖曳至背景图像编辑窗口中的合适位置处，效果如图 10-6 所示。

Step 06 打开“边框.psd”素材图像，运用移动工具将其拖曳至背景图像编辑窗口中的合适位置处，如图 10-7 所示。

图 10-6　拖入光带素材

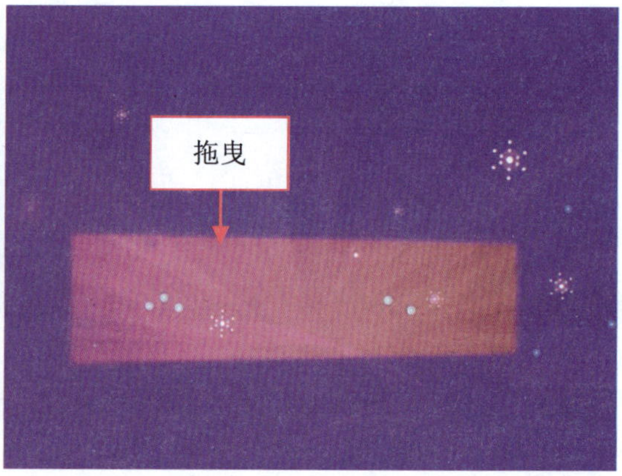

图 10-7　拖入边框素材

10.1.2　制作商场海报主体效果

本实例主要运用图层蒙版、横排文字工具等制作商场海报的主体效果，再置入相应的素材图像，突出海报的主体效果。具体操作方法如下。

Step 01 打开“礼品 1.psd”素材图像，运用移动工具将其拖曳至背景图像编辑窗口中的合适位置处，效果如图 10-8 所示。

Step 02 打开“花朵装饰.psd”素材图像，运用移动工具将其拖曳至背景图像编辑窗口中的合适位置处，效果如图 10-9 所示。

图 10-8　拖入礼品素材

图 10-9　拖入花朵素材

Step 03 打开“礼品 2.psd”素材图像，运用移动工具将其拖曳至背景图像编辑窗口中的合适位置处，设置该图层的混合模式为“正片叠底”，效果如图 10-10 所示。

Step 04 打开“写字.psd”素材图像，运用移动工具将其拖曳至背景图像编辑窗口中的合适位置处，为该图层添加图层蒙版，运用黑色的画笔工具在图像上涂抹，隐藏部分图像，效果如图 10-11 所示。

图 10-10　设置图层混合模式

图 10-11　隐藏部分图像

Step 05 选取工具箱中的横排文字工具，在图像上单击鼠标左键，确定插入点，设置“字体系列”为相应字体、“字体大小”为 20 点、“颜色”为白色（RGB 参数值均为 255），输入文字，效果如图 10-12 所示。

Step 06 选择“浓情”与“感恩”文字，更改“字体大小”为 38 点，并将文字适当旋转角度，效果如图 10-13 所示。

Step 07 双击文字图层，弹出“图层样式”对话框，选中“投影”复选框，设置“角度”为 120 度、“距离”为 7 像素、“扩展”为 20%、“大小”为 10 像素，单击“确定”按钮，为文字图层添加“投影”样式，效果如图 10-14 所示。

Step 08 打开“文字 1.psd”素材图像，运用移动工具将其拖曳至背景图像编辑窗口中的合适位置处，效果如图 10-15 所示。

图 10-12　输入文字

图 10-13　调整文字大小和角度

图 10-14　添加图层样式

图 10-15　最终效果

10.2　设计珠宝画册广告

在新媒体商务活动中，画册在企业形象推广和产品营销中的作用越来越重要。本实例制作的是珠宝企业小程序的画册广告，体现出高档的视觉效果，在设计时用一些独特的元素来体现珠宝的品质。本实例效果如图 10-16 所示。

图 10-16　实例效果

10.2.1　制作珠宝画册背景效果

珠宝画册背景以紫色调为整体色调，在其中添加各种金色和银色的珠宝饰品素材，体现出高贵感。具体操作方法如下。

Step 01　按【Ctrl + O】组合键，打开“珠宝画册广告设计.jpg”素材，如图 10-17 所示。

Step 02　打开“飘带.psd”素材，使用移动工具将素材图像拖曳至背景图像编辑窗口中，效果如图 10-18 所示。

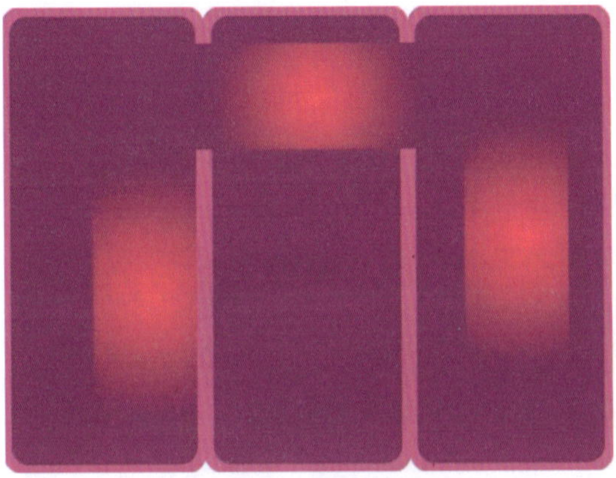

图 10-17　打开素材图像

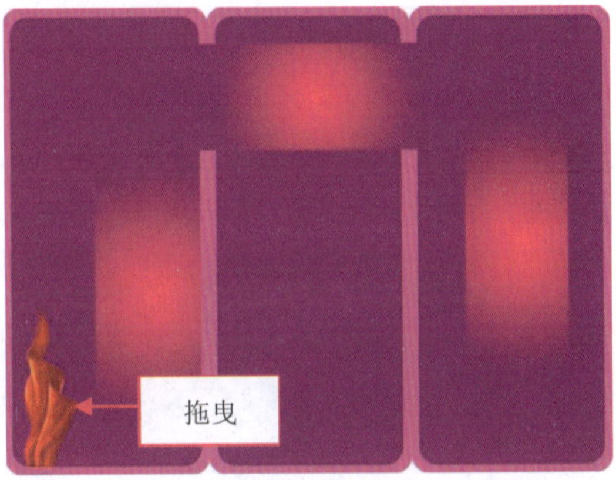

图 10-18　拖曳素材

Step 03　双击“飘带”图层，在弹出的对话框中选中“外发光”复选框，设置“设置发光颜色”为淡黄色（RGB 参数值为 255、255、190），再设置其他参数如图 10-19 所示。

Step 04　设置完毕后，单击“确定”按钮，为图像添加图层样式，效果如图 10-20 所示。

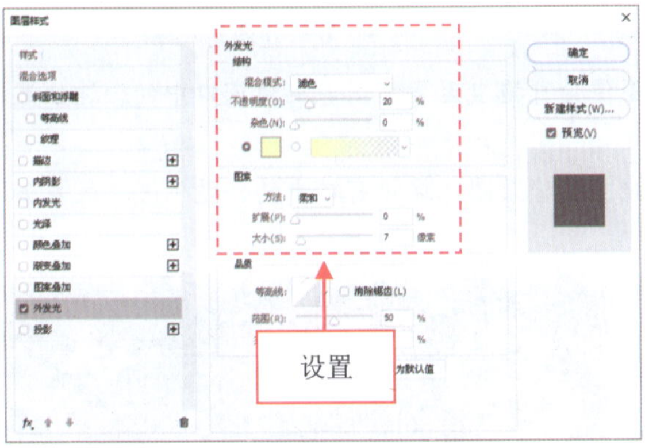

图 10-19　设置“外发光”参数

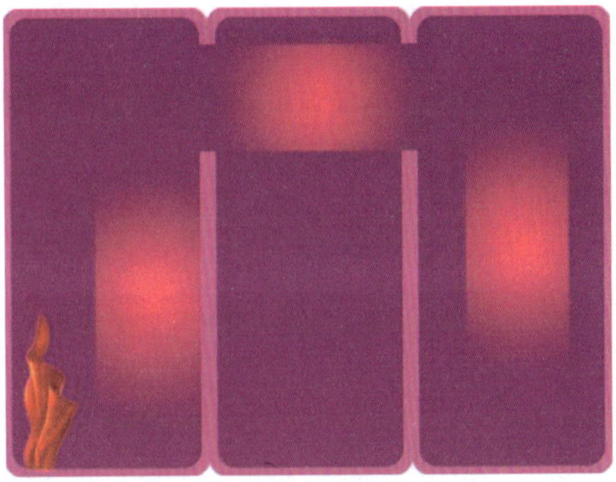

图 10-20　添加图层样式

Step 05　打开“珠宝.psd”素材，使用移动工具将素材图像拖曳至背景图像编辑窗口中，效果如图 10-21 所示。

Step 06　双击“珠宝”图层，在弹出的对话框中选中“外发光”复选框，设置“设置发光颜色”为淡黄色（RGB 参数值为 255、255、190），再设置其他参数如图 10-22 所示。

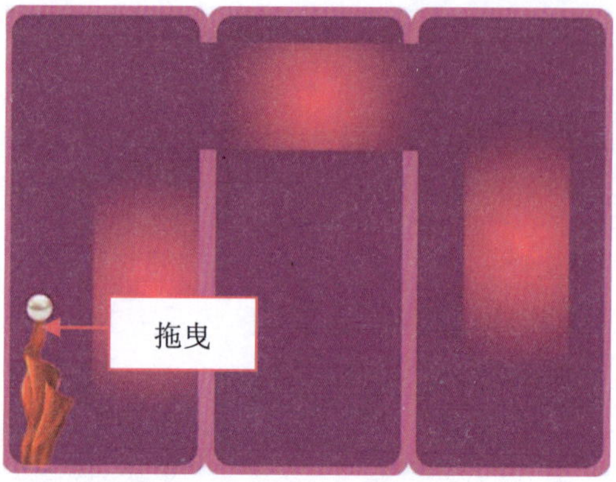

图 10-21　添加珍珠素材

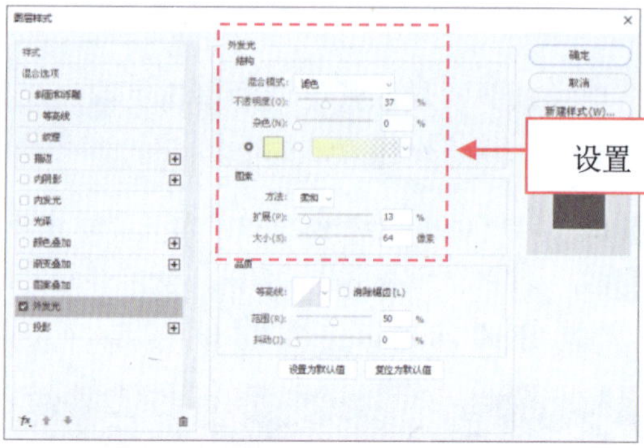

图 10-22　设置“外发光”参数

Step 07　设置完毕后，单击“确定”按钮，为图像添加图层样式，效果如图 10-23 所示。

Step 08　复制珍珠图像两次，并适当地调整各图像的位置，效果如图 10-24 所示。

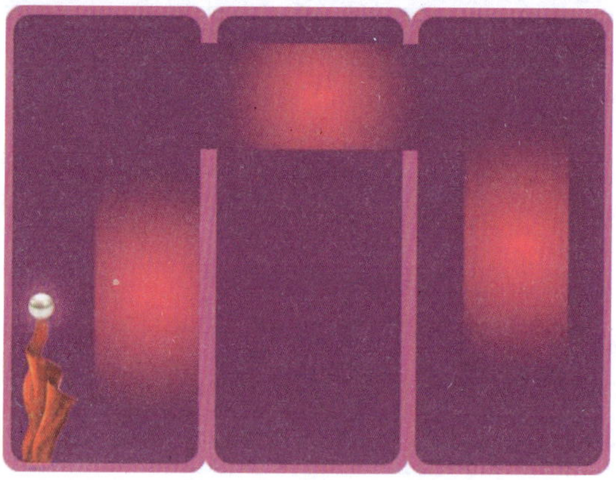

图 10-23　添加图层样式

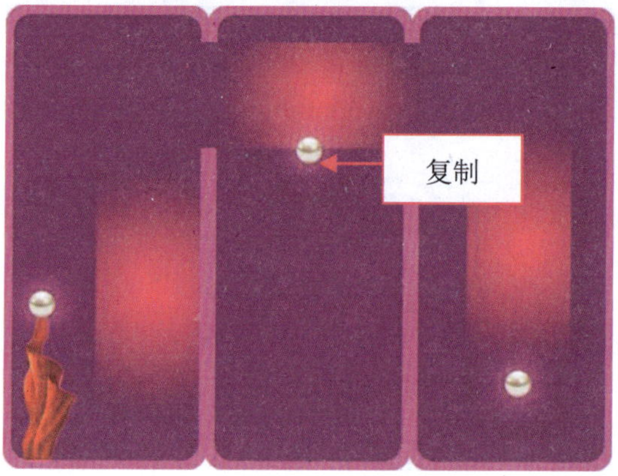

图 10-24　复制并调整图像

Step 09　打开“珠宝饰品.psd”素材，将素材图像分别拖曳至背景图像编辑窗口中的合适位置，效果如图 10-25 所示。

Step 10　打开“星点.psd”素材，将素材图像拖曳至背景图像编辑窗口中的合适位置，效果如图 10-26 所示。

图 10-25　添加珠宝饰品素材

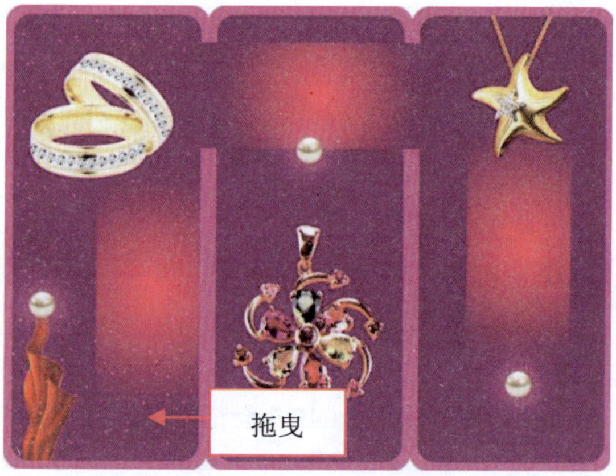

图 10-26　添加星点素材

Step 11　复制“星点”图层两次，并根据需要将图像分别调至第 2 个和第 3 个圆角矩形图像上，效果如图 10-27 所示。

Step 12　打开“星星.jpg”素材，将素材图像拖曳至背景图像编辑窗口中的合适位置，效果如图 10-28 所示。

图 10-27　复制图像

图 10-28　添加星星素材图像

▶ 专家指点

新媒体运营者须注重视觉设计，才能保证良好的视觉营销效果。基本的视觉图形主要分为三大类型，即点、线、面。点，属于最为简单的视觉图形，当它被合理运用时就能产生良好的视觉效果。

Step 13　设置“星星”图层的混合模式为“滤色”，效果如图 10-29 所示。

Step 14　复制“星星”图层多次，并根据需要对各图像的大小、位置、角度和方向进行适当地调整，效果如图 10-30 所示。

图 10-29　设置图像

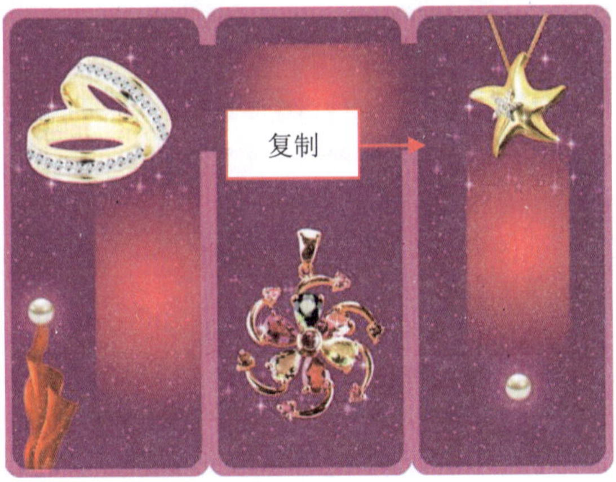

图 10-30　复制并调整图像

10.2.2 制作珠宝画册文字效果

下面介绍运用横排文字工具和复制文字图层等操作，制作珠宝画册广告文字效果的方法。

Step 01 选取横排文字工具，展开“字符”面板，设置“颜色”为粉红色（RGB 参数值为 255、197、215），再设置各选项如图 10-31 所示。

Step 02 在图像编辑窗口中的合适位置输入所需的文字，效果如图 10-32 所示。

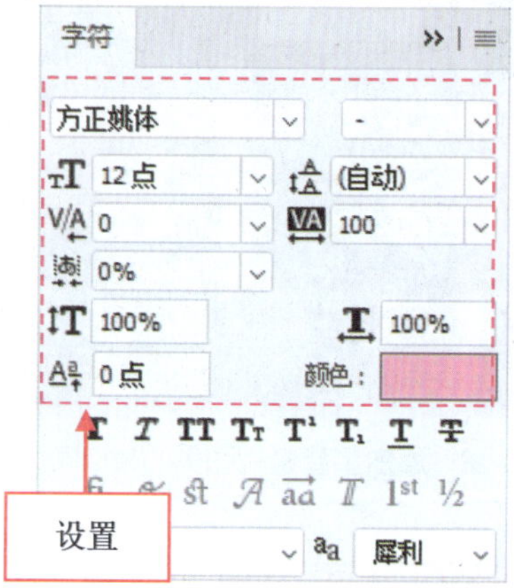

图 10-31 “字符”面板

图 10-32 输入文字

Step 03 复制“爱玛珠宝”文字图层两次，根据需要调整文字的位置、大小和取向，如图 10-33 所示。

Step 04 使用横排文字工具在图像编辑窗口中的合适位置单击鼠标左键并确认插入点，展开“字符”面板，设置“字体系列”为相应字体、“字体大小”为 7 点、“设置所选字符的字距调整”为 100、“颜色”为粉红色（RGB 参数值为 255、197、215），如图 10-34 所示。

图 10-33 复制并调整文字

Step 05 在图像编辑窗口中的合适位置输入所需的文字，效果如图 10-35 所示。

Step 06 复制并调整文字，本实例制作完毕，效果如图 10-36 所示。

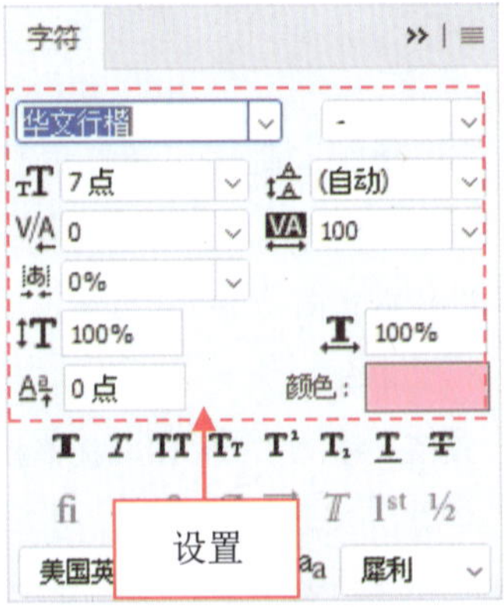

图 10-34　设置字符参数

图 10-35　输入文字

图 10-36　复制并调整文字

10.3　设计电子产品广告

在设计新媒体平台广告时，应体现通俗化、大众化的原则。本实例通过添加产品素材，变换图像、添加文字和应用图层样式等技巧，制作电子产品的宣传广告。本实例效果如图 10-37 所示。

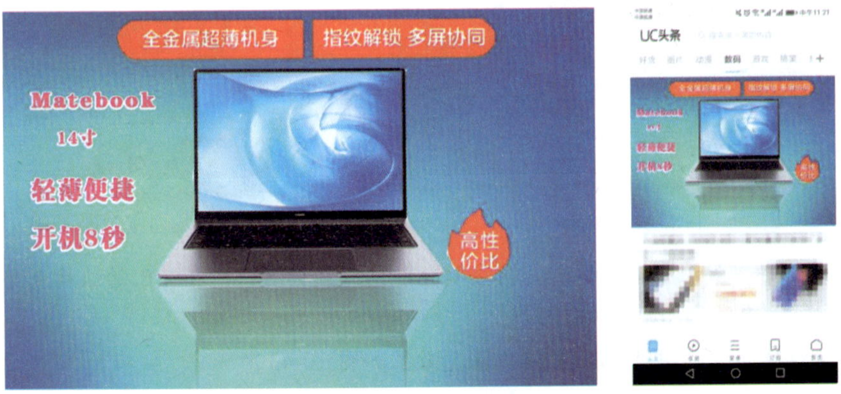

图 10-37　实例效果

10.3.1 制作电子产品广告主体效果

下面介绍运用新建“亮度/对比度 1”调整图层和渐变工具等操作，制作电子产品广告主体效果的方法。

Step 01 打开 Photoshop 软件，按【Ctrl + O】组合键，打开“电脑背景图.jpg”素材图像，如图 10-38 所示。

Step 02 新建“亮度/对比度 1”调整图层，展开“属性”面板，设置“亮度”为 10，提高图像亮度，效果如图 10-39 所示。

图 10-38 背景素材

图 10-39 提高图像亮度

Step 03 打开“电脑.psd”素材，使用移动工具将素材图像拖曳至背景图像编辑窗口中，效果如图 10-40 所示。

Step 04 复制“图层 1”图层，得到“图层 1 拷贝”，如图 10-41 所示。

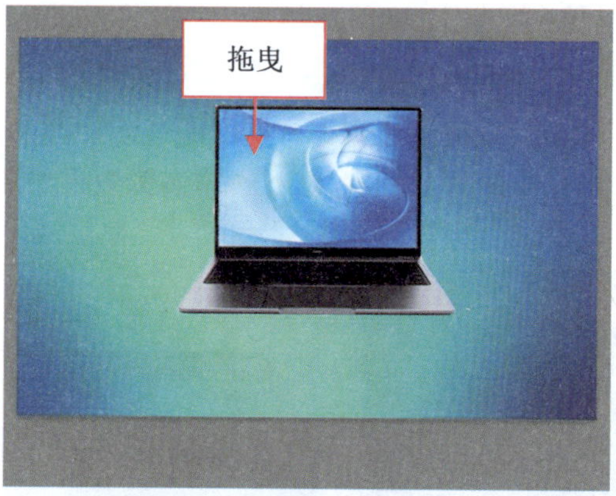

图 10-40 拖曳电脑素材

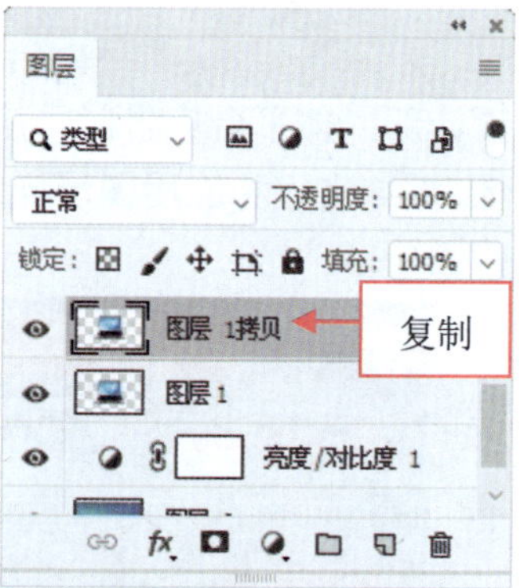

图 10-41 复制图层

Step 05 按【Ctrl + T】组合键，调出变换控制框，单击鼠标右键，在弹出的快捷菜单中选择“垂直翻转”选项，如图 10-42 所示。

Step 06 垂直翻转图像，按【Enter】键确认，效果如图 10-43 所示。

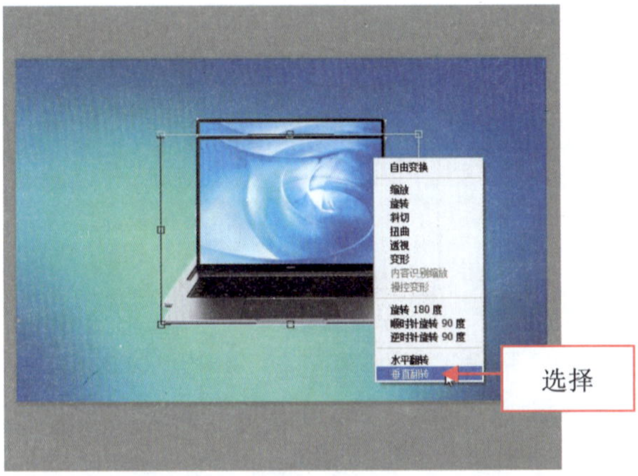

图 10-42　选择“垂直翻转”选项

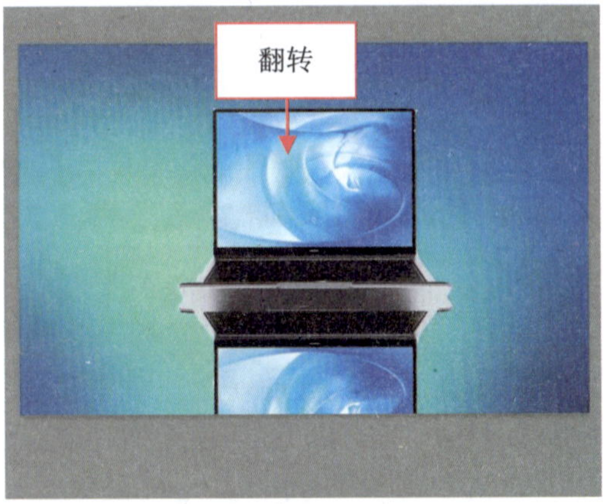

图 10-43　翻转图像

Step 07　将“图层 1 拷贝”图层调整至“图层 1”图层下方，如图 10-44 所示。

Step 08　适当调整拷贝图像的位置，效果如图 10-45 所示。

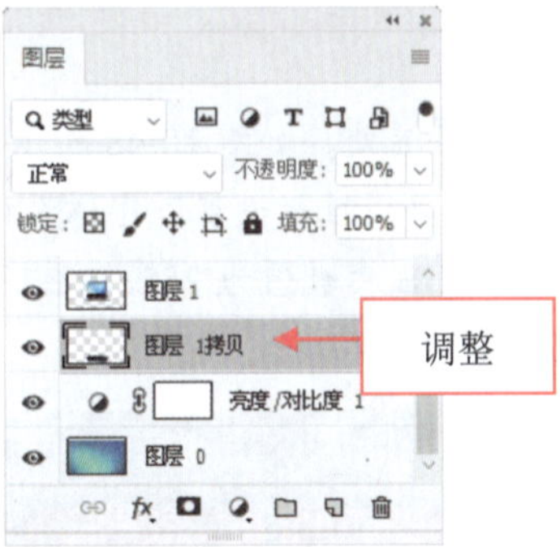

图 10-44　调整图层顺序

图 10-45　调整图像位置

▶ 专家指点

执行“编辑/自由变换”命令时：

- 按住【Ctrl】键并拖动某一控制点，可以进行自由变形调整。
- 按住【Alt】键并拖动某一控制点，可以进行对称变形调整。
- 按住【Shift】键并拖动某一控制点，可以进行等比例缩放。
- 按【Ctrl + Shift + T】组合键，可再次执行上次的变换。
- 按【Alt + Shift】组合键，将以控制框的中心点为中心进行等比例缩放。
- 按【Ctrl + Shift + Alt + T】组合键，复制原图像后再执行变换操作。

Step 09　单击“图层”面板底部的“添加图层蒙版”按钮，❶为“图层 1 拷贝”添加蒙版；❷并设置“不透明度”为 60%，如图 10-46 所示。

Step 10　选取渐变工具，为图像填充黑白色渐变色，制作出倒影效果，如图 10-47 所示。

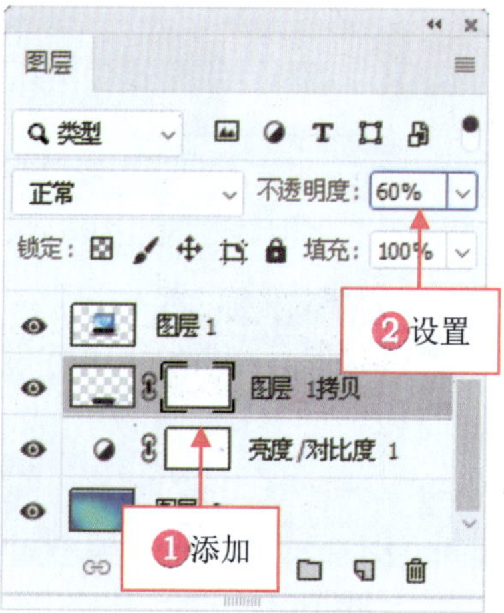

图 10-46　设置不透明度

图 10-47　倒影效果

10.3.2　制作电子产品广告文字效果

下面主要介绍运用横排文字工具和添加图层样式等操作，制作出电子产品广告文字效果的方法。

Step 01　打开“电脑文字 1.psd”素材，将素材图像拖曳至适当位置处，如图 10-48 所示。

Step 02　选取横排文字工具在图像编辑窗口中确认输入点，在工具属性栏设置“字体系列”为相应字体、“字体大小”为 14 点、“颜色”为洋红色（RGB 参数值为 255、0、120），输入相应文字，按【Ctrl + Enter】组合键确认，效果如图 10-49 所示。

图 10-48　添加文字素材

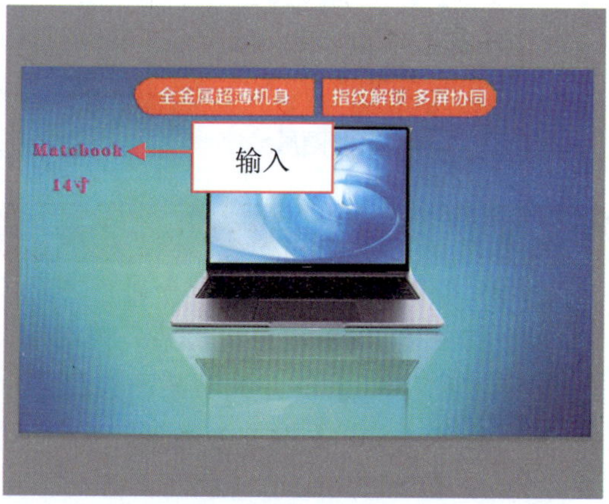

图 10-49　输入文字

Step 03　使用横排文字工具选中文字，在“字符”面板，设置各选项如图 10-50 所示。

Step 04　设置完毕后按【Ctrl + Enter】组合键确认，改变文字属性，效果如图 10-51 所示。

Step 05　双击文字图层，在弹出的对话框中选中“描边”复选框，设置“大小”为 2 像素、“颜色”为白色，其他参数保持不变，如图 10-52 所示。

Step 06　单击“确定”按钮，应用图层样式，效果如图 10-53 所示。

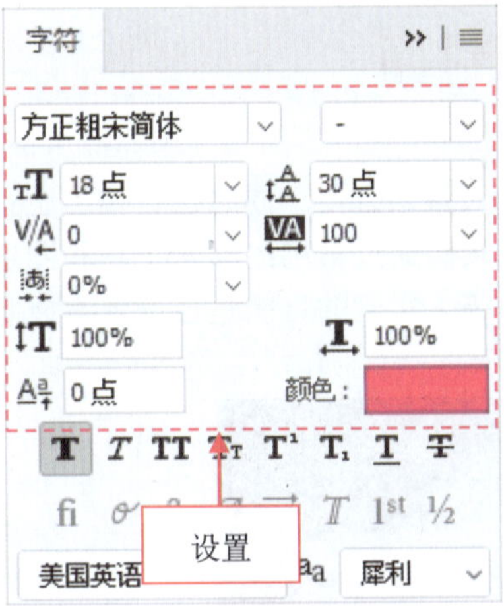

图 10-50　设置文字参数

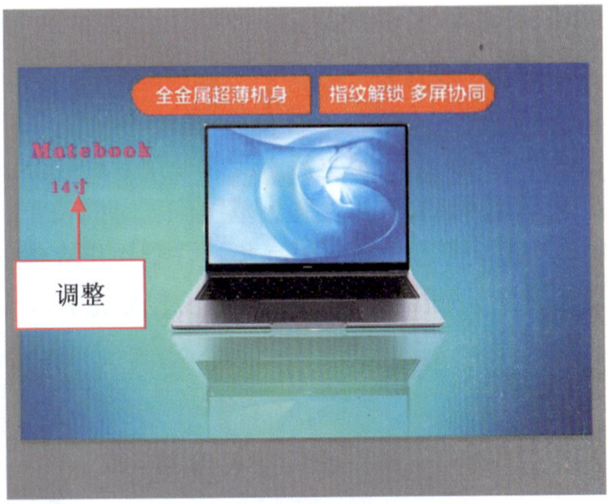

图 10-51　改变文字属性

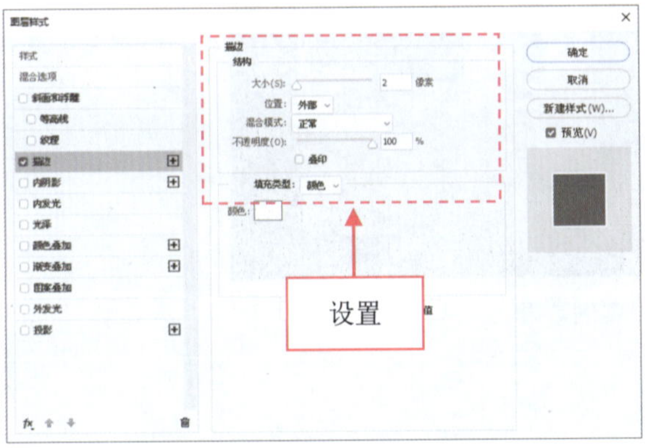

图 10-52　设置“描边”参数

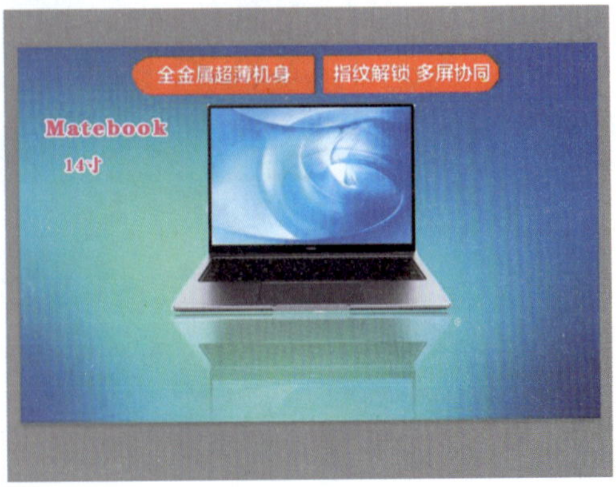

图 10-53　应用图层样式

Step 07 使用横排文字工具在图像编辑窗口中输入需要的文字，并调整好文字的属性和位置，复制“Matebook 4 寸”文字图层上的图层样式，将其分别粘贴于其他文字图层上，使各文字应用图层样式，效果如图 10-54 所示。

Step 08 打开“电脑文字 2.psd”素材，使用移动工具将素材图像拖曳至背景图像编辑窗口中的合适位置处，效果如图 10-55 所示。

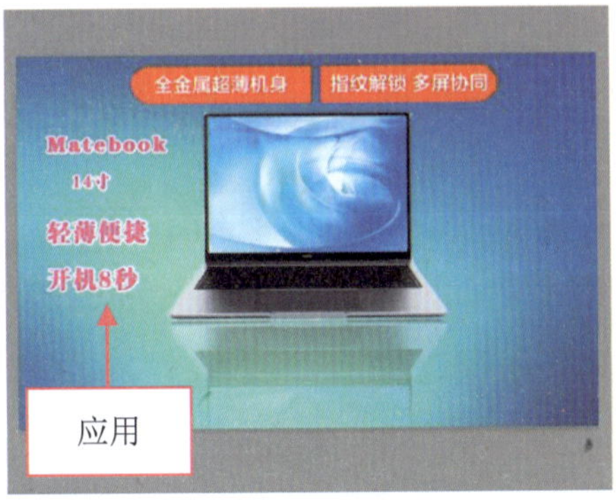

图 10-54　应用图层样式

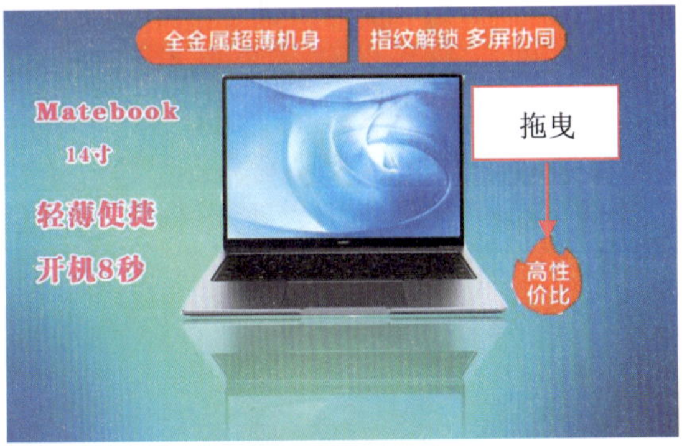

图 10-55　添加文字素材

10.4 设计手提袋封面

手提袋是人们日常生活中经常使用到的物品，它能给人带来方便，同时也宣传了企业和企业的商品，具有宣传性强、范围广、时间长等特点。本实例通过常用的渐变工具和图层样式制作手提袋平面，再通过变换操作制作出立体的手提袋等，实例的目的是让读者掌握制作手提袋的整个流程与操作技巧。本实例效果如图 10-56 所示。

图 10-56　实例效果

10.4.1　制作手提袋包装背景效果

下面主要介绍运用渐变工具与图层样式等操作，制作出手提袋包装的背景效果的方法。

Step 01　打开 Photoshop 软件，按【Ctrl + O】组合键，打开“淡紫色背景.jpg”素材图像，如图 10-57 所示。

Step 02　打开“手提袋图案.psd”素材图像，运用移动工具将其拖曳至背景图像编辑窗口中的合适位置处，如图 10-58 所示。

图 10-57　打开背景素材

图 10-58　添加图案素材

Step 03　选取工具箱中的横排文字工具，展开“字符”面板，设置“字体系列”为相应字体、“字体大小”为 14 点、“颜色”为洋红色（RGB 参数值为 255、0、120），在标志图像下方单击鼠标左键，确认插入点，并输入文字，效果如图 10-59 所示。

Step 04　使用横排文字工具选中“世界”文字，展开“字符”面板，设置“字体系列”为相应字体、“字体大小”为 12 点，如图 10-60 所示。

图 10-59　输入文字

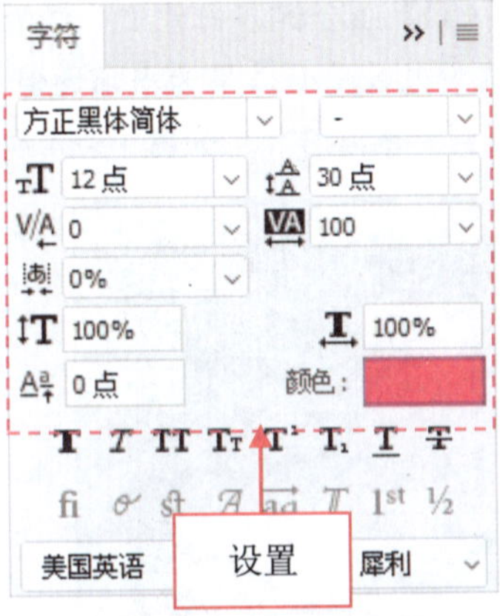

图 10-60　设置文字参数

Step 05　设置完毕后，按【Ctrl + Enter】组合键确认输入并变换，效果如图 10-25 所示。

Step 06　打开“手提袋包装文字.psd”素材图像，运用移动工具将其拖曳至背景图像编辑窗口中的合适位置处，如图 10-26 所示。

图 10-61　确认文字效果

图 10-62　添加文字素材

10.4.2 制作手提袋包装立体效果

下面主要介绍运用盖印图层、“扭曲”命令、钢笔工具，以及“描边”命令等操作，制作出手提袋包装的立体效果；运用“斜切”命令、图层蒙版、编组，以及多边形套索工具等操作，制作出手提袋包装的倒影效果的方法。

Step 01 按【Ctrl + O】组合键，打开“手提袋立体背景.psd”素材图像，如图 10-63 所示。

Step 02 确认手提袋包装平面效果为当前图像编辑窗口，按【Ctrl + Alt + Shift + E】组合键，盖印图层，得到“图层 3”，如图 10-64 所示。

图 10-63　背景素材

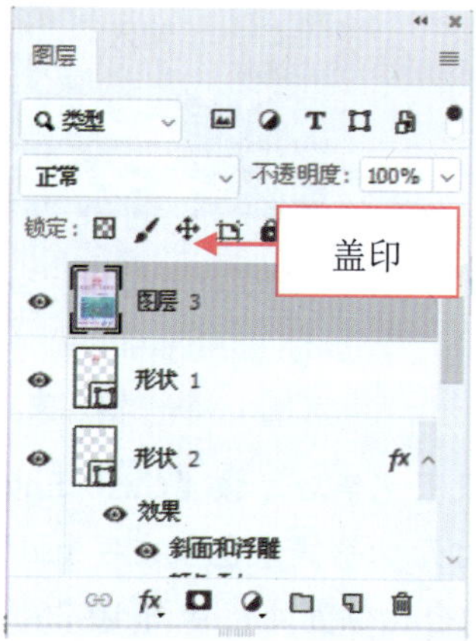

图 10-64　盖印图层

Step 03 运用移动工具将该图像移至“手提袋立体背景”图像编辑窗口中，按【Ctrl + T】组合键，调出变换控制框，按住【Alt + Shift】组合键的同时，等比例缩小图像，再按【Enter】键确认变换，效果如图 10-65 所示。

Step 04 单击“编辑”|“变换”|“扭曲”命令，调出变换控制框，依次向下和向上拖曳右上角和右下角的控制柄，扭曲图像，双击鼠标左键确认变换操作，效果如图 10-66 所示。

图 10-65　拖入图像素材

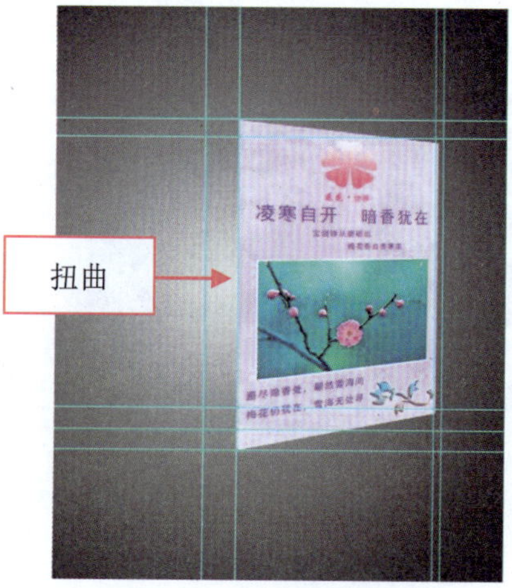

图 10-66　扭曲调整图像

Step 05 按【Ctrl + O】组合键，打开“手提袋侧面.psd”素材图像，将素材图像拖曳至背景图像编辑窗口中的合适位置，效果如图 10-67 所示。

Step 06 按【Ctrl + O】组合键，打开“手提袋投影.psd”素材图像，将素材图像分别拖曳至背景图像编辑窗口中的合适位置，调整画面，效果如图 10-68 所示。

图 10-67　添加手提袋侧面素材

图 10-68　拖入素材图像

10.5　设计礼盒包装

本案例设计的是礼盒包装，在色彩上采用了蓝色、黄色等颜色。其中以蓝色为主，体现一种愉快的感觉；以黄色为辅，简明扼要体现主题。本实例效果如图 10-69 所示。

图 10-69　实例效果

10.5.1 制作礼盒包装平面效果

下面主要介绍运用横排文字工具，制作礼盒包装平面效果的方法。

Step 01 打开 Photoshop 软件，按【Ctrl + O】组合键，打开“礼盒背景.psd”图像，效果如图 10-70 所示。

Step 02 选取工具箱中的横排文字工具，展开“字符”面板，设置“字体系列”为相应字体、“字体大小”为 50 点、“颜色”为白色、“设置所选字符的字距调整”为 100，并激活仿粗体图标 **T**，然后在图像编辑窗口中输入文字，如图 10-71 所示。

图 10-70 打开素材图像

图 10-71 输入文字

Step 03 双击文字图层，弹出“图层样式”对话框，选中“描边”复选框，然后在弹出的“图层样式”对话框中，设置“大小”为 3 像素、“位置”为“外部”“混合模式”为“正常”“不透明度”为 100%，其中颜色为红色（RGB 的参数值分别为 255、42、0），如图 10-72 所示。

Step 04 单击“确定”按钮，为图像添加“描边”样式效果，效果如图 10-73 所示。

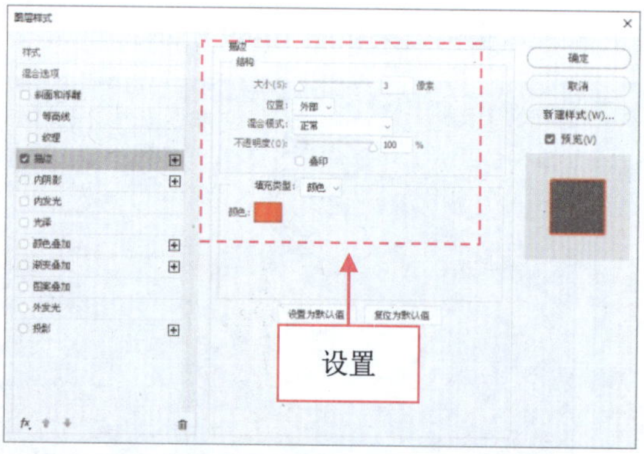

图 10-72 设置“描边”参数

图 10-73 确定图层样式

Step 05 选择矩形工具，设置“填充”为黄色（RGB 的参数值分别为 255、255、0），在文字图层的下方绘制黄色的矩形图形，再按【Ctrl + T】组合键，斜切矩形，如图 10-74 所示。

Step 06 按【Ctrl + O】组合键，打开“礼盒文字.psd”素材图像，运用移动工具将其拖曳至背景图像编辑窗口中的合适位置处，效果如图 10-75 所示。

图 10-74 斜切矩形

图 10-75 添加文字素材

10.5.2 制作礼盒包装立体效果

下面主要介绍“旋转 180 度”命令、“缩放”命令、“斜切”命令，以及“扭曲”命令等操作，制作出礼盒包装的立体效果的方法。

Step 01 打开 Photoshop 软件，按【Ctrl + O】组合键，打开“礼盒立体背景.psd”素材图像，如图 10-76 所示。

Step 02 确定制作好的平面效果为当前工作图层，单击“图层”|“合并可见图层”命令，合并所有可见图像，选取工具箱中的移动工具，将平面图像拖曳至刚打开的背景图像窗口中，并调整其合适大小及位置，如图 10-77 所示。

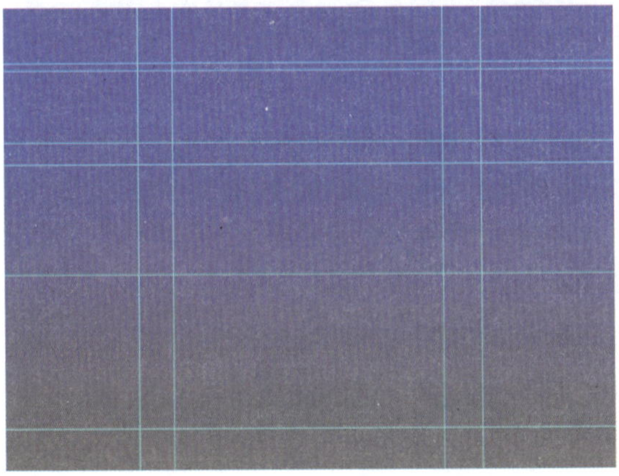

图 10-76 打开背景图像

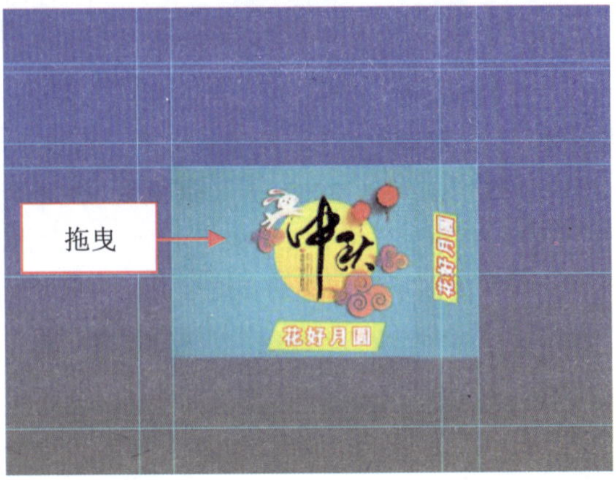

图 10-77 拖入素材

Step 03 运动移动工具将“礼盒组.psd”素材图像移动到合适位置，如图 10-78 所示。

Step 04 将图像旋转 180 度，然后选取工具箱中的移动工具适当调整其位置，如图 10-79 所示。

Step 05 选择“图层 2”，按【Ctrl + T】组合键，调出变换控制框，对图像进行“缩放”和“斜切”操作，效果如图 10-80 所示。

Step 06 用上述操作方法，对礼盒的其他部分进行“缩放”和“扭曲”操作，效果如图 10-81 所示。

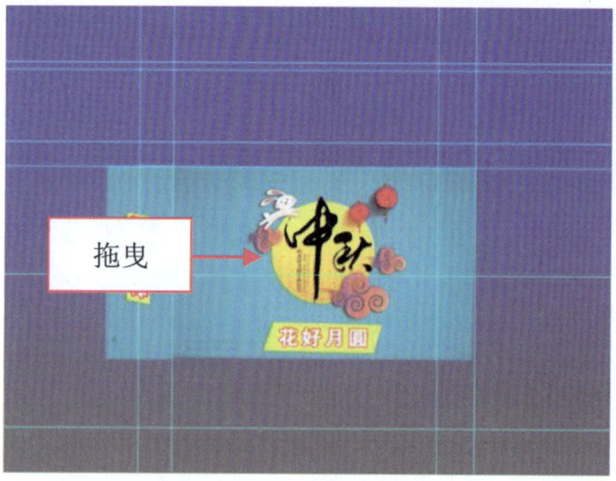

图 10-78　拖曳素材图像

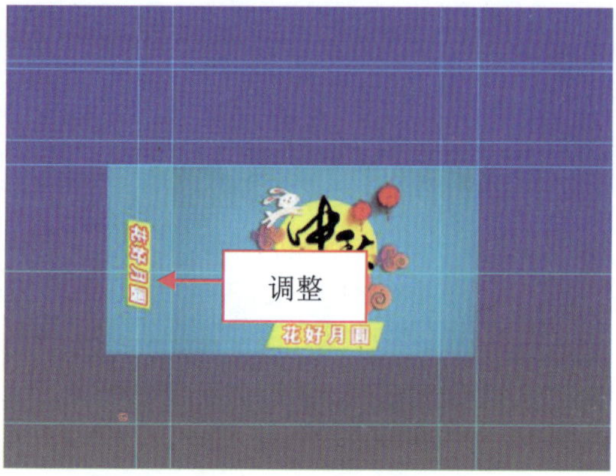

图 10-79　调整图像位置

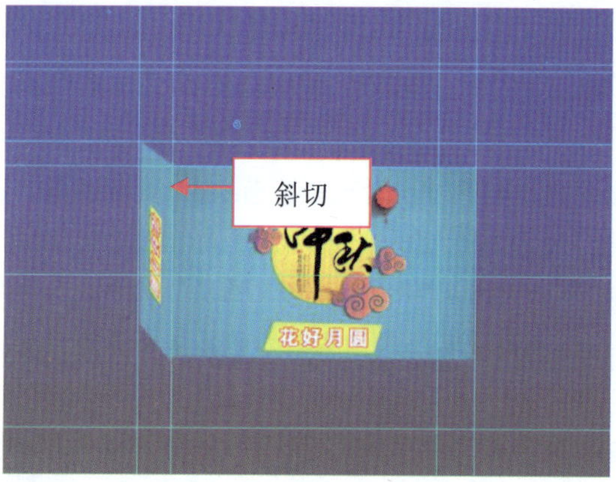

图 10-80　斜切图像

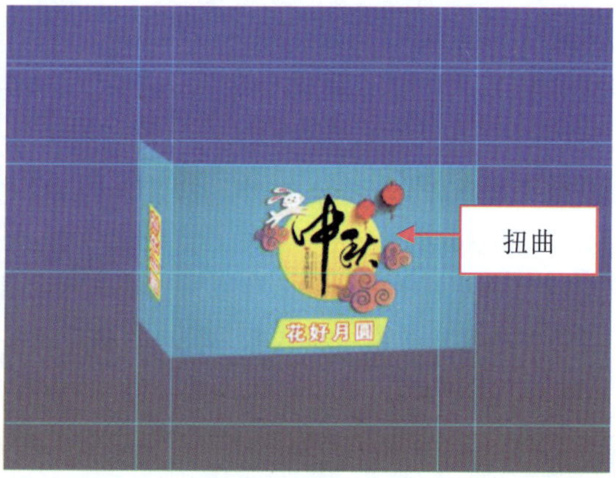

图 10-81　扭曲图像

Step 07　按【Ctrl + O】组合键，打开“礼盒顶面.psd”素材图像，运用移动工具将其拖曳至背景图像编辑窗口中的合适位置处，效果如图 10-82 所示。

Step 08　按【Ctrl + O】组合键，打开“礼盒投影.psd”素材图像，运用移动工具将其拖曳至背景图像编辑窗口中的合适位置处，效果如图 10-83 所示。

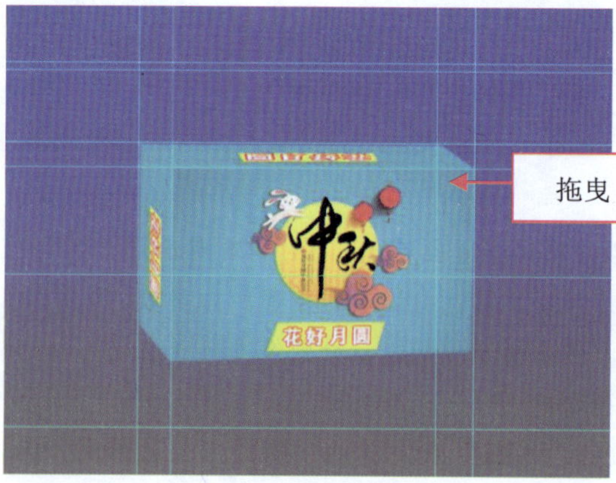

图 10-82　添加顶面素材

图 10-83　添加投影素材

本章小结

本章首先介绍了设计百货商场广告的方法；其次介绍了设计珠宝画册广告的方法；然后介绍了设计电子产品广告的方法；最后介绍了设计礼盒包装的方法。通过本章的学习，可以帮助读者设计出更多精美的线下平面宣传海报、宣传册和画册等。

本章习题

1．在 Photoshop 软件中，如何将“星星.jpg”素材完美融合在背景图像中？

2．在 Photoshop 软件中，执行“编辑/自由变换”命令时，按住【Ctrl】键、按住【Alt】键和按住【Shift】键的作用分别是什么？

3．请认真学习本章内容，制作一张化妆品广告宣传册。